O CAMINHO

PETER MALLOUK
TONY ROBBINS

O CAMINHO

COMO ACELERAR SUA JORNADA RUMO À LIBERDADE FINANCEIRA

Tradução
Eduardo Rieche

1ª edição

Rio de Janeiro | 2021

CIP-BRASIL. CATALOGAÇÃO NA PUBLICAÇÃO
SINDICATO NACIONAL DOS EDITORES DE LIVROS, RJ

M22c   Mallouk, Peter, 1970-
       O caminho: como acelerar sua jornada rumo à liberdade financeira / Peter Mallouk,
Tony Robbins; tradução Eduardo Rieche. – 1ª ed. – Rio de Janeiro: BestSeller, 2021.

       Tradução de: The path: accelerating your journey to financial freedom
       ISBN 978-65-5712-118-4

       1. Finanças pessoais. 2. Investimentos. 3. Administração financeira. 4. Serviços
de consultoria. 5. Técnicas de autoajuda. 6. Sucesso. I. Robbins, Tony. II. Rieche,
Eduardo. III. Título.

CDD: 332.024
21-68811   CDU: 330.567.2

Camila Donis Hartmann – Bibliotecária – CRB-7/6472

Texto revisado segundo o novo Acordo Ortográfico da Língua Portuguesa.

Título original:
The Path: Accelarating Your Journey to Financial Freedom

Copyright © Post Hill Press 2019. All rights reserved.
Copyright da tradução © 2021 by Editora Best Seller Ltda.

Todos os direitos reservados. Proibida a reprodução, no todo ou em parte, sem autorização
prévia por escrito da editora, sejam quais forem os meios empregados.

As informações e conselhos aqui apresentados não se destinam a substituir os serviços de
profissionais de finanças que estejam a par da sua situação financeira pessoal. Os conselhos
e estratégias aqui contidos talvez não sejam adequados à sua situação. Você deve consultar
um profissional sempre que julgar apropriado. Nem a editora nem o autor poderão ser
responsabilizados por qualquer cessação de lucros ou por outros prejuízos comerciais,
incluindo, entre outros, danos especiais, incidentais, consequenciais ou outros de qualquer
natureza. Todos os investimentos estão sujeitos a riscos, que devem ser considerados antes
de se tomar decisões financeiras.

Direitos exclusivos de publicação em língua portuguesa para o Brasil
adquiridos pela
Editora Best Seller Ltda.
Rua Argentina, 171, parte, São Cristóvão
Rio de Janeiro, RJ – 20921-380
que se reserva a propriedade literária desta tradução

Impresso no Brasil

ISBN 978-65-5712-118-4

Seja um leitor preferencial Record.
Cadastre-se em www.record.com.br e receba informações sobre
nossos lançamentos e nossas promoções.

Atendimento e venda direta ao leitor
sac@record.com.br

Este livro foi desenvolvido para fornecer informações que os autores acreditam ser precisas acerca do assunto abordado, mas ele é comercializado sob o entendimento de que nem os autores nem a editora estão se propondo a oferecer consultoria individualizada e adaptada a quaisquer portfólios específicos ou às necessidades particulares de cada indivíduo, e tampouco pretendem prestar consultoria de investimentos ou de outros serviços profissionais, como aconselhamento jurídico, tributário ou contábil. Devem-se procurar os serviços de um profissional competente, caso se faça necessária uma assistência especializada em áreas que incluam consultoria de investimentos e aconselhamentos jurídico, tributário e contábil. Esta publicação menciona dados de desempenho coletados ao longo de diversos períodos de tempo. Os resultados prévios não garantem o desempenho futuro.

Além disso, os dados de desempenho, assim como leis e regulamentos, mudam ao longo do tempo, o que pode alterar o valor das informações contidas neste livro, deixando de refletir a dedução das taxas de gestão ou de outras despesas. Este livro fornece dados históricos apenas com o propósito de discutir e ilustrar seus princípios norteadores. Além disso, este livro não pretende servir como base para quaisquer decisões financeiras; como recomendação de um consultor de investimentos específico; ou ainda como oferta de compra ou venda de quaisquer títulos. Recomenda-se apenas a utilização de prospectos para ofertas de compra ou venda de títulos, e os prospectos devem ser lidos e avaliados cuidadosamente antes de qualquer investimento ou desembolso de dinheiro. Não é possível oferecer qualquer garantia com relação à exatidão ou à integridade das informações contidas neste livro, e tanto os autores quanto a editora se eximem, especificamente, de quaisquer responsabilidades por qualquer obrigação, prejuízo ou risco, pessoal ou de outra natureza, eventualmente incorridos como consequência, direta ou indireta, do uso e da aplicação de quaisquer conteúdos deste livro. Todos os exemplos usados na obra são apenas para fins ilustrativos.

No texto a seguir, foram alterados os nomes de muitas pessoas e as características que possibilitassem sua identificação.

Aviso legal: Classificações e/ou a identificação por serviços de notação e/ou publicações não afiliados não devem ser interpretados por um cliente ou cliente em potencial como garantia de que obterá determinado nível de resultados, caso a (Empresa) Creative Planning esteja envolvida ou continue envolvida na prestação de serviços de consultoria de investimentos, e tampouco deveriam ser interpretados como um endosso atual ou pretérito à Empresa por quaisquer de seus clientes. De modo geral, as classificações publicadas por revistas e outros veículos baseiam suas seleções exclusivamente em informações preparadas e/ou enviadas pelo consultor certificado. Geralmente, as classificações se restringem aos consultores que delas participam. A Empresa nunca paga nenhuma taxa para ser levada em consideração em qualquer classificação ou identificação, mas, a título de divulgação, pode pagar para exibir ou reexibir os placares com as classificações. Mais informações sobre classificações e/ou distinções à Creative Planning podem ser encontradas em: <http://www.creativeplanning.com/important-disclosure-information/>.

Jonathan Clements é membro do conselho e Diretor de Educação Financeira da Creative Planning. O Sr. Clements recebe uma remuneração por atuar nessa função.

Tony Robbins foi membro do conselho e Coordenador de Psicologia do Investidor da Creative Planning, LLC, consultoria de investimentos registrada (RIA, na sigla em inglês) na Comissão de Valores Mobiliários (SEC, na sigla em inglês), e cujos gestores de patrimônio atendem em todos os cinquenta estados dos Estados Unidos. O Sr. Robbins não recebe qualquer remuneração pela venda deste livro nem por qualquer aumento do fluxo de negócios eventualmente obtido pela Creative Planning em função desta publicação. Por conseguinte, ele não obtém qualquer incentivo financeiro pelo encaminhamento de investidores à Creative Planning, e nenhum dos materiais de autoria do Sr. Robbins presentes neste livro deve ser interpretado como um endosso à Creative Planning ou a qualquer um de seus colaboradores ou entidades afiliadas.

SUMÁRIO

Introdução por Peter Mallouk   9

PARTE I
A JORNADA À SUA FRENTE

Capítulo 1   **O CAMINHO PARA A LIBERDADE**   15
por Tony Robbins

Capítulo 2   **O MUNDO É MELHOR DO QUE VOCÊ PENSA**   23
por Peter Mallouk

Capítulo 3   **A FORÇA PROPULSORA POR TRÁS DE CADA DECISÃO**   43
por Tony Robbins

PARTE II
ESTRUTURANDO O SEU CAMINHO

Capítulo 4   **ESCOLHENDO UM GUIA PARA A SUA JORNADA**   63
por Peter Mallouk

Capítulo 5   **AS QUATRO REGRAS DOS INVESTIMENTOS**   87
por Peter Mallouk

Capítulo 6   **GERENCIANDO O RISCO**   109
por Peter Mallouk

Capítulo 7   **PLANEJAMENTO DE PATRIMÔNIO: O FIM DAS SUAS JOGADAS FINANCEIRAS**   129
por Peter Mallouk

PARTE III
O INÍCIO DA TRILHA

Capítulo 8   **COMO OS MERCADOS FUNCIONAM**   157
por Peter Mallouk

Capítulo 9   **ESTÁ TUDO NA SUA CABEÇA**   193
por Peter Mallouk

Capítulo 10 **CLASSES DE ATIVOS**   219
por Peter Mallouk

PARTE IV
A ESCALADA

Capítulo 11 **ELABORANDO E GERENCIANDO UM
PORTFÓLIO INTELIGENTE**   259
por Peter Mallouk

PARTE V
O TOPO

Capítulo 12 **A DECISÃO MAIS IMPORTANTE DA
SUA VIDA**   287
por Tony Robbins

Capítulo 13 **CORRENDO ATRÁS DA FELICIDADE**   301
por Jonathan Clements

Capítulo 14 **APROVEITE A JORNADA E
SABOREIE SEU TEMPO NO TOPO**   309
por Peter Mallouk

Referências   315
Créditos   331
Agradecimentos   335

INTRODUÇÃO

O setor de serviços financeiros está falido. Talvez você se surpreenda ao ver alguém que fez a vida na indústria financeira escrever isso, mas é verdade. Tradicionalmente, a consultoria e os serviços financeiros são oferecidos por meio de um sistema que requer interações com uma variedade de profissionais: um contador, um advogado, um agente de seguros, um consultor financeiro, um banqueiro e muitos outros. Esses indivíduos raramente conversam entre si, fazendo com que você permaneça imóvel no meio de todos eles, esforçando-se para garantir que tudo seja executado da maneira correta. O problema deste modelo, como se ele já não parecesse suficientemente péssimo, é que as suas finanças não funcionam em um ambiente a vácuo. As decisões de investimentos que você toma com relação ao seu portfólio são afetadas pelo imposto de renda, planejamento de patrimônio, doações beneficentes, necessidades de faturamento, estratégias de gestão de dívidas, planejamento empresarial, metas de independência financeira e muitos outros fatores. De todas essas pessoas que agem em seu nome, só você é capaz de ter uma visão completa. Como os outros poderão ajudá-lo a alcançar o resultado almejado para os seus investimentos, se esse resultado nem sequer foi levado em conta inicialmente?

Para piorar as coisas, os indivíduos que você procura para orientá-lo nesses assuntos não são necessariamente obrigados por lei a seguir o mais alto padrão de atendimento em relação ao seu dinheiro. Em vez disso, muitos profissionais da indústria financeira operam de uma maneira que confunde o investidor médio ou, pior ainda, de uma maneira equivocada de propósito. As corretoras tradicionais podem lhe oferecer quaisquer produtos que julgarem convenientes, mesmo que, provavelmente, isso beneficie mais a própria empresa do que a você mesmo. Existem companhias de seguros que embutem produtos de investimentos em anuidades e produtos de seguros que, de modo geral, rendem vultosas comissões para seus próprios agentes, e isso à sua custa. E outras empresas podem ter um "duplo registro", sentindo-se à vontade para alternar entre agir de maneira a cumprir a mais estrita responsabilidade no atendimento ao cliente e de maneira oposta. Por fim, as empresas independentes, que são obrigadas por lei a agir sempre em prol dos melhores interesses de seus clientes, geralmente não possuem dimensão, escala e recursos suficientes para lidar de modo eficaz com todo o escopo de necessidades de seus clientes. E quem se encontra paralisado no meio de toda essa bagunça? Você, o investidor médio, tendo de tomar algumas das decisões mais importantes da sua vida! Fazendo perguntas do tipo: como posso construir um caminho que maximize minhas oportunidades financeiras, evite possíveis armadilhas e me leve aos investimentos "certos" para alcançar os meus objetivos financeiros? Como posso encontrar o guia ideal para me ajudar a trilhar esse caminho?

Comecei a minha carreira nesse setor, focado principalmente em planejamento de patrimônio, planejamento financeiro e consultoria em gestão de investimentos, trabalhando com clientes de outros consultores. A partir dessa perspectiva, pude ter uma visão ampla, mas não gostei do que vi. Vi que muitos consultores são excelentes, mas trabalham em ambientes conflitantes. Vi consultores que forçavam seus clientes a vender todos os seus bens antes de implementar uma nova estratégia, independentemente das consequências fiscais para o cliente ou da quantidade de estragos causados ao portfólio. Vi outros consultores promoverem seus próprios produtos ou um modelo de portfólio genérico para clientes desprevenidos. Vi dispendiosos produtos de seguros sendo vendidos, no lugar de investimentos muito mais baratos que teriam sido mais bem adequados às metas do cliente. Em resumo, as pessoas costumavam confiar as economias de suas vidas a um profissional, apenas para descobrir, mais tarde, que aquele indivíduo lhes fizera mais mal do que bem.

Cheguei à conclusão de que tinha de haver uma maneira melhor de fazer as coisas. Quando assumi a Creative Planning, uma pequena empresa independente de investimentos, em Overland Park, Kansas, encarei como uma oportunidade de mudar a forma como a consultoria financeira é prestada nos Estados Unidos. Prometi administrar uma empresa que não venderia seus próprios produtos de investimentos exclusivos, criaria

O CAMINHO

portfólios personalizados para as necessidades de cada cliente e poderia fornecer aconselhamento em várias áreas-chave da vida financeira do cliente, incluindo impostos, legislação, planejamento financeiro e investimentos. Tenho orgulho de dizer que não recuamos desse compromisso desde que comecei, em 2003. Hoje, porém, somos capazes de fazer muito mais pelos clientes do que jamais sonhamos realizar naquela época.

Desde que comecei a trabalhar na Creative Planning, os ativos sob nossa administração aumentaram para quase US$ 50 bilhões. Temos sido repetidamente reconhecidos como uma das principais empresas de gestão de patrimônio por vários meios de comunicação, incluindo a Empresa de Consultoria Independente nº 1 dos Estados Unidos, na classificação da *Barron's* (2017); a Empresa de Gestão de Patrimônio nº 1, citada duplamente pela CNBC (2014 e 2015); e a primeira posição para a Creative Planning entre as empresas independentes que mais crescem no país, em uma lista elaborada pela *Forbes* (2016). [Consulte o aviso legal na página 6 para maiores informações sobre classificações e reconhecimentos.] Esse sucesso se deve, em grande parte, à incrível equipe que formamos e ao seu empenho em cumprir a promessa feita aos nossos clientes. À medida que nossa equipe foi crescendo, conseguimos acrescentar serviços especializados e conhecimentos que vão muito além do alcance da maioria das outras empresas independentes. Uma razão igualmente importante para o nosso enorme crescimento é que os investidores médios esperam cada vez mais dos seus consultores. Por muitos anos, Tony Robbins tem sido um dos maiores defensores da promoção do padrão fiduciário, ajudando a sensibilizar milhões de pessoas sobre a importância de trabalhar com um consultor cuja obrigação legal é agir em prol dos melhores interesses dos seus clientes. Em 2017, ele e eu escrevemos o livro *Inabalável: Um guia prático para a liberdade financeira* [lançado pela editora BestSeller em 2018] para responder a algumas das questões mais preocupantes do mundo dos investimentos atualmente.

Se os últimos dezessete anos me ensinaram alguma coisa, é que os norte-americanos estão ávidos por um modo claro e sucinto de receber aconselhamento financeiro, sem quaisquer conflitos. Eles buscam um portfólio customizado para as suas condições e objetivos únicos. Estão procurando um guia capaz de lhes mostrar o caminho que conduz à liberdade financeira. A Creative Planning tem sido esse guia para dezenas de milhares de famílias, criando planos customizados, portfólios personalizados e abordando de maneira irrestrita os riscos que poderiam nos afastar do caminho do sucesso. Meu objetivo neste livro é compartilhar as minhas experiências com você e ajudá-lo a se livrar das dificuldades enfrentadas na construção do seu próprio caminho. Espero poder ser o seu guia, auxiliando-o a articular as suas metas financeiras, evitar os erros perigosos e maximizar as oportunidades disponíveis ao longo da sua jornada. Juntos, poderemos estruturar o seu caminho para a liberdade financeira.

PARTE I

A JORNADA À SUA FRENTE

CAPÍTULO UM

O CAMINHO PARA A LIBERDADE

por Tony Robbins

A única coisa que devemos temer é o próprio medo.

FRANKLIN DELANO ROOSEVELT,
32º presidente dos Estados Unidos

Todos nós queremos ser verdadeiramente livres. Livres para fazer mais do que queremos, quando queremos e compartilhar tudo isso com aqueles que amamos. Livres para viver com entusiasmo, generosidade, gratidão e serenidade. Isso é liberdade financeira. Não é um montante em dinheiro; é um estado de espírito. E, independentemente do estágio em que você se encontra na vida ou da sua atual situação financeira, o objetivo da liberdade financeira pode, de fato, ser alcançado — sim, até mesmo em tempos de crise. Na verdade, muitas fortunas foram construídas durante tempos de "pessimismo máximo".

Todo mundo tem a sua própria definição de liberdade financeira. Para você, talvez signifique gastar mais tempo viajando, mais tempo com os seus filhos e netos, ou mais tempo se dedicando a uma causa significativa. Talvez deseje trabalhar porque quer, e não porque precisa. Seja qual for a sua definição de liberdade financeira, você deve estar se perguntando: "Ela é *realmente* possível?"

Depois de entrevistar mais de 50 das maiores inteligências financeiras do mundo, posso afirmar, com certeza, que existe mesmo um caminho para se chegar lá. Mas há regras claras que precisam ser seguidas, caso você queira chegar ao topo. Existem armadilhas e obstáculos que você deve evitar. Existem muitos malfeitores que podem desorientá-lo, dando-lhe conselhos motivados pelo interesse próprio. **Este livro aborda tudo isso em detalhes.** Não é preciso ser especialista para se tornar financeiramente independente, mas também não existe uma caixa-preta mágica que conduza à liberdade financeira (apesar daqueles que lhe garantiriam o contrário). Seu futuro "eu" não pode se dar ao luxo de tentar a subida sem uma boa preparação com cordas e uma ancoragem sólida. Se estiver comprometido com a sua visão pessoal da liberdade financeira, deve se proteger e tomar parte no seu próprio resgate.

SÃO NECESSÁRIAS DÉCADAS
PARA ALCANÇAR UM SUCESSO IMEDIATO

Preciso revelar o maior segredo da liberdade financeira: é provável que você não consiga alcançá-la. Para a grande maioria das pessoas, mesmo para aquelas que ganham bastante dinheiro, é quase impossível economizar o suficiente a ponto de se tornar financeiramente seguro. Não é engraçado o fato de que, quanto mais ganhamos, mais parecemos gastar? Em milhares de conversas sobre esse assunto, a maioria das pessoas afirma que seus planos envolvem marcar um gol de placa do ponto de vista financeiro: vender um negócio, ganhar na loteria, obter um grande aumento salarial ou promoção, ou receber uma herança inesperada. Mas sejamos honestos: a esperança não é uma estratégia. Existem, simplesmente, muitas variáveis que escapam ao nosso controle, impedindo que vários desses cenários se formem com perfeição. Devemos explorar o poder daquilo que Albert Einstein chamou de a oitava maravilha do mundo: os juros compostos.

Em *O ponto da virada*, Malcolm Gladwell descreve a conjuntura desse ponto como "o momento da massa crítica, o limiar, o ponto de ebulição". **Isso, certamente, é verdadeiro quando se trata do poder da composição.** Quer dizer que você quer ser um milionário? É factível, ainda mais se começar cedo. O gráfico exibido na Figura 1.1 talvez seja um dos mais importantes que você vai ver (no entanto, prepare-se para ver muito mais em um livro de finanças como este!). Ele mostra a quantidade de dinheiro que você precisa investir a cada ano para ter US$ 1 milhão guardado aos 65 anos de idade. Isso pressupõe uma taxa de rentabilidade de 7% e investimentos em uma conta de impostos diferidos, como uma 401 (k) ou uma IRA (conta de aposentadoria individual). Se você começar na juventude, é impressionante o valor que poderá ter economizado quando se aposentar. Aos 20 anos, você só precisará economizar US$ 3.217 por ano, ou US$ 272 por mês. Mas, se você esperar até os 50 anos, precisará desembolsar US$ 37.191 por ano ou US$ 3.099 por mês.

Figura 1.1

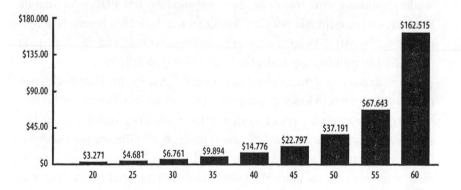

Mas esse gráfico não seria uma simplificação excessiva? Claro que sim. Não existe nenhuma conta mágica com a qual você possa obter um retorno de 7% ano após ano. Na verdade, de 2000 até o fim de 2009 (um período de dez anos completos), o S&P 500 produziu uma rentabilidade colossal de 0%; isso ficou conhecido como a "Década Perdida". Mas os investidores inteligentes não possuem apenas ações norte-americanas. Durante a minha própria jornada para a liberdade financeira, tive a oportunidade de estar ao lado da lenda dos investimentos Burt Malkiel, autor do famoso livro *A Random Walk Down Wall Street*. Ele explicou que, se durante a Década Perdida alguém tivesse diversificado entre ações norte-americanas, ações estrangeiras, ações de mercados emergentes, títulos e bens imóveis (divididos desta maneira: 33% em renda fixa (VBMFX), 27% em ações norte-americanas (VTSMX), 14% em ações estrangeiras de países desenvolvidos (VDMIX), 14% em mercados emergentes (VEIEX), 12% em fundos de investimentos imobiliários (VGSIX), rebalanceado anualmente), teria atingido uma rentabilidade média de 6,7% ao ano — tudo isso durante um período que incluiu a bolha da tecnologia, o 11 de Setembro e a crise financeira de 2008.

Enquanto escrevo estas linhas, estamos em meio à pandemia da COVID-19 e os receios de uma recessão global vêm aumentando, sem que ninguém consiga adivinhar sua extensão e sua gravidade. O importante é lembrar que esses "invernos" econômicos representam, na verdade, algumas das melhores oportunidades para a geração de riqueza. Se você conseguir disciplinar o seu medo e administrar as suas emoções, os maiores recuos do mercado podem significar uma oportunidade única na vida. Por quê? Porque tudo é colocado à venda! Durante a Grande Depressão, Joseph Kennedy Sr. aumentou drasticamente sua fortuna investindo pesadamente em bens imóveis, que estavam sendo vendidos a uma fração de seu valor anterior. Em 1929, a fortuna de Kennedy estava estimada em US$ 4 milhões (equivalentes, hoje, a US$ 59,6 milhões). Mas, em 1935, apenas seis anos depois, sua riqueza havia aumentado para US$ 180 milhões (equivalentes, hoje, a US$ 3,36 bilhões)!

Os invernos econômicos são desafiadores? Certamente. Porém, eles não duram para sempre! São sempre seguidos pela primavera. E, mesmo durante o inverno, não há nevascas fortes e densas todos os dias. Ainda existirão dias ensolarados para nos lembrar de que o inverno não durará para sempre. Como você ficará sabendo ao longo deste livro, as "estações" para investimentos mudam constantemente, tanto emocional quanto financeiramente, e a maneira como você escolherá trafegar por elas será crucial.

Então, para chegar ao topo da liberdade financeira (e permanecer por lá), há algumas perguntas que você deve responder:

- Quais investimentos estão disponíveis e quais serão os mais adequados aos seus objetivos?
- Qual combinação de investimentos você incluirá na(s) sua(s) conta(s) e como eles serão gerenciados ao longo do ano?
- Qual estratégia você usará para reduzir legalmente os impostos (a maior "despesa" única em toda a sua vida)?

O CAMINHO

- Como você eliminará o excesso de taxas ou comissões desnecessárias e, assim fazendo, aumentará sensivelmente o seu futuro pecúlio?
- Como você atravessará e, inclusive, aproveitará as correções e as crises do mercado?
- Como poderá escolher um consultor legalmente obrigado a seguir os mais altos padrões de atendimento com relação ao seu dinheiro? (Alerta de spoiler: a maioria deles não é obrigada.)

São perguntas como essas que meu amigo e coautor Peter Mallouk aborda neste livro incrivelmente rico. Peter acumula quase duas décadas de experiência administrando a Creative Planning (www.creativeplanning.com), uma empresa independente de consultoria de investimentos que oferece serviços abrangentes de gestão de patrimônio para milhares de famílias nos Estados Unidos, beirando os US$ 50 bilhões. Neste livro, Peter teve a generosidade de se valer de seus anos de sabedoria e de experiência prática e de oferecê-las a qualquer pessoa interessada em saber exatamente o que é preciso para alcançar a segurança e a liberdade financeiras.

Mas ter as ferramentas necessárias para alcançar a liberdade financeira e agir nesse sentido são duas coisas diferentes. A ação supera o conhecimento todos os dias. Se alcançar a liberdade financeira não é tarefa para especialistas, por que vivemos nos tempos mais prósperos da história e, ainda assim, muitos não conseguem garantir os níveis mais básicos de segurança financeira? Assustadoramente, 60% dos norte-americanos não chegam a ter nem US$ 1.000 guardados para a aposentadoria. E menos de 40% conseguiriam lidar com uma situação emergencial de US$ 500.

Somos uma nação de consumidores, mas, se quisermos prosperar coletivamente, precisamos mudar e nos tornar os donos do negócio. Muitos norte-americanos têm iPhones, mas por que não possuir a Apple? Muitos norte-americanos recebem caixas da Amazon na porta de suas casas todos os dias, mas por que não possuir a líder varejista? (E não se trata de uma seleção de ações específica. Estou apenas defendendo um argumento aqui.) Nada nos proíbe, independentemente do nosso status socioeconômico, de nos beneficiar do poder do capitalismo inovador. Qualquer pessoa, com apenas alguns dólares, pode possuir uma parte das principais empresas norte-americanas e ser proprietária da economia mais próspera e rentável da história mundial.

INDO ALÉM

Sem dúvida, a relação que temos com o dinheiro é emocional. As estratégias e as informações de que todos nós precisamos para alcançar a liberdade financeira estão disponíveis; então, por que tantas pessoas vagam sem rumo, se mostram estressadas quando é esse o assunto ou desconhecem que existe um caminho a seguir? E por que tantas pessoas são bem-sucedidas financeiramente, ainda que insatisfeitas e emocionalmente destruídas?

A razão é a pior palavra de quatro letras que se pode imaginar...

M-E-D-O

O medo é a força invisível que nos impede de construir a vida que realmente merecemos. É o maior obstáculo no nosso caminho e, se não for controlado, nos leva a tomar decisões de investimentos ruins.

Como você ficará sabendo nas próximas páginas, o nosso cérebro está programado para se concentrar no que está errado — naquilo que pode prejudicar ou ameaçar o nosso modo de vida. Muitas vezes, mais do que qualquer outra coisa, buscamos certezas. Mas adivinhe só: tornar-se um grande investidor envolve assimilar as incertezas! Tornar-se financeiramente livre está relacionado, com a aquisição da estratégia correta, mas, se você não dominar a sua mente, é provável que a sua estratégia fracasse devido à sua própria atuação equivocada (por exemplo, vender em tempos de instabilidade e colocar o seu dinheiro debaixo do colchão).

A REPETIÇÃO É A MÃE DA HABILIDADE

Em 2014, escrevi *Dinheiro: Domine esse jogo — 7 passos para a liberdade financeira* [lançado pela editora BestSeller em 2017], uma compilação de tudo o que aprendi em anos de entrevistas com verdadeiros mestres do dinheiro, como Carl Icahn, Ray Dalio e Jack Bogle. Na mesma época, Peter escreveu um livro chamado *The 5 Mistakes Every Investor Makes & How to Avoid Them*. Dois anos depois, Peter e eu escrevemos

O CAMINHO

Inabalável: Um guia prático para a liberdade financeira, uma tentativa de fazer as pessoas entenderem como os mercados financeiros funcionam e vencerem o medo de suas correções e crises. Neste momento, estamos bem no meio de uma "Grande Pausa", em que o mundo vive um impasse, e haverá vencedores e perdedores quando voltarmos à vida normal.

Comparado aos livros anteriores, Peter mergulha com muito mais profundidade nos princípios básicos da elaboração do seu planejamento e de como vencer o jogo. Este livro é sobre dominar a estratégia dos investimentos, e não apenas sobre os conceitos. Mas eu também incluí dois capítulos sobre autocontrole. No Capítulo 3, exploramos a compreensão das "Seis necessidades humanas" que cada um de nós tem e como elas influenciam o nosso caminho na vida, nos negócios e no dinheiro. Os *insights* que extraímos transformarão a qualidade da sua vida. No Capítulo 12, abordamos as problemáticas de por que pessoas com abundância financeira ainda se sentem, de modo geral, infelizes, e de como é possível vivenciar a sensação de abundância hoje em dia. Cada um de nós estará propenso a viver sob estados de sofrimento (medo, raiva, frustração) se nos deixarmos subjugar por uma mente desnorteada. Devemos aprender a resgatar os pensamentos que foram aprisionados no nosso cérebro. Ao fazer isso, conseguiremos experimentar a promessa palpável da *verdadeira* riqueza: uma vida cheia de alegrias, felicidade, generosidade, emoção e paz de espírito.

Se você tiver lido os meus livros anteriores, esses dois capítulos talvez contenham algum grau de repetição. No entanto, vale a pena repetir tais princípios. Aprendi com meus próprios mentores que a repetição é a mãe da habilidade. Você não se torna um LeBron James ou um Stephen Curry fazendo apenas alguns arremessos durante os treinos. Mesmo sendo hábeis nos lances livres, eles continuam treinando milhares de arremessos por semana, a fim de que isso se incorpore aos seus sistemas nervosos e eles possam executá-los sob pressão. Este é o caminho para a perfeição! Assim, enquanto estiver lendo, procure identificar nuances importantes sobre como esses princípios aparecem na sua vida e nos seus relacionamentos atuais. Quando vemos um filme ou ouvimos uma música que já ouvimos antes, estamos em um lugar diferente da nossa vida e extraímos algo novo disso. Estou sugerindo que acontecerá a mesma coisa aqui.

CORREÇÃO DE RUMO

Vivemos uma época em que nosso medo é potencializado e explorado tanto pela mídia quanto pelas mídias sociais. Adicione uma pandemia a essa combinação e o medo se eleva a níveis extraordinariamente prejudiciais. Ondas gigantescas de informações nos atingem todos os dias com o objetivo de chamar nossa atenção, daí o termo caça-clique. As boas notícias ficam escondidas atrás da mais recente tragédia, ameaça ou enxame de vespas assassinas que se aproxima de uma cidade perto de você. A parte do nosso cérebro sensível ao medo é continuamente estimulada e a nossa ansiedade chega a níveis recordes.

Mas vamos encarar a realidade. Se não aprendermos a controlar o nosso medo, a dominar a nossa mente, nunca agiremos efetivamente sob os grandes princípios deste livro. Lembre-se de que a coragem não significa não sentir medo. Significa agir de forma coerente e seguir adiante, apesar do medo. Talvez você leia este livro e obtenha ótimas informações, sem nunca conseguir tomar as medidas necessárias para atingir o objetivo que você e a sua família merecem. Mas sei que esse não é você. Se comprou este livro e ainda não abandonou a leitura, sei que é um dos poucos que "fazem", e não um dos muitos que falam.

O primeiro passo para afastar as nossas mentes da tirania do terror é recalibrar a nossa perspectiva. Ao passar o bastão para Peter Mallouk, fico entusiasmado ao ver você mergulhar neste próximo capítulo. Você sentirá um grande apreço pelos incríveis momentos que estamos vivendo agora e pelo futuro vertiginoso e inimaginável que nos aguarda, SE conseguirmos nos equipar com as habilidades adequadas e aprender a vencer os nossos medos.

Que comece a jornada!

Assim como aconteceu nos livros anteriores, 100% dos lucros serão doados para instituições beneficentes. Peter e eu nos comprometemos a doar 100% dos lucros deste livro para a *Feeding America*.

CAPÍTULO DOIS

O MUNDO É MELHOR DO QUE VOCÊ PENSA

Em qual princípio nos baseamos quando não vemos nada além de
melhorias no passado, e não podemos esperar nada
além de deterioração diante de nós, no futuro?

THOMAS BABINGTON MACAULAY

Londres, 1848. Era uma bela manhã — isto é, até a rainha Victoria abrir a porta da sacada do Palácio de Buckingham. Rapidamente, um cheiro fétido invadiu suas narinas e a deixou atordoada, a ponto de provocar náuseas. No que veio a ser conhecido como o "Grande Fedor", Londres havia sido completamente dominada pelo cheiro sufocante e visceral de fezes humanas e animais. Ao longo de quase todos os 50 anos anteriores, 2,5 milhões de habitantes de Londres vinham despejando lixo diretamente nas ruas e no rio Tâmisa. A situação, enfim, chegara a um notório ponto crítico. Naquele momento, existiam mais de 200 mil fossas vaporosas sob as residências e os estabelecimentos comerciais da cidade que eram rotineira e inutilmente removidas com pás pelos "homens do solo noturnos". Os surtos de cólera se tornaram frequentes conforme o esgoto transbordava para as cisternas e os rios, contaminando a água potável e causando todos os tipos de doença.

A SOBREVIVÊNCIA ERA O OBJETIVO

Parece que todos desejamos retornar aos bons velhos tempos, quando, na verdade — vamos encarar os fatos —, os bons velhos tempos nem eram tão bons assim. Quatrocentos anos atrás, praticamente 30% da população europeia foi exterminada em consequência de uma única doença: a peste bubônica. Apenas 200 anos atrás, durante o período da bomba fétida em Londres, 45% das crianças morriam antes de completar cinco anos de idade. Na Inglaterra vitoriana, ver os filhos sobreviverem até a idade adulta era um relativo golpe de sorte. Imagine o moral de uma sociedade que costumava perder, sistematicamente, quase metade de sua descendência.

E nem precisamos regressar até a Inglaterra vitoriana. Há apenas 100 anos, 20 milhões de pessoas perderam a vida nos quatro anos da Primeira Guerra Mundial. Naquele mesmo ano, a gripe espanhola devastou a Europa, infectando 500 milhões de pessoas — um terço da população mundial — e matando mais de 50 milhões.

Está bem, prometo que dei por encerrado esse giro pelos eventos deprimentes da história da humanidade. Só lembro essas histórias porque considero importante recalibrar os nossos cérebros para a dádiva do aqui e agora. Eles nos induzem a afetuosas narrativas de nostalgia, mas essas narrativas contêm uma falha concreta: raramente capturam o panorama todo. A história está repleta de guerras, doenças e fome, e tais épocas pretéritas foram cruelmente graves quando comparadas aos nossos dias atuais. Mesmo com as pandemias modernas, como o coronavírus, causador da COVID-19, o prognóstico da humanidade é amplamente superior ao das gerações anteriores.

Hoje em dia, apenas cerca de 4% das crianças do mundo inteiro morrem antes dos cinco anos de idade, e a saúde geral, tanto em relação à pediatria quanto à obstetrícia, está em seu nível mais elevado. Não houve uma grande guerra em toda uma geração e a maioria das doenças pode ser tratada com a medicina moderna. Além disso, o saneamento melhorou *sensivelmente* (o que muito me satisfaz). Devemos nos esforçar para nos lembrar disso, pois, frequentemente, somos limitados pelas nossas experiências cotidianas. A nossa visão da história não apenas rotula de forma equivocada certas "eras de ouro"; a nossa visão do futuro também é erroneamente pessimista.

O CAMINHO

O falecido Dr. Hans Rosling, especialista em saúde internacional, escreveu em seu livro *Factfulness: O hábito libertador de só ter opiniões baseadas em fatos* [lançado pela editora Record em 2019] que "todo grupo de pessoas pensa que o mundo é mais assustador, mais violento e menos esperançoso — em suma, mais dramático — do que realmente é". Apesar dos fatos, somos propensos a uma sina determinista, em uma perspectiva de miséria e desolação. Essa visão sombria torna-se bastante evidente quando converso com as pessoas sobre suas finanças pessoais. Quando nos sentamos para projetar seu futuro e mapear seus planos, a conversa muda de um cenário otimista, economizando para garantir uma aposentadoria confortável, para uma mentalidade de sobrevivência, onde se deve ganhar dinheiro rápido. Elas deixam transparecer uma visão fatalista da sociedade (apoiadas, com certeza, pelos sites e vídeos do YouTube comprometidos em perpetuar tal narrativa). Ninguém sabe o que o futuro nos reserva, mas uma análise do nosso passado recente deveria poder afastar as nossas preocupações. Em seu livro *O otimista racional: Por que o mundo melhora* [lançado pela editora Record em 2014], Matt Ridley é eloquente ao comentar a rápida aceleração do progresso e do crescimento humanos nos últimos 50 anos:

> Em 2005, comparado a 1955, o ser humano médio que vive no planeta Terra ganhou quase três vezes mais dinheiro (corrigido pela inflação), comeu um terço mais de calorias em alimentos, sepultou um terço de seus filhos e pôde esperar viver um terço a mais de anos. Era menos provável que morresse em consequência de guerra, assassinato, parto, acidentes, furacões, inundações, fome, coqueluche, tuberculose, malária, difteria, tifo, febre tifoide, sarampo, varíola, escorbuto ou poliomielite. Era menos provável, em qualquer idade dada, que adquirisse câncer, doenças do coração ou sofresse um derrame cerebral. Era mais provável que fosse alfabetizado e terminasse a faculdade. Era mais provável que tivesse um telefone, vaso sanitário com descarga, geladeira e bicicleta. Tudo isso durante metade de um século, quando a população mundial mais que dobrou. (...) Por qualquer critério, é uma impressionante conquista humana.

O ANTÍDOTO

Considere os cinco gráficos a seguir como um antídoto visual para a nossa suscetibilidade a nos preocupar com o futuro. Com base em pesquisas que mapearam gastos, expectativa de vida, bem-estar global, pobreza e educação, esses gráficos são sinais tranquilizadores dos rumos do nosso mundo. Como pai, tenho esperanças no futuro da humanidade e na qualidade de vida para os meus filhos e netos. E, como veremos em breve, como investidor, fico bastante empolgado com as oportunidades à nossa frente. Suspeito que você também ficará.

A Figura 2.1 mostra a queda acentuada do percentual da nossa renda de que precisamos para sobreviver. Em outras palavras, estamos vivendo no auge da renda disponível. Aulas na universidade, cruzeiros da Disney, automóveis de luxo, passeios noturnos na cidade, cinemas com poltronas reclináveis de couro e, é claro, a nossa capacidade de economizar para garantir uma aposentadoria confortável: todos esses são fenômenos relativamente novos quando observados através do arco da história.

Dentre muitos outros fatores, não precisar gastar todo o dinheiro que ganhamos em necessidades básicas aumentou drasticamente a sensação de felicidade e de bem-estar da nossa população global (Figura 2.2). Não há nenhuma surpresa aqui! Já estamos livres para ir além da sobrevivência na nossa própria hierarquia de necessidades e começar a fazer perguntas mais existenciais sobre propósito, sobre o que significa se sentir satisfeito e sobre como queremos gastar o nosso precioso tempo. Livres da luta cotidiana de descobrir como pagar por moradia e comida, podemos gastar mais tempo com o que importa — e ser mais felizes assim.

A Figura 2.3 é surpreendente! As expectativas de vida no mundo inteiro vêm aumentando continuamente. Entenda: alguém que nasceu este ano tem uma expectativa de vida três meses maior do que alguém que nasceu em 2019. No início da minha carreira, quando os meus clientes seniores enfrentavam sérios problemas de saúde, muitas vezes pediam que eu planejasse sua internação em asilos ou cotasse os custos de cuidados terminais. Hoje em dia, eles procuram permanecer vivos o máximo possível e não hesitam em buscar tratamentos experimentais ou as mais recentes descobertas da medicina mundial. Esses clientes sabem que, quanto mais tempo conseguirem permanecer vivos, maior será a probabilidade de surgir alguma inovação que possa aliviar suas patologias.

Figura 2.1

Figura 2.2

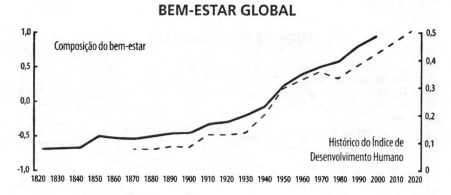

Figura 2.3

Figura 2.4

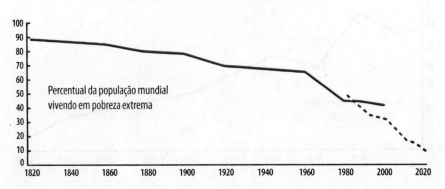

Figura 2.5

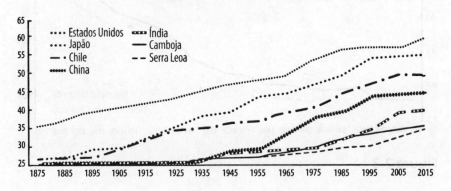

Talvez a Figura 2.4 seja a mais reveladora. Supondo que você não seja descendente de uma família real, provavelmente não precisará regredir muito na sua árvore genealógica para encontrar vidas marcadas pela luta e pela sobrevivência. Até a década de 1950, grande parte da existência humana neste planeta era vivenciada em condições de pobreza extrema. Define-se "pobreza extrema" como viver com menos de US$ 2 por dia (corrigido pela inflação). Na década de 1980, 44% da população mundial ainda se encaixava nessa definição de pobreza extrema. Hoje, apenas quatro décadas depois, menos de 10% da população mundial vive em condições muito adversas. O que mudou? Os crescimentos tecnológico e econômico fizeram com que centenas de milhões de pessoas ascendessem à classe média. Quer mais notícias boas? O Banco Mundial estima que poderemos nos livrar completamente da pobreza extrema dentro de duas décadas!

Por fim, a educação é o grande equalizador (Figura 2.5). Se as famílias estiverem focadas na sobrevivência, as crianças, com frequência, precisarão abandonar prematuramente a escola para começar a trabalhar. As crianças, forçadas a empilhar tijolos, a pastorear animais e a carregar pesadas latas d'água por horas a fio todos os dias, começarão a encarar a educação como um luxo inatingível. Mas, se as forças econômicas vingarem, elas poderão ser desincumbidas das tarefas de sobrevivência e passar mais tempo na escola. Quanto mais tempo puderem permanecer na escola, maiores serão as chances de desenvolver o conjunto de habilidades necessárias para superar a conjuntura e buscar novas oportunidades. A educação pode permitir que as crianças obtenham um emprego melhor, ganhem mais dinheiro, enviem seus próprios filhos para a escola e encerrem o ciclo de pobreza em sua família, de uma vez por todas.

O CORO DO CAOS

Então, com todas essas boas notícias, por que parece que não estamos progredindo? Por que parece que estamos enfrentando uma maré alta e turbulenta? Em parte, acho que devemos agradecer o noticiário por isso. O seu cérebro tem uma função primordial: a sobrevivência. Ele foi programado para se concentrar no que está errado, no que é perigoso e no que ameaça o seu modo de vida. Os produtores de notícias sabem disso e, por meio de um fluxo constante de medo, crises, contagens decrescentes de tempo e suspense, eles o viciam em manter-se sintonizado.

Para atrair os espectadores, os programas costumam exagerar nos acontecimentos. Muitos acontecimentos são agrupados em matérias com um título e um arco dramático formado por três etapas. Muitas vezes, eles são acompanhados pelo que os roteiristas chamam de "mostrar um relógio" (e eu agradeço o meu irmão, Mark, roteirista, por compartilhar esse conceito comigo. De graça.). Assim como um filme cria tensão e um senso de urgência com o tilintar de um relógio ["Se Sandra Bullock não chegar à estação espacial em 90 minutos, ela será atingida pelo lixo espacial e morrerá!" (Esta é uma referência ao sucesso de público de 2013, *Gravidade*, e não deve ser confundida com: "Se Sandra Bullock não ajudar a desarmar uma bomba neste ônibus antes de a velocidade baixar até determinado nível, todos morrerão!", que faria referência ao sucesso de público de 1994, *Velocidade máxima*)], a mídia também combina muitas dessas matérias com um relógio exibido no canto inferior direito da tela. Tic-tac, tic-tac, tic-tac.

Quando a mídia fala sobre finanças e economia, ela emprega essas mesmas táticas. Basta pensar em termos como "confisco" e "abismo fiscal". Esses termos são formulados para invocar uma sensação de perigo em notícias que não têm nada a ver com situações de vida ou morte. Para citar um exemplo recente, lembremo-nos do relógio em contagem regressiva, minuto a minuto (sério, precisava ser minuto a minuto?), exibindo o limite de endividamento de 2019. O que aconteceu quando o relógio chegou ao zero? Os políticos selaram um acordo, assinaram-se os papéis e o limite de endividamento foi aumentado sem muito alarde. Da mesma forma, não importando para que direção o mercado esteja soprando, parece que sempre haverá um coro de contumazes fatalistas dominando os canais de finanças. Claro, isso não é nenhuma novidade. A mídia especializada em finanças vende o medo desde o pânico financeiro de 1907. Muitos livros foram escritos sobre a imprecisão das mais recentes previsões financeiras da mídia, como a estagflação da década de 1970, a crise de 1987, a bolha da tecnologia (que levou a histeria a um nível inteiramente novo, por vir acompanhada do aumento dos noticiários em televisão 24 horas por dia), a crise financeira de 2008, a crise da dívida da zona do euro, o teto de endividamento de 2019... A lista é interminável.

Então, como costumamos reagir a tal paranoia? Os investidores entram em pânico sem que haja necessidade e cometem erros evitáveis. Muitos planos de aposentadoria ficaram comprometidos quando os investidores resolveram vender tudo e manter o dinheiro em caixa durante a crise financeira de 2008, a paralisação do governo e as conversas sobre o teto de endividamento. Esses vendedores sofreram prejuízos permanentes, deixando de obter os ganhos que ocorreram somente após a dissipação da crise. Em outras palavras, eles desceram de elevador, saíram da cabine e não conseguiram mais subir novamente (em geral, para novos níveis máximos!).

E o preço sobre sua saúde física? Os investidores ficam estressados com as discussões financeiras na mídia. Em "Financial News and Client Stress" (2012), o Dr. John Grable, da Universidade da Geórgia, e a Dra. Sonya Britt, da Universidade Estadual do Kansas, mostraram que o nível de estresse de um indivíduo aumenta de modo substancial durante a visualização do noticiário financeiro, independentemente de qual seja o assunto. Quando o mercado está em baixa, as pessoas se preocupam com suas contas. Quando o mercado está em alta, elas ficam chateadas por não estarem posicionadas de forma mais agressiva. De fato, 67% das pessoas que acompanhavam o noticiário financeiro apresentaram aumento nos níveis de estresse. Até mesmo quando o noticiário financeiro era positivo, 75% delas exibiram sinais de aumento do estresse.

Não estou sugerindo que não haja volatilidade real e correções de mercado (e, posteriormente, exploraremos melhor como atravessar esses momentos), mas vamos encarar a realidade. Todos os mercados em baixa dos Estados Unidos deram lugar a um mercado em alta. Todas as contrações econômicas deram lugar a expansões econômicas. Enquanto escrevo estas linhas, os investidores estão às voltas com um mercado em baixa provocado por uma pandemia global. Porém, assim como em todos os mercados em baixa da história, o mercado se recuperará e retornará à sua trajetória ascendente normal. Mas você não saberia disso assistindo ao noticiário.

Grande parte do problema da mídia financeira é que muitas pessoas não entendem o propósito de sua existência. A mídia é composta por empresas, e as empresas existem para obter lucro. O principal objetivo da mídia não é informar; é ganhar dinheiro. Os meios de comunicação ganham dinheiro vendendo anúncios, e os canais de notícias podem cobrar preços mais altos pelo posicionamento da publicidade caso apresentem índices de audiência elevados. Por esse motivo, o principal objetivo de qualquer veículo de comunicação é conseguir o maior número possível de espectadores (chamados de "olhos") sintonizados e fazer com que esses espectadores permaneçam sintonizados pelo maior tempo possível. A matemática aproximada é:

Mais espectadores = preços mais altos para publicidade = lucros maiores = acionistas mais felizes

No Weather Channel, nada atrai mais espectadores do que a cobertura de um furacão ou um tornado. Mas, na maioria das vezes, os informes meteorológicos são bastante enfadonhos. Parcialmente ensolarado, 30% de chance de chuva, possíveis tempestades. Essas manchetes não atraem espectadores. Da mesma forma, muitas vezes não há muito o que relatar no mundo do noticiário financeiro. O mercado sobe, o mercado cai, as empresas abrem seu capital com uma oferta pública inicial. Isso, de fato, não tem nada de revolucionário. Para tornar as coisas interessantes, as reportagens da mídia costumam pegar histórias medianas sobre a queda em um dia específico na bolsa de valores e desdobrá-las em histórias de crise financeira, mas, no geral, isso tem pouca ou nenhuma consequência no sucesso a longo prazo do mercado, razão pela qual a Figura 2.6 é uma das minhas favoritas. É apropriadamente intitulada "A inovação humana sempre vence o medo". No gráfico, você verá que mal há espaço suficiente para acomodar todas as "manchetes de crises" desde 1896. E o que o mercado faz? O mercado dá de ombros. E continua a atingir novas máximas históricas, recompensando os investidores de longo prazo.

Figura 2.6

QUEM SE IMPORTA?

Embora às vezes seja fácil esquecer isso, uma ação não é um bilhete de loteria (...). É participação em um negócio.

PETER LYNCH

Se uma empresa vai bem, as ações acabarão subindo.

WARREN BUFFETT

As pessoas costumam perguntar: "O que faz o mercado de ações subir ou cair?" Algumas acreditam saber a resposta, mas quase sempre elas estão equivocadas.

De forma geral, os investidores citam um dos seguintes fatores como o principal propulsor dos preços das ações: desemprego, moradia, política econômica, política monetária, a força do dólar, a confiança do consumidor, as vendas no varejo e as taxas de juros. Esses são os fatores mais mencionados. Mas, na verdade, o mercado de ações se preocupa apenas com uma única coisa, acima de todas as outras: os dividendos esperados (ou seja, os lucros futuros). Se as empresas ganharem mais dinheiro, suas ações se tornarão mais valiosas e o preço das ações acabará subindo. O preço das ações é, simplesmente, um reflexo da capacidade que uma empresa tem de gerar receita. Todo o resto é ruído.

Suponha, por um instante, que você vá comprar uma lanchonete. Com o que deve se importar? Como proprietário de uma pequena empresa recém-criada, o fator mais importante são os dividendos esperados. Se comprar a loja, o fará por acreditar que os lucros obtidos justificarão o preço de compra, gerando um bom retorno. Para chegar a essa conclusão, você provavelmente analisaria todos os fatores que poderiam afetar a sua capacidade de ganhar dinheiro com essa lanchonete. Por exemplo, se as taxas de juros forem baixas, as prestações do seu empréstimo serão menores, tornando a loja mais lucrativa. Nesse caso, as taxas de juros são importantes apenas porque afetam seus dividendos esperados. Os preços dos insumos também serão importantes, pois o petróleo, o queijo, o presunto e o pão são produtos que variam de preço. Se os preços do petróleo subirem, você terá de pagar mais para que a comida seja entregue em sua loja todos os dias. O aumento dos custos dos alimentos também aumentará as suas despesas. Embora as taxas de juros baixas possam aprimorar os seus resultados finais, aumentos nos preços dos insumos podem prejudicar os seus resultados finais, e ambos afetam seus dividendos esperados. A confiança do consumidor também importa, porque, se os consumidores acreditarem que seu próprio mundo financeiro está entrando em colapso, renunciarão ao seu sanduíche de US$ 8 e ficarão em casa, preparando um lanche para as crianças. Isso reduzirá as vendas, o que diminuiria os seus ganhos. Você entendeu a ideia.

Observe, no entanto, que a palavra importante, aqui, é *esperados*. Ninguém se importa com os ganhos de ontem. Vamos voltar para a lanchonete na qual você está interessado. Você vem conversando com o proprietário, analisando suas finanças, e consegue perceber que ele faturou US$ 100.000 em cada um dos três anos anteriores, vendendo cerca de 20 mil sanduíches por ano. Isso parece bastante seguro e então você começa a pensar em oferecer-lhe US$ 200.000 por seu negócio, sabendo que poderá faturar US$ 100.000 por ano depois que a dívida necessária para adquirir a lanchonete estiver saldada. No terceiro ano, as suas contas estarão no azul. Mas você é inteligente demais para tomar essas vendas pelo valor nominal. Você se dá conta de que o proprietário vendia cinco mil sanduíches, todos os anos, para um grande cliente corporativo, mas esse cliente acaba de ir à falência. Se retirar essas vendas da equação, a lanchonete ficaria muito menos lucrativa e os dividendos esperados da loja seriam menores do que o inicialmente estimado. Sendo um negociador experiente, você não ofereceria mais o mesmo valor pela loja. Você está focado na única coisa que realmente importa: os dividendos esperados.

O ponto principal é o seguinte: todos os outros fatores da economia importam apenas porque as pessoas que compram e vendem ações estão tentando determinar como as mudanças em vários "indicadores" — desemprego, taxas de juros, e assim por diante — afetarão, em última análise, os dividendos esperados de uma empresa. Ninguém se importa com o quanto as empresas prestadoras de serviços de saúde faturaram no passado. As pessoas querem saber como as novas leis de reforma dos serviços de saúde afetarão os ganhos futuros dessas empresas. Ninguém se importa se a Starbucks faturou um milhão ou um bilhão de dólares no ano passado. As pessoas querem saber se seus ganhos sofrerão algum impacto agora que o McDonald's começou a vender café gourmet. Ninguém se importa com quanto a General Dynamics faturou vendendo suprimentos militares para o governo no passado. As pessoas querem saber se os conflitos militares em escala mundial persistirão, aumentando as vendas futuras.

Foi por isso que, em 2008, em pleno mercado em baixa nos Estados Unidos, investidores compraram ações da Walmart. O raciocínio era o de que os dividendos esperados da Walmart aumentariam à medida que o número de consumidores encolhesse, já que eles estavam interessados em comprar tudo pelo valor mais baixo possível. O mesmo raciocínio levou a uma queda do preço das ações da Nordstrom. As ações do McDonald's mantiveram-se relativamente estáveis, pois os investidores imaginaram que os consumidores gostariam de comer fora gastando pouco. A mesma lógica fez cair o preço das ações de restaurantes sofisticados, como o Cheesecake Factory. E, é claro, as empresas que comercializavam bebidas alcoólicas se saíram bem, pois as pessoas tendem a beber quando estão deprimidas (e também quando estão felizes, e é por esse motivo que o álcool é considerado à prova de recessão).

Outro fato interessante? O mercado de ações como um todo tende a subir muito antes do fim de uma recessão. O mercado não se importa com o que está acontecendo hoje. Ele está, constantemente, criando expectativas sobre os ganhos das empresas no futuro. Se o mercado de ações cair, é porque os investidores acreditam que os ganhos futuros serão piores. Se o mercado subir, é porque os investidores acreditam que o clima econômico vai mudar, permitindo que as empresas se tornem mais rentáveis no futuro. É claro que pode ser um pouco mais complicado do que isso, pois os investidores sempre compararão os seus ganhos futuros com os ganhos que poderão obter em outros lugares. Por exemplo, se um título do Tesouro de 10 anos estiver pagando 10%, essa espécie de sussurro que você está ouvindo talvez seja apenas o barulho do dinheiro saindo do mercado de ações e entrando no mercado de títulos.

Obviamente, são tantas as variáveis que concorrem para a previsão dos dividendos esperados que o mercado nem sempre estará certo no curto prazo (embora, quase sempre, esteja certo no longo prazo). Por exemplo, você pode comprar a lanchonete perfeita sob as mais perfeitas condições e se deparar com uma infinidade de surpresas que acabem atrapalhando os seus lucros, como o aumento da criminalidade na área, a construção inesperada de uma estrada bloqueando o acesso à sua loja ou uma nova dieta da moda que condene o consumo de pão. E, mesmo tendo um ambiente econômico praticamente perfeito, alguém pode resolver arremessar um avião contra um prédio e virar tudo de cabeça para baixo de uma hora para a outra. Porém, ao contrário da sua lanchonete, que pode perder todo o seu valor, o mercado de ações é, em si mesmo, resiliente.

Ao longo da história, independentemente do quanto as coisas tenham parecido ruins, no fim, as principais empresas norte-americanas (aquelas listadas no S&P 500) sempre encontraram uma maneira não apenas de ganhar dinheiro, mas de ganhar mais dinheiro do que antes. Todas as vezes. E, como sempre, o mercado de ações continuou buscando os ganhos.

O CAMINHO

PARA ONDE ESTAMOS INDO?

É minha opinião, e também a de muitos especialistas, que os melhores dias da humanidade ainda estão por vir. Como já vimos neste capítulo, a humanidade encontra-se em uma trajetória ascendente. É por isso, também, que esse talvez seja um dos melhores momentos da história para se tornar um investidor.

O progresso humano é de uma força incontrolável: o nosso futuro não é linear; ele é exponencial. Um bom exemplo: em 1975, um engenheiro de 24 anos de idade, chamado Steven Sasson, desenvolveu a primeira câmera digital autossuficiente do mundo, enquanto trabalhava na Kodak. Ela pesava 3,6 kg e levava 23 segundos para tirar uma foto de 0,01 megapixel, que só poderia ser visualizada em uma televisão de tela grande. Seus chefes se mostraram insensíveis. "Eles estavam convencidos de que ninguém jamais iria querer ver as próprias fotos em um aparelho de televisão", declarou Sasson ao *New York Times*.

Sasson continuou se dedicando ao seu projeto, e, a cada ano, a resolução de suas fotos dobrava. O que era embaçado foi se tornando cada vez menos embaçado. Mas, ainda assim, não sensibilizava os executivos, que não conseguiram captar o poder da composição:

> Multiplicar algo por 10 é mil vezes melhor.
> Multiplicar algo por 20 é um milhão de vezes melhor.
> Multiplicar algo por 30 é um bilhão de vezes melhor.

É assim que a tecnologia funciona. É assim que as fotos tiradas no seu iPhone competem, hoje em dia, com as de um fotógrafo profissional. Dezoito anos se passaram desde que Sasson inventou a tecnologia digital até que a Kodak resolvesse abandonar o filme fotográfico e optar pelo mundo digital. Aí, já era tarde demais. Empresas como a Sony e a Apple foram mais rápidas na adoção da tecnologia e saíram à frente de seus concorrentes. O resto é história.

No momento, estamos no auge do uso de muitas tecnologias "exponenciais" transformadoras. Para olhos destreinados, elas talvez sejam equiparáveis aos estágios iniciais da fotografia digital, mas não se engane:

elas estão sendo decisivas para os investidores e, na verdade, para a própria humanidade.

Por exemplo, aprendemos mais sobre o corpo humano nos últimos 20 anos do que em toda a história humana acumulada. Esse conhecimento está sendo traduzido em avanços significativos nas ferramentas disponíveis para combater a propagação de doenças e reconfigurar radicalmente os cuidados de saúde. Avanços na edição do genoma evidenciam o potencial de interromper a transmissão de doenças como a malária, o que salvaria um milhão de vidas (em especial, de crianças) inutilmente perdidas todos os anos e evitaria mais de 300 milhões de infecções adicionais. Avanços semelhantes no campo da pesquisa com células-tronco estão impulsionando a medicina regenerativa, permitindo que os médicos usem o material genético dos pacientes para reconstruir órgãos doentes ou lesionados sempre que necessário, oferecendo a perspectiva de aumentar de forma drástica o tempo e a qualidade das nossas vidas.

Inovações animadoras também estão melhorando a maneira como o mundo garante o acesso aos alimentos e à água, reduzindo simultaneamente a nossa pegada ecológica. Os norte-americanos consomem 12 bilhões de quilos de carne por ano. Uma vaca consome cerca de 41.600 litros de água, e o gado é responsável por 15% de todas as emissões de gases de efeito estufa no mundo. A pecuária ocupa quase 80% da terra arável global, mas produz menos de 20% da oferta mundial de calorias. Por mais que eu goste de um bom bife, é fácil perceber como o nosso modelo atual é insustentável, tanto econômica quanto ambientalmente, para atender às necessidades dos sete bilhões de pessoas (em escala crescente) que habitam o planeta. As empresas já estão desenvolvendo "carne cultivada em laboratório" (e o pessoal do marketing, sem dúvidas, está tentando encontrar um nome melhor), o que permitirá a criação de uma quantidade ilimitada de cortes de carne devidamente nutritivos, com textura perfeita e deliciosos, a partir de um pequeno pedaço da fonte original. A possibilidade de uma cadeia alimentar sustentável e humanitária está se aproximando.

Inovações semelhantes vêm impactando o mercado de alimentos frescos. As frutas e os legumes fornecidos ao supermercado e aos restaurantes locais, em muitos casos, percorreram centenas, ou mesmo milhares de quilômetros, até chegar ao seu prato. Estima-se que quase metade do custo de uma refeição em um restaurante corresponda ao transporte da

O CAMINHO

comida. Imagine poder atender localmente às necessidades de produtos frescos da sua comunidade durante o ano inteiro, inclusive em lugares como Anchorage [cidade no centro-sul do estado do Alasca, EUA] ou Albuquerque [cidade no centro do estado do Novo México, sul dos EUA], com todos os produtos dentro de suas respectivas épocas o tempo todo. As empresas estão transformando isso em realidade, com novas tecnologias que permitem que 12 hectares de alimentos sejam cultivados em um galpão fechado, totalmente autônomo e resistente às alterações climáticas, ocupando um espaço de apenas meio hectare. E não apenas isso: essas "fazendas" usam apenas 5% da água normalmente usada nos cultivos vegetais. A tecnologia vai além do mero fato de proporcionar variedade e conveniência ao mundo desenvolvido. Esses tipos de inovações têm aplicações fascinantes para a escassez de alimentos em todo o mundo, ainda mais em climas extremos, onde a implementação da agricultura tradicional costuma ser desafiadora.

A escassez de alimentos não é a única ameaça que paira sobre grande parte do mundo atualmente. Apesar dos enormes progressos, mais de um bilhão de pessoas ainda não possuem acesso à água potável e milhões morrem a cada ano de doenças transmitidas pela água. O acesso à água limpa tem um efeito cascata em todos os aspectos da vida: a água limpa significa melhor saúde, tempo destinado à educação e tempo para outras atividades. Somente no continente africano [em algumas regiões], as mulheres gastam 40 bilhões de horas por ano se deslocando para buscar água. Imagine o aumento da produtividade se a água limpa estivesse a quatro minutos de distância, e não a quatro horas. As empresas estão trabalhando para revolucionar o acesso à água, eliminando a necessidade tradicional de cavar poços ou de melhorar os sistemas de filtragem, usando, em vez disso, o vapor de água presente na atmosfera. Com a tecnologia existente hoje, é possível extrair mais de 1.900 litros de água doce por dia do ar ao nosso redor! E o que acontece quando as pessoas têm água? Elas ficam livres! Livres para ir à escola, procurar um trabalho, usar um vaso sanitário com descarga, abrir um negócio, livres de doenças evitáveis e da morte. E livres, também, para contribuir para a economia global (o que aumenta a produtividade e a riqueza de todos).

Muito se falou da velocidade cada vez maior da comunicação de dados em celulares, com anúncios da tecnologia 5G sendo veiculados em todo o país. Essas novas redes prometem velocidades sem fio para os seus dispositivos portáteis mais rápidas do que as velocidades DSL ou a cabo conectadas em residências ou escritórios. O impacto dessa tecnologia vai muito além da capacidade de exibição de episódios clássicos de *Friends* enquanto você estiver de férias. Continentes inteiros terão acesso imediato e rápido à internet e a tudo o que ela tem a oferecer e, em alguns casos, pela primeira vez. As crianças terão acesso a informações e recursos educacionais como nunca ocorreu antes. Os empreendedores conseguirão acessar mercados e ferramentas digitais que removerão as barreiras para ingressar no mercado global. E essas altas velocidades permitirão a proliferação de novas tecnologias, como realidade aumentada, realidade virtual, streaming em 4K e muito mais. Elas também permitirão a implantação disseminada da inteligência artificial (IA), o uso promissor do aprendizado de máquina para melhorar as nossas vidas. Sundar Pichai, CEO do Google, afirma que "a IA é uma das coisas mais importantes em que a humanidade está trabalhando atualmente. É algo mais profundo do que [o desenvolvimento da] eletricidade ou fogo".

Neste exato momento, vivemos um período em que a ficção científica está ganhando vida. Considere o que o famoso escritor de ficção científica Jules Verne pensaria a esse respeito. Nos anos 1800, ele imaginou submarinos, noticiários televisivos, velas solares, módulos lunares, mensagens escritas no céu com fumaça, videoconferências, armas de eletrochoque e pouso de aeronaves no oceano, e tudo isso é uma realidade hoje.

Eu mal vislumbrei o incrível e vertiginoso futuro que está à nossa espera. Várias outras tecnologias, como robótica, automóveis autônomos, drones tripulados, impressão 3D e blockchain, são igualmente significativas. O ponto crucial é que o futuro que se encontra diante de nós e de nossos filhos é empolgante. A inovação jamais ocorreu em um ritmo tão veloz na história da humanidade! Se você quiser ler mais sobre esses tópicos, recomendo *Abundância: O futuro é melhor do que você imagina*, de Peter Diamandis e Steven Kotler, e *O otimista racional: Por que o mundo melhora*, de Matt Ridley.

A esta altura, talvez você esteja se perguntando: "O que todas essas inovações têm a ver com a minha liberdade financeira?" A resposta é "tudo"!

Lembre-se: com o que o mercado se importa? Com os dividendos esperados no futuro! Estima-se que 1,2 bilhão de pessoas estejam saindo da pobreza e ascendendo à classe média. Estima-se que três bilhões de pessoas prestes a entrar on-line terão, em breve, acesso de alta velocidade à internet e a tudo o mais que ela tem a oferecer. Estamos à beira da entrada de uma gigantesca onda de novos consumidores no mercado. Eles vão querer comprar iPhones, calçados Nike, comer no McDonald's, fazer compras na Gap, adquirir um Volkswagen, publicar no Instagram, assistir à Netflix e usar o Uber. Eles vão querer produtos e serviços de empresas que ainda nem existem! O próximo Google, a próxima Apple e o próximo Facebook estão apenas esperando para serem desenvolvidos e moldar o curso do desenvolvimento humano.

Quando você leva em consideração essas surpreendentes tendências demográficas e as combina com as tecnologias exponenciais abordadas neste capítulo, estabelece-se o que acredito ser um dos melhores momentos da história para se tornar um investidor de longo prazo e globalmente diversificado. Você não terá de escolher as empresas às cegas, na esperança de investir na próxima startup de um bilhão de dólares (muitas vezes chamada de "unicórnio" pelos investidores). Você pode possuir uma parte de *todas* as principais empresas que chegarão ao topo (aprofundaremos esse assunto mais adiante). O que você *não pode* fazer é se deixar paralisar por um medo forjado do futuro. Isso não ajudará ninguém, e muito menos a você.

Então, vamos começar a jornada e estruturar um rumo para o seu caminho até a liberdade financeira. Deixe que a empolgação pelo futuro seja o seu combustível!

CAPÍTULO TRÊS
A FORÇA PROPULSORA
POR TRÁS DE CADA DECISÃO

por Tony Robbins

A mente tem mente própria.

PROVÉRBIO ANTIGO

Um grande amigo meu, vamos chamá-lo de Jason, me deu permissão para contar sua acidentada história, na esperança de que isso lhe seja útil. Vamos começar do começo...

Jason era (e é) um homem muito inteligente. No início dos anos 2000, ele construiu do zero uma empresa de publicidade extremamente bem-sucedida. Ele tinha um imenso orgulho do que havia criado e, sendo o líder de sua própria empresa, tinha muita clareza sobre sua visão e suas aptidões. Dito de outra forma, ele tinha "segurança" plena como capitão do navio e sua equipe confiava bastante nele. Em 2004, Jason vendeu sua empresa por aproximadamente US$ 125 milhões, uma confirmação de sua perspicácia e de suas habilidades comerciais. Ele tinha apenas 40 anos de idade. Logicamente, sua riqueza, então, já era enorme, mas aquela venda tivera um significado muito mais profundo para Jason. Ele havia derrotado a concorrência, cruzado a linha de chegada e provado para si mesmo (e para todos os outros) que era mesmo a pessoa que demonstrava ser. Não demorou muito para que Jason se mudasse de Nova York para Las Vegas, uma cidade sob medida para um jovem megamilionário. Aonde quer que ele fosse, lhe estendiam o tapete vermelho e ele sentia que havia "chegado lá".

Em pouco tempo, a tentação empreendedora de Jason reacendeu e ele decidiu se aventurar no setor imobiliário. Porém, em vez de comprar algumas casas e vendê-las rapidamente a fim de obter lucro, Jason decidiu empurrar todas as suas fichas para o meio da mesa e erguer não uma, não duas, mas três torres de grande porte em um condomínio de luxo, bem perto da principal avenida comercial da cidade. Na mente de Jason, não importava que ele nunca tivesse pertencido ao setor imobiliário. Ele era um magnata e magnatas sempre têm sucesso, certo?

Em 12 meses, o empreendimento já estava bem avançado e os condomínios, que não exigiam nenhum investimento inicial, estavam sendo vendidos rapidamente. Suntuosas festas de lançamento atraíam ao local celebridades de primeiro escalão, que prometiam descarregar milhões de dólares para adquirir as unidades de cobertura. Corria o ano de 2006 e a economia estava florescendo, assim como o patrimônio líquido de Jason, que havia subido para aproximadamente US$ 800 milhões... no papel.

Jason e eu tivemos oportunidade de nos encontrar em um dos meus eventos. Lembro-me de conversar com ele, tentando convencê-lo a diversificar e a tomar certas medidas para se proteger. Infelizmente, ele estava menos interessado em ouvir e mais interessado em me vender uma unidade que "só aumentaria de valor".

"Tire algumas fichas da mesa. Guarde um pouco para um dia mais difícil. Não coloque todos os seus ovos em uma única cesta." Minhas analogias já estavam acabando e Jason não aceitava nada do que eu dizia. Ele estava intoxicado — não com álcool nem com drogas, mas por "necessidades emocionais". Jason se sentia blindado. Ele era "o homem" que se aproximava do US$ 1 bilhão — um marco estratosférico que significaria sua maior realização. "Todos os meus dias são repletos de emoção: novas escolhas, novas experiências, novos relacionamentos de alto nível, novas vendas, novas oportunidades de crescer e expandir", explicou ele.

O CAMINHO

Você já deve ter adivinhado o fim desta história. A crise financeira de 2008 dizimou o mercado imobiliário de Las Vegas mais do que qualquer outra cidade dos Estados Unidos. Em 2010, 65% das residências valiam menos do que os montantes devidos. O mercado "afundou" em proporções colossais. A Grande Recessão afugentou quase todos os compradores de Jason, deixando vazias as torres em construção. Jason, agora, valia US$ 500 milhões negativos. É isso mesmo. Ele devia aproximadamente meio bilhão de dólares a vários bancos que passaram a rondá-lo como tubarões em frenesi.

Compartilho essa história com você não apenas por ser um relato doloroso sobre a importância da diversificação. Há muitos relatos desse tipo. Porém, mais importante ainda, esta é uma história sobre como o nosso cérebro funciona e sobre como as nossas necessidades emocionais podem nos afastar do caminho da sabedoria — o caminho para a liberdade financeira. Como o próprio Jason atestaria, ao fazermos uma análise retrospectiva, fica muito mais evidente o modo como as necessidades emocionais haviam desvirtuado as habilidades de tomada de decisão de um empresário até então brilhante. Seria fácil escrever a história de Jason como a de uma ganância ofuscante, mas garanto que a mente humana, incluindo a sua e a minha, é muito mais complexa do que isso. Se não entendermos como as nossas necessidades emocionais funcionam, sempre ficaremos em segundo plano na nossa jornada, nunca assumindo inteiramente o controle.

O SEU SOFTWARE É CODIFICADO

Minha missão de ajudar as pessoas a transformar suas vidas já dura quase quatro décadas. Tive o privilégio de trabalhar com mais de quatro milhões de pessoas em eventos presenciais ao redor do mundo. A diversidade humana com a qual tive contato e interagi é ampla e profunda. De presidentes a atletas profissionais, passando por mães donas de casa. De gigantes da indústria a adolescentes aficionados por seus projetos. Minha posição particular me permitiu observar padrões de comportamentos humanos que transcendem idade, geografia, cultura e condição socioeconômica.

Simplificando, todos nós, humanos, estamos executando o mesmo software. Certamente, cada um de nós é único em seus próprios desejos e histórias, mas o que impulsiona as pessoas, o que as leva a agir, o que as atrai é, simplesmente, a tentativa do cérebro de satisfazer uma ou mais das "Seis necessidades humanas". Meu amigo e coautor Peter Mallouk diz que com frequência menciona essas necessidades para ajudar seus clientes a avaliar o que realmente deve estar motivando-os e determinando suas decisões.

Essas Seis necessidades humanas são aquilo que nos colocam em movimento. Elas são universais e servem como combustível para as nossas ações, as nossas compulsões e, até mesmo, os nossos vícios. Podem ser uma força para o bem ou uma força para a destruição. Todos nós temos as mesmas seis necessidades e as priorizamos de forma diferente. Também satisfazemos essas necessidades de maneiras totalmente diferentes. E o modo como uma pessoa satisfaz essas necessidades é o que determinará se ela viverá ou não uma vida de realizações.

Espero que este capítulo abra os seus olhos para essa estrutura simples, mas poderosa, a fim de que você consiga perceber quais dessas necessidades estão sendo priorizadas na sua vida e se você está satisfazendo suas necessidades de maneira produtiva. Você também descobrirá como a sua busca pela liberdade financeira será auxiliada ou dificultada pelas suas seis necessidades particulares.

ALGUMAS PESSOAS ESTÃO TÃO FALIDAS QUE TUDO O QUE ELAS TÊM É DINHEIRO

Talvez você esteja se perguntando: "O que as minhas necessidades emocionais têm a ver com a liberdade financeira? Vamos continuar ganhando dinheiro, Tony!" Bem, eu gostaria de lhe perguntar: por que você está juntando dinheiro? Todos podemos concordar que não é para acumular pedaços de papel com efígies de presidentes mortos. Você quer se sentir seguro e protegido? Deseja liberdade para fazer o que quiser, quando quiser? Está indo atrás de riqueza para se sentir especial ou único? Ou está buscando um senso de contribuição — fazer

O CAMINHO

coisas para outras pessoas que se encontram em necessidade e causar um impacto duradouro? Talvez seja tudo isso que foi mencionado. Você está interessado em todos estes sentimentos. Sentimentos movidos por necessidades.

Para que se sinta bem-sucedido na jornada para a liberdade financeira, é preciso entender um pouco mais como esse software realmente funciona e, se possível, configurar o código para que você possa vencer! Ao analisarmos cada uma das Seis necessidades humanas a seguir, compartilharei algumas pequenas histórias da vida real, a partir da minha experiência trabalhando com pessoas ligadas ao mundo das finanças pessoais. Esses diversos cenários ilustram como as necessidades orientam as decisões financeiras que as pessoas tomam — para melhor ou para pior.

GOSTARIA DE LHE APRESENTAR AS SUAS NECESSIDADES

Necessidade nº 1: Certeza

De minha parte, não tenho certeza de nada,
mas a visão das estrelas me faz sonhar.

VINCENT VAN GOGH

A nossa necessidade de certeza talvez seja o mecanismo de sobrevivência mais profundamente enraizado no cérebro humano. A autopreservação é o pano de fundo do nosso sistema operacional, e evitar riscos desnecessários é a "prioridade nº 1" do seu software de um milhão de anos. No entanto, quando se trata de investir, assumir riscos é uma parte inerente do jogo, e é possível perceber o quanto uma necessidade imperiosa de certeza poderá levá-lo a fazer escolhas ruins (por exemplo, ocultar as suas economias sob o colchão, vender todas as suas ações ao primeiro sinal de volatilidade).

Quando a certeza assume o controle na nossa jornada para a liberdade financeira, ela pode se enroscar um pouco demais em torno do volante. O impulso para evitar todos os riscos pode se exacerbar e prejudicar efetivamente as chances de sucesso. Mas, com o equilíbrio e o contexto adequados, a certeza pode ser decisiva. Depois de ter a certeza de como os mercados funcionam e do que você precisa fazer para permanecer no caminho, experimentará a verdadeira liberdade, tanto na jornada em si quanto no destino final.

Considere como a CERTEZA está atuando nos seguintes cenários financeiros:

- Um integrante da geração *baby boomer* que se afugentou do mercado em 2009 e ainda está com dinheiro em caixa, esperando um "momento melhor" para voltar ao mercado. Essa pessoa deixou escapar o maior mercado em alta da história e agora suas chances de uma aposentadoria prolongada estão ameaçadas.
- Os recém-casados que, sabiamente, planejam seu futuro, financiam suas contas de aposentadoria, reservam dinheiro para a universidade do filho e estão protegidos por um plano financeiro e imobiliário. Eles se sentem restringidos, enquanto vários de seus amigos estão gastando tudo o que ganham e não possuem nenhum plano.
- O homem que investirá apenas em certificados de depósito bancário (CDBs) e títulos do Tesouro para satisfazer sua obsessão por "garantias". Ironicamente, sem correr maiores riscos por retornos mais altos, as probabilidades de ele alcançar seus objetivos de aposentadoria despencam. As necessidades psicológicas suplantaram as reais necessidades financeiras.
- O casal de classe média que renuncia ao luxo, faz compras com parcimônia e economiza 25% de seu rendimento anual desde que começou a trabalhar (o marido escolheu um emprego público para garantir uma previdência segura). Agora, aposentados, eles têm um portfólio de sete dígitos.
- O casal que tem muito mais do que conseguiria gastar na aposentadoria, mas se recusa a tirar férias, comprar um café de US$ 4 ou alugar um carro de luxo que sempre desejou. Ironicamente, eles deixarão tudo para os filhos, que não terão nenhum problema em gastar à vontade!

Então, minha pergunta para você é: como a certeza aparece na sua jornada para a liberdade financeira? Você tem o suficiente, não tem o suficiente ou tem demais?

Dica para a vida: Embora a certeza seja saudável na "dose" certa, deixar que essa necessidade assuma o controle é um caminho rápido para a paralisia, porque apenas uma coisa é certa: a vida é incerta.

Necessidade nº 2: Variedade/Incerteza

A variedade é o próprio tempero da vida, dá todo o seu sabor.

WILLIAM COWPER

A variedade é o que mantém a vida interessante! É também o que ajuda a fortalecer a musculatura emocional, para que você reconheça que é capaz de lidar com o que a vida lhe oferecer. A espontaneidade é outro aspecto dessa necessidade, que pode revigorar o nosso senso de admiração e aventura. Como eu disse, cada um de nós possui todas as Seis necessidades, mas talvez você já consiga identificar se tende a ter mais certeza ou para a variedade. No fundo, você é um cigano de alma errante? Odeia cronogramas e listas de tarefas? Ou é um pouco maníaco por controle, exigindo organização, previsibilidade e regras de jogo claras?

Considere como a necessidade de VARIEDADE é a principal propulsora nas seguintes situações:

- O homem que sempre pretende descobrir o próximo investimento "sedutor" que ninguém mais conhece, para que ele possa falar sobre isso sem parar no próximo jantar. Ele adora pesquisar e ler artigos para ter novas ideias.
- O casal que passa várias horas planejando os detalhes de suas próximas férias ou da escapada de fim de semana, mas se recusa a gastar uma hora por ano pensando em suas finanças pessoais. Eles pagam

apenas os juros em seus cartões de crédito e guardam uma quantia relativamente irrisória em seus planos 401 (k), pois preferem gastar seu dinheiro agora.

- O apostador que sente que precisa sempre agir com o máximo de intensidade e esforço para obter a liberdade financeira. Ele assume riscos enormes e desnecessários pelo mero prazer da aposta.

Dica para a vida: Se tem uma necessidade premente de variedade e isso se torna o principal propulsor da sua vida diária, é possível que você se sinta desconectado de alguma coisa e/ou de alguém significativo.

Necessidade nº 3: Propósito

O que conta na vida não é o mero fato de termos vivido. A diferença que fizemos na vida de outras pessoas é o que determinará o propósito da vida que levamos.

NELSON MANDELA

Todos queremos nos sentir importantes. Todos precisamos nos sentir únicos. Todos queremos saber que somos especiais e que estamos fazendo alguma diferença. Isso pode aparecer de várias e belas maneiras, como o modo como o nosso parceiro ou os nossos amigos nos fazem sentir bem. O propósito pode aparecer na missão da nossa vida, nas tarefas que escolhemos ou nos títulos a que aspiramos. Podemos encontrar propósito sendo um pai ou mãe maravilhoso(a), uma alma gêmea afetuosa, um amigo importante ou, simplesmente, um filho do nosso Criador.

Existem também as formas mais óbvias e, de modo geral, menos gratificantes de buscar propósito. O exemplo mais flagrante são os itens que escolhemos comprar. Uma pessoa compra uma Lamborghini laranja que uiva nos sinais de trânsito, enquanto outra compra o Toyota Prius, escolha mais socialmente consciente (ambas buscam uma espécie de propósito para suas escolhas e o que isso diz sobre elas). Algumas pessoas pretendem sobressair com tatuagens e piercings, enquanto outras escolherão uma estratégia que envolva saltos altos de solado vermelho e uma bolsa com monograma que custa US$ 2.500.

Alguns encontram propósito de uma forma mais sutil e destrutiva, como ir sempre atrás de problemas — também conhecida como "mentalidade de vítima". Afirmei muitas vezes que o nosso maior vício como sociedade não está em uma substância; está nos nossos problemas. Todos nós conhecemos pessoas que pretendem contar vantagem sobre como suas vidas estão ruins, mas que são incapazes de enxergar as dádivas bem à sua frente. Elas costumam rechear sua tendência à vitimização com sentimentos de elegibilidade e julgamento dos outros. As mídias sociais amplificam, mais do que nunca, essas características tóxicas. Infelizmente, há muitos que nunca conseguirão curar suas feridas com algo fortalecedor e significativo. Todos nós temos feridas, mas as pessoas mais interessantes e poderosas são aquelas que escolhem acreditar que a vida está acontecendo *para* elas, não *contra* elas. As feridas não são a sua identidade; eles são o seu combustível.

O ponto mais importante aqui é que o propósito é uma necessidade que deve ser tratada com cuidado. O modo como atingimos uma sensação de propósito é crucial para a nossa realização a longo prazo, os nossos relacionamentos e o nosso sucesso financeiro.

Considere como o PROPÓSITO aparece no caminho financeiro dos seguintes indivíduos:

- O sujeito que deseja ser mais esperto do que todo mundo; então, consome uma enorme quantidade de conteúdos da mídia financeira e tenta se tornar um selecionador de ações (uma premissa falha para quase todos os investidores, incluindo os profissionais). Ele adora contar aos colegas de golfe sobre suas ações vencedoras, mas não revela nada sobre as perdedoras.
- O *millennial* que escolhe não ingressar nos mercados. Ele demoniza os "porcos capitalistas" e Wall Street, o que, convenientemente, lhe permite negligenciar sua própria segurança financeira.

- A pessoa que confunde espiritualidade com sabedoria financeira e decide que o dinheiro é a raiz de todo o mal (e, assim sendo, também todos aqueles que o possuem). Ela decide que não vai se preocupar com dinheiro, mas, ironicamente, tudo o que acaba fazendo é se preocupar por não ter dinheiro suficiente. Observação paralela: a raiz de todo o mal é o AMOR pelo dinheiro, não o dinheiro propriamente dito.
- O sujeito que despreza a população em geral, considerando que os outros indivíduos são "ovelhas" iludidas pelo governo. Ele coloca todas as suas economias em uma criptomoeda batizada com um nome engenhoso, pois está convencido de que esse é o caminho para um "futuro descentralizado", procurando catequizar incessantemente seus amigos.

Dica para a vida: Não se engane: abordagens temporais e disfuncionais para se sentir importante são um esforço infrutífero — tal qual uma sede insaciável. Como todas as outras necessidades satisfeitas de maneiras prejudiciais à saúde, elas podem se tornar uma prisão. Desmedida, a necessidade de propósito pode transformar uma pessoa em uma completa egomaníaca, ofuscada pelo orgulho e muito egoísta para a abnegação exigida pelos relacionamentos duradouros.

Necessidade nº 4: Amor e conexão

As melhores e mais belas coisas deste mundo não podem ser vistas ou ouvidas, mas devem ser sentidas com o coração.

HELEN KELLER

O amor é o oxigênio da alma. É isso que almejamos. Somos feitos para o amor altruísta e incondicional, e sabemos disso intuitivamente (daí a predileção infinita por canções de amor e filmes românticos). Pode ser o amor de um parceiro, de um membro da família ou de um amigo próximo. Também pode ser o poder da conexão — um sentimento sutilmente diferente. Sentir-se conectado à natureza, a uma história emocionante ou à sua canção favorita pode fazer com que todos se sintam bem no mundo. Obviamente, a conexão mais importante é consigo mesmo. Manter-se sintonizado com as suas necessidades é o seu dever dado por Deus como guardião da sua alma.

Então, como uma necessidade de AMOR ou CONEXÃO apareceria em nossa jornada financeira? Talvez você se surpreenda...

- As duas melhores amigas que, habitualmente, vão às compras juntas, e acumulam uma enorme dívida comprando marcas de alta-costura. Sua codependência encontrou uma via de manifestação perigosa e cara. Elas se orgulham, inclusive, da cor de seus cartões de crédito, pois isso as distingue do resto das viciadas em compras. (Observação: é possível perceber como a necessidade de propósito também está muito presente nesse comportamento.)
- O casal que, sabiamente, planejou em conjunto suas metas de liberdade financeira e surpreende um ao outro com férias e divertidos luxos à medida que vai atingindo determinados patamares.
- O homem que escolheu seu colega de faculdade como corretor, sabendo que ele vende produtos financeiros para ganhar comissões substanciais. Ele não tem coragem de optar por um consultor "fiduciário" por medo de perder uma amizade.

Dica para a vida: O amor é aquilo que mais almejamos, e, muitas vezes, conseguimos conquistá-lo da maneira mais interessante possível. Algumas pessoas têm medo de serem verdadeiramente consideradas e amadas, e se contentarão com uma falsificação, como "amigos" nas redes sociais ou o envolvimento com um relativo desconhecido.

As quatro primeiras necessidades são o que eu chamo de "necessidades da personalidade". As duas últimas necessidades surgem à medida que evoluímos e começamos a reconhecer as necessidades mais profundas da alma.

Necessidade nº 5: Crescimento

O crescimento começa quando começamos a
aceitar nossa própria fraqueza.

JEAN VANIER

A lei da vida diz que, se não estivermos crescendo, estamos morrendo. A liberdade financeira é inútil caso não estejamos experimentando uma sensação de crescimento em nossas vidas. Os nossos relacionamentos precisam crescer, os nossos negócios precisam crescer, a nossa espiritualidade e as nossas crenças precisam crescer, as nossas mentes precisam crescer e, é claro, a nossa riqueza deveria crescer. E a razão pela qual crescemos é termos algo a oferecer. Podemos oferecer dinheiro, e deveríamos, mas também podemos oferecer um pouco de nós mesmos, da nossa sabedoria, do nosso amor e muito mais.

Acho que um episódio da minha vida pessoal é a ilustração perfeita disso. Como já escrevi antes, fui criado em um lar relativamente pobre. Em um dia de Ação de Graças, quando eu tinha cerca de 11 anos, não havia comida suficiente na nossa despensa para passar o feriado. Estávamos magérrimos e a tensão entre meus pais era palpável. De repente, uma batida de surpresa à porta e lá estava um anjo: um entregador trazia às mãos sacolas de compras com todas as coisas possíveis de que precisávamos. Ele disse que era um presente de um amigo. Meus irmãos e eu ficamos em êxtase, mas o orgulho do meu pai quase recusou a comida, pois ele "não aceitava caridade". O entregador se mostrou bastante insistente, de modo que o meu pai, ainda um pouco relutante, aceitou as sacolas. Naquela noite, fizemos uma refeição maravilhosa porque um estranho havia se importado conosco. A mensagem era clara: se estranhos se importavam comigo, eu deveria me importar com estranhos. Avançando rapidamente para os meus 18 anos, me deparei com duas famílias necessitadas na vizinhança e retribuí o favor no dia de Ação de Graças. Elas ficaram muito agradecidas e os abraços foram intermináveis, embora eu insistisse em lhes dizer que eu era apenas o entregador.

O CAMINHO 55

Quando entrei na van emprestada depois de fazer a última entrega, caí em prantos. Pensei naquele antigo Dia de Ação de Graças, que poderia ter sido um dos piores dias da minha infância, mas que, em vez disso, tinha se tornado um dos meus melhores dias, a ponto de moldar a minha personalidade até hoje. A vida aconteceu *para* mim, não *contra* mim. Aposto que você também seria capaz de afirmar isso a respeito de algum momento da sua vida. A cada dia de Ação de Graças, comecei a alimentar mais famílias necessitadas e a recrutar os meus amigos para encher gigantescas cestas de comida e suprimentos. Chamamos a nossa missão de "brigada das cestas básicas", e hoje milhões de pessoas são alimentadas anualmente com a ajuda da minha fundação.

Em 2014, descobri que o governo estava cortando os vales-alimentação (também conhecido como programa SNAP, ou Programa de Assistência de Nutrição Suplementar, na sigla em inglês). O corte efetuado equivalia a 21 refeições a menos por mês para cada família de quatro pessoas. Em outras palavras, uma família teria de ficar sem comida por uma semana a cada mês, a menos que cidadãos comuns, bancos de alimentos e organizações sem fins lucrativos intensificassem sua ajuda. Era o meu momento de evoluir e expandir a minha generosidade. Fiz uma parceria com a Feeding America para definir uma meta substancial, o "Desafio dos 100 milhões de refeições". Doando os lucros de dois livros anteriores e fazendo algumas doações extras pessoais, conseguimos alcançar o nosso objetivo anterior e hoje já superamos as 400 milhões de refeições! Rebatizamos oficialmente o desafio para "Desafio de um bilhão de refeições" e estamos a caminho de atingir esse ambicioso objetivo. Sim, trata-se de contribuição, mas tem mais a ver com expansão. Expandir a nossa visão, expandir os nossos objetivos, expandir a nossa capacidade de generosidade e muito, muito mais.

Dica para a vida: Algumas das pessoas mais bem-sucedidas financeiramente que conheci têm tudo o que poderiam desejar, mas a crença de que já "chegaram lá", de que não existe mais nada a conquistar, atrapalhou seu crescimento e, inevitavelmente, elas não se sentem realizadas.

Necessidade nº 6: Contribuição

Ganhamos a vida com o que recebemos.
Fazemos a vida com o que doamos.

WINSTON CHURCHILL

Como acabei de dividir com você, acredito, de todo o coração, que o segredo da vida é doar. A essência da vida, na verdade, está em ir além de si mesmo. Pense nisso da seguinte maneira: a sua vida tem a ver exclusivamente com o propósito que você é capaz de criar. Quando a sua vida é significativa, independentemente do quanto você tenha no banco, a sua alma estará preenchida. Mas o propósito não nasce da observação do próprio umbigo. Ele nasce da doação, e da doação com generosidade. A doação do seu tempo, do seu amor, dos seus recursos — e sem nenhuma expectativa de receber nada em troca. Quando você passa a sua xícara adiante, se torna uma dádiva para todos os que estão ao seu redor, mas, em uma reviravolta genial, quem mais recebe as dádivas é você mesmo!

Eis aqui algumas belas histórias sobre o poder da CONTRIBUIÇÃO:

- O casal que planejou com diligência e gastou com sabedoria, o que lhes possibilitou doar generosamente para sua igreja e para o fundo universitário de seu neto, e contribuir com horas de voluntariado no hospital infantil local. A aposentadoria de ambos está preenchida com um propósito profundo e significativo.
- A família de quatro pessoas que se reúne para decidir quem deverá receber sua doação anual, dando voz a todos. Os filhos são responsáveis por selecionar sua instituição de caridade favorita e por relatar todos os benefícios que estão sendo propiciados com a doação da família. Eles estão cultivando um coração generoso, que perdurará por gerações.
- Um homem idoso que resolveu doar sua fortuna após a morte, e apenas após a morte. Peter o convenceu de que "é melhor doar ainda com as mãos quentes do que com as frias". Ele começou a fazer doações para instituições beneficentes locais e a visitá-las para acompanhar o fruto de sua generosidade. Ficou profundamente emocionado e

O CAMINHO 57

percebeu o quanto a vida pode ser mais gratificante quando as mãos não estão cerradas.

Dica para a vida: Doar é disciplina. Se você não doar nenhum centavo de dólar hoje, jamais doará US$ 1.000 de US$ 10.000, ou US$ 1 milhão de US$ 10 milhões. Comece a se disciplinar e cultive um espírito alegre e generoso!

JASON, ASSUMA O COMANDO!

Lembra-se da história de Jason em Las Vegas? De seu patrimônio líquido negativo de US$ 500 milhões? Antes de fazermos um julgamento apressado, vamos analisar como as Seis necessidades humanas estavam operando na mente de Jason. Ele estava ofuscado por uma necessidade urgente de propósito? Sem dúvida! Seria difícil pensar em algo mais tentador do que se tornar o mais novo e o mais poderoso empreendedor da Cidade do Pecado. Ele tinha certeza absoluta de suas aptidões para os negócios, pois tinha conseguido vender sua empresa por nove dígitos (embora se tratasse de uma coisa inteiramente descabida, pois ele jamais havia sido corretor imobiliário antes). Sua nova cidade, Vegas, a emoção e os desafios de ser um novo empreendedor, e as festas e eventos promocionais proporcionaram a Jason uma imensa variedade. Ele também estava obtendo conexão, graças a um ambiente social próspero e da interação com potenciais compradores.

Costumo observar que, quando três ou mais necessidades são satisfeitas ao mesmo tempo, têm-se os ingredientes propícios ao vício (seja ele positivo ou negativo). Em cada um dos relatos deste capítulo, uma ou mais das Seis necessidades humanas estavam em plena operação. Eu poderia escrever um livro inteiro sobre como essas necessidades interagem umas com as outras, e sobre como elas mudam de formato ao longo do tempo e dos vários estágios da vida. Existem exemplos infinitos de como as nossas necessidades moldam as nossas histórias, mas a pergunta mais apropriada é: como elas estão moldando a sua história atualmente? O que está impulsionando o seu desejo por liberdade financeira? Quais as necessidades que estariam atrapalhando você? Quais necessidades poderiam ser priorizadas? Do que elas precisariam para passar ao segundo plano?

Entender o que o está motivando permite eliminar os obstáculos autoimpostos e priorizar as suas necessidades de uma maneira mais satisfatória e impactante. Em minha vida pessoal, descobri que a verdadeira liberdade está em ir além das necessidades básicas e trabalhar para satisfazer as necessidades mais elevadas de crescimento e contribuição. Certamente, os sinais exteriores da riqueza (automóveis, casas etc.) podem ser divertidos por algum tempo, mas, quando me propus a vencer um desafio que era maior do que eu, encontrei um estímulo infinito e uma capacidade crescente de experimentar a verdadeira alegria. Quando estabeleci a meta de fornecer um bilhão de refeições (atualmente, está em 400 milhões) para pessoas em dificuldades, era uma tarefa assustadora, que exigiria um esforço descomunal. O mesmo aconteceu quando me comprometi a fornecer água potável para 250 mil pessoas pelo resto de suas vidas. Senti a pesada realidade de que crianças morreriam se eu não as ajudasse. Esses audaciosos objetivos de contribuição me fizeram encarar as minhas finanças e os meus investimentos com novos olhos. Eles deixaram de ser apenas números em uma tela. Eles representam a oportunidade de doar, apoiar, alimentar, dar banho etc. Eles são expressões tangíveis do meu amor pelos outros e da minha profunda gratidão por levar uma vida além do que eu poderia imaginar.

Na sua jornada para a liberdade financeira, não se esqueça dos motivos para esta sua busca: você está tentando satisfazer os seus desejos emocionais e psicológicos. Conheci inúmeros indivíduos que são financeiramente seguros, mas não possuem liberdade financeira. Eles são ricos em termos de dinheiro, mas vivem na pobreza emocional. Eles não vivenciam alegria, crescimento ou contribuição. Eles têm muito, mas vivem na escassez.

Portanto, embora seja necessário estabelecer metas financeiras mensuráveis, o segredo é decidir quais emoções você deseja experimentar como parte da sua jornada (por exemplo, gratidão, empolgação, generosidade, paixão) e decidir que você as experimentará agora, e não em algum futuro destino, definido pelos números. A liberdade financeira é, em parte, um estado de espírito e é alcançável agora, independentemente de como está sua situação financeira. Sim, você precisará da estratégia correta (tema de todo o resto deste livro), mas a sua mentalidade, o seu desejo e a sua vontade de assumir o controle das suas necessidades emocionais definirão, em última análise, o quanto você é realmente livre.

Agora que Peter já fez com que você desse uma olhada no futuro e eu dei uma olhada nas prioridades da sua mente, é hora de considerar a escolha de um parceiro para a sua jornada.

PARTE II

ESTRUTURANDO O SEU CAMINHO

CAPÍTULO QUATRO

ESCOLHENDO UM GUIA PARA A SUA JORNADA

Nenhuma estrada é longa demais ao lado de um verdadeiro amigo.

PROVÉRBIO TURCO

O caminho para a liberdade financeira é longo. Começa com o seu primeiro emprego — sim, aquele emprego de verão como salva-vidas conta — e termina com o legado financeiro que você pode deixar aos seus descendentes. A decisão de cumprir essa jornada sozinho ou com um consultor depende inteiramente de você e de suas necessidades financeiras. Dito isto, todo alpinista experiente sabe que não é aconselhável escalar o Everest sem um guia; os riscos são muito altos. Aqueles que são apaixonados pelo planejamento de longo prazo, que são conhecedores e informados sobre o mercado e têm tempo para se dedicar aos investimentos, podem optar por seguir a jornada por conta própria. Outros podem decidir trabalhar com um consultor, por uma série de motivos. Como ficaremos sabendo, selecionar o consultor correto pode significar a diferença entre chegar ao topo ou vagar sem rumo pelo acampamento de base.

Praticamente a metade dos norte-americanos usa os serviços de um consultor financeiro. Talvez você imagine que alguém com um patrimônio líquido mais alto tenha mais chances de ser financeiramente esclarecido e se sinta confiante o suficiente para cuidar disso por conta própria. Na verdade, quanto maior o patrimônio líquido de uma pessoa, maior a probabilidade de ela procurar uma consultoria financeira. É mais provável que as pessoas com um patrimônio elevado saibam o quanto não sabem. Também é mais provável que elas saibam o quanto o investimento é importante para seu sucesso financeiro a longo prazo.

Por ter lidado com milhares de famílias de alto poder aquisitivo, posso afirmar que a maioria delas acredita em um ou mais dos seguintes itens:

- Elas valorizam seu consultor financeiro e acreditam que consultores bem escolhidos podem se pagar a si mesmos muitas vezes.
- Elas sabem a importância de se evitar grandes erros de investimentos.
- Elas valorizam o acesso a investimentos nos quais talvez não pudessem investir por conta própria.
- É provável que se beneficiem substancialmente de orientações recebidas em planejamentos financeiros que não envolvem investimentos, e estejam mais acostumadas a usar profissionais como advogados, assessores e especialistas tributários.
- Provavelmente, elas valorizam seu tempo e não querem perdê-lo saindo de sua "raia".
- Elas querem que seu consultor financeiro sirva como um recurso para que elas próprias ou sua família consigam lidar com as questões mais prementes.
- Elas querem que seu consultor financeiro continue prestando consultoria em caso de incapacitação ou morte.

Muitos norte-americanos esperam até acumular uma quantidade substancial de ativos, para só então procurar alguém que os ajude a investir. Este é um erro fatal! Por que escalar metade da montanha apenas para descobrir que será preciso recuar, quando teria sido muito mais fácil pedir instruções ao alpinista experiente que chegou ao topo inúmeras vezes? Definir um roteiro no início da sua jornada financeira o ajudará a economizar tempo e dinheiro a longo prazo (e talvez você não se perceba como investidor por si mesmo, mas será importante assumir isso como parte da sua identidade). Embora seja verdade que os benefícios incrementais de um consultor não tenham tanto impacto sobre alguém com US$ 100.000 para investir quando comparado a alguém com US$ 1 milhão, o consultor correto pode ser o fator decisivo na consecução das suas metas financeiras. Quais dívidas você deveria pagar primeiro? Quais valores deveria destinar aos seus planos de aposentadoria? Quanto deveria estar economizando para enviar seus filhos para a universidade? Essas são apenas algumas das perguntas que precisam ser respondidas no início da jornada financeira de cada um de nós. E são as perguntas que os consultores financeiros adoram responder.

Para aqueles que têm um patrimônio líquido elevado, a decisão de trabalhar com um consultor financeiro é muitas vezes fácil. Aqueles que têm um patrimônio líquido modesto podem se mostrar mais reticentes. No mínimo, obtenha orientações de qualidade (e observe aqui a ênfase em "qualidade". Infelizmente, muitos consultores oferecem orientações melhores para eles mesmos do que para você), das quais você irá precisar para trilhar o caminho certo até a liberdade.

A MAIORIA DOS ESPECIALISTAS EM FINANÇAS FARÁ MAIS MAL DO QUE BEM

Se puder, ajude os outros; se não puder ajudar,
ao menos não lhes faça mal.

DALAI LAMA XIV

A opção por usar um consultor financeiro é sua, e somente sua. Se for recorrer a um, esteja preparado para procurar, de modo a encontrar um consultor financeiro competente e confiável. Porque eu gostaria de lhe contar um grande segredo do setor de serviços financeiros: a maioria dos especialistas em finanças faz muito mais mal do que bem.

A grande maioria dos especialistas se enquadra em uma das quatro categorias abaixo:

1. Eles assumem a custódia do seu dinheiro como parte do curso normal dos negócios (*custódia* é uma palavra chique para onde/como o dinheiro é guardado e controlado. Bernie Madoff, por exemplo, tinha custódia total).

2. Eles são vendedores disfarçados.
3. Eles usam estratégias prejudiciais aos objetivos financeiros de seus clientes, pois estão tentando lhe vender algo que você quer ouvir. Eles fazem isso mesmo sabendo que não vai dar certo ou porque não sabem o que estão fazendo (não quero nem saber dos e-mails cheios de ódio que receberei de certos consultores financeiros).
4. Eles se descrevem como "gestores de patrimônio" que consultam todos os aspectos da sua vida financeira, mas, na verdade, são "gestores de dinheiro" que desejam lhe vender um portfólio de fundos e se reunir de vez em quando para discutir seu progresso.

Há muitas coisas que devem ser procuradas em um especialista em finanças, mas, se você conseguir transitar pelos quatro pontos principais de conflito, custódia, competência e customização (eu as chamo de "Quatro Cs"), eliminará cerca de 90% dos especialistas da sua busca. Suas chances de acabar trabalhando com alguém competente, que não roubará o seu dinheiro, não venderá seus próprios produtos nem perderá o foco, serão muito maiores se você levar em consideração os Quatro Cs ao escolher um consultor financeiro.

CRITÉRIO Nº 1 NA SELEÇÃO DE UM ESPECIALISTA EM FINANÇAS: CONFLITO

Conflito de interesses: um conflito entre os interesses privados e as responsabilidades oficiais de uma pessoa em posição de confiança.

DICIONÁRIO COLEGIAL
MERRIAM-WEBSTER, 11ª edição*

Há tantas maneiras de ser enganado por um consultor financeiro que é impressionante o fato de a profissão continuar existindo. Não conheço outro setor em que as pessoas procurem um profissional para obter ajuda e, com muita frequência, acabem em situação pior do que quando começaram.

---

* Por exemplo, no setor de serviços financeiros.

O CAMINHO

Isso irritará muitos profissionais da área, mas a realidade é que o setor de serviços financeiros está falido. Outra afirmação que deixará muita gente chateada: se você estiver sendo auxiliado por um típico especialista em finanças, são grandes as chances de que ficaria melhor sem ele.

O motivo é simples: a esmagadora maioria dos especialistas não está do seu lado. Muitos especialistas ganharão mais se conseguirem lhe vender determinados produtos; alguns não têm o dever fiduciário de agir em prol dos melhores interesses dos clientes; e uma parte trabalha para empresas que vendem seus fundos de "marca própria". Se algum desses casos se aplicar à sua situação, é hora de procurar um novo especialista — e, quanto antes, melhor. Então, como você descobre se o seu especialista em finanças, por mais agradável que ele seja, pode estar diante de um conflito de interesses? Dividirei este tópico em três partes, para que você consiga determinar, da maneira mais fácil possível, se ele passa nessas provas decisivas.

Teste nº 1: "Você é um consultor ou um corretor?"

"Apesar do que muitos clientes foram levados a acreditar,
nem todos os consultores financeiros têm os melhores interesses
dos clientes em mente ao lhes sugerir veículos de investimento.
Eles não agem sob um padrão fiduciário."

ASSOCIAÇÃO NACIONAL DE
PLANEJADORES FINANCEIROS PESSOAIS

Nove em cada dez norte-americanos concordam — sendo que 76% concordam firmemente — que, ao receber consultoria de investimentos de um consultor financeiro, tal consultor deveria colocar os interesses do cliente em primeiro lugar e revelar quaisquer conflitos de interesses capazes de, potencialmente, influenciar suas orientações. Na minha opinião, parece bastante razoável. A ironia é que cerca de nove em cada dez especialistas em finanças não são obrigados a agir em prol dos melhores interesses dos clientes. Além disso, a legislação dos Estados Unidos não deixa muito evidente a diferenciação entre as diversas responsabilidades de um consultor financeiro perante o cliente. Vamos iniciar com algumas definições para que possamos categorizar esses tipos de consultores.

Definição de consultor de investimentos

A Lei de Consultores de Investimento de 1940 define um *consultor de investimentos registrado* (registered investment advisor, ou RIA, na sigla em inglês) como "uma pessoa física ou jurídica que, mediante remuneração, está envolvida no ato de fornecer aconselhamento, fazer recomendações, emitir relatórios ou elaborar análises de títulos, diretamente ou por meio de publicações". Em resumo, os consultores fornecem recomendações e recebem honorários como retribuição por seus conhecimentos.

Os consultores de investimentos também se pautam pelo padrão fiduciário. Assim como o seu médico ou o seu contador público certificado (certified public accountant, ou CPA, na sigla em inglês), um consultor de investimentos tem um dever fiduciário para com você, o que significa que ele tem uma obrigação fundamental de agir sempre em prol dos seus melhores interesses. Os consultores de investimentos também devem revelar todo e qualquer conflito de interesses, e estão proibidos de fazer negócios que resultem em uma receita maior para eles ou para a empresa à qual servem. Talvez você esteja concordando com a cabeça e pensando que isso não passa de senso comum. No entanto, garanto que não é tão comum assim!

Definição de corretores

A Lei de Valores Mobiliários de 1934 define um *corretor* como "qualquer pessoa envolvida no negócio de efetuar operações de títulos em nome de terceiros". O trabalho central de um corretor é comprar e vender investimentos. Talvez você acredite que isso pudesse facilitar a diferenciação entre um corretor e um fiduciário, mas não é tão simples assim. De fato, as legislações recentes tornaram ainda mais complicadas descobrir com quem você está trabalhando. Primeiro, vamos conhecer um pouco mais dessa história.

Historicamente, os corretores têm estado comprometidos com aquilo que se conhece como "padrão de adequação"; eles não eram obrigados por lei a agir em prol dos melhores interesses dos clientes, mas somente a fornecer aconselhamento ou a realizar operações consideradas "adequadas". Eles podem, por exemplo, ter lhe vendido um produto ou um fundo excelentes apenas para seu próprio bolso, quando havia alternativas de menor custo ou de melhor desempenho disponíveis. E isso terá sido legal, pois seria entendido como uma venda "adequada". Quando foi a última vez que você desejou algo que pudesse ser meramente "adequado"? (Você consegue se imaginar indo a um restaurante e escolhendo uma refeição "adequada"? Que tal escolher um cônjuge "adequado"? Você preferiria receber uma consultoria de investimentos "adequada" ou uma consultoria em prol dos seus melhores interesses?)

A Comissão de Valores Mobiliários nos Estados Unidos (Securities and Exchange Commission, ou SEC, na sigla em inglês) tentou melhorar a situação em 2019, apresentando o Regulamento dos Melhores Interesses (Regulation Best Interest, ou Reg BI, na abreviação em inglês). A ideia era a de que os corretores devessem se comprometer com um padrão mais elevado ao fornecer certos aconselhamentos; portanto, agora eles precisariam agir em prol dos "melhores interesses" de seus clientes em tais circunstâncias. Isso se parece muito com a definição de fiduciário; quer dizer que agora os corretores viraram fiduciários? A resposta é não. O presidente da SEC, Jay Clayton, explicou a diferença em uma entrevista à CNBC, logo após a adoção do novo regulamento:

> [O dever fiduciário] é uma combinação de cuidado e lealdade. Você deve a alguém o dever de cuidar e não pode colocar os seus interesses acima dos interesses [do cliente]. Sob a perspectiva do corretor, os melhores interesses têm muitos elementos parecidos, mas queremos que as pessoas entendam que o espaço do consultor de investimentos e o espaço do corretor-negociante são diferentes. Eles são muito diferentes no modo como as pessoas são remuneradas. No espaço do consultor de investimentos, é mais um relacionamento de longo prazo, onde você recebe um honorário trimestral ou anual; já o especialista em finanças estabelece um relacionamento que costuma durar enquanto durar o portfólio. São dois relacionamentos muito diferentes e queremos que isso fique bem evidente.

Mas esta é a verdadeira surpresa: o Reg BI não define o que significa "melhores interesses"! Ainda paira uma incerteza sobre como isso será medido e aplicado, mas uma coisa é clara: não se trata do mesmo padrão legal de atendimento de um fiduciário. O regulamento permite, expressamente, que as empresas "[ofereçam] apenas produtos exclusivos, impondo limitações materiais ao cardápio de produtos ou incentivando a venda de tais produtos por meio de sua prática de remuneração". Não sei quanto a você, mas isso não se encaixa na minha definição pessoal de "melhores interesses".

Então, qual é a diferença?

Por mais confuso que pareça o panorama, os norte-americanos têm um faro aguçado para mentiras. Em uma recente pesquisa sobre a percepção dos consultores financeiros pelos norte-americanos, 60% dos pesquisados acreditavam que os consultores financeiros agiam em prol dos interesses de seus empregadores, e não em prol dos melhores interesses dos clientes.

Então, qual é a diferença entre especialistas em finanças que trabalharão para você e aqueles que trabalham para seus chefes? A conclusão é a seguinte: se o seu especialista em finanças for um consultor de investimentos independente, ele tem um dever fiduciário para com você e está sujeito aos mais altos padrões legais de atendimento. Mas, se o seu especialista for um corretor, ele não tem essa obrigação. Para o cliente médio, é complicado perceber a diferença. Isso ocorre porque a maioria dos corretores opera sob títulos propositadamente vagos, como "consultor financeiro". De acordo com o *Wall Street Journal*, existem mais de 200 designações diferentes para consultores financeiros, incluindo "conselheiros financeiros", "gestores de patrimônio", "consultores financeiros", "conselheiros de investimentos" e "consultores de patrimônio". Não admira que os norte-americanos desconfiem dos consultores financeiros! Você precisará fazer mais algumas perguntas e investigar adequadamente.

Neste momento, talvez você esteja se perguntando: "Por que esses grandes bancos e corretoras querem evitar o padrão fiduciário?" O motivo é simples: a venda de produtos exclusivos e as várias formas de remuneração derivadas desses produtos são uma prática muito lucrativa. Essas empresas preferem revelar esses tipos de conflitos — em letras minúsculas nas últimas páginas dos documentos de divulgação — em vez de eliminá-los.

O CAMINHO

Muitos corretores trabalham para empresas de capital aberto, e essas práticas ajudam a gerar o máximo de lucro possível para seus acionistas.

No fim das contas, um corretor não apenas não tem nenhum dever fiduciário, como também faz lobby no Congresso para manter as coisas como estão. Lembre-se disso quando chegar a hora de decidir a quem você quer confiar as suas finanças (imagine a seguinte situação: você paga um consultor financeiro e ele divide os honorários recebidos com a empresa para a qual trabalha. Essa empresa, então, gasta parte desse dinheiro fazendo lobby no Congresso para permitir que seus especialistas prestem consultoria a você, sem precisar agir em prol dos seus melhores interesses. Isso resume bem o procedimento majoritário do setor de serviços financeiros).

Existem mais de 650.000 "consultores financeiros" nos Estados Unidos. A maioria deles é formada por corretores. Isso significa que grande parte do setor de serviços financeiros não está comprometida com o mais alto padrão legal de atendimento ao gerenciar o seu dinheiro. Assustador, não é mesmo? Você conseguirá descobrir se o seu especialista em finanças é um corretor fazendo duas perguntas importantes:

1. Você é um corretor ou um consultor de investimentos? Resposta correta: apenas consultor de investimentos.
2. Você está registrado na Comissão de Valores Mobiliários (Securities and Exchange Commission, ou SEC, na sigla em inglês) ou na Autoridade Regulatória da Indústria Financeira (Financial Industry Regulatory Authority, ou FINRA, na sigla em inglês)? Resposta correta: somente na SEC, não nas duas (duplo registro) e não apenas na FINRA (apenas corretores).

Agora que eliminamos aproximadamente 85% dos consultores financeiros, vamos restringir um pouco mais o campo. Observe que não estou afirmando que todos os corretores são ruins. Não se trata disso. Existem corretores éticos e antiéticos, assim como existem consultores financeiros éticos e antiéticos. Estou dizendo, simplesmente, que você deve, no mínimo, exigir que a pessoa que contrata para ajudá-lo tenha uma obrigação fiduciária de agir em prol dos seus melhores interesses o tempo todo, e os corretores não atendem a esse requisito.

Teste nº 2: "Você é independente de verdade ou apenas em uma parte do tempo?"

O ESPECIALISTA EM FINANÇAS COM DUPLO REGISTRO É O VERDADEIRO LOBO EM PELE DE CORDEIRO.

Até agora, dividimos o campo da consultoria financeira em duas categorias principais: consultores de investimentos independentes e corretores. No entanto, precisamos dar um passo adiante para garantir que você esteja lidando com alguém que *sempre* agirá em prol dos seus melhores interesses, e não apenas em uma parte do tempo.

Infelizmente, a lei dos EUA permite que os consultores financeiros tenham um "duplo registro", o que significa que eles podem ser registrados tanto como consultores independentes quanto como corretores. Espero que você tenha ficado boquiaberto depois de ler essa frase. Como alguém pode ser um consultor independente e estar comprometido com o mais alto padrão legal de atendimento, mas também ser um corretor que não tem esse compromisso?

Essa é uma situação extremamente perigosa, pois esse especialista pode afirmar com sinceridade que é um consultor de investimentos e que está comprometido com o padrão fiduciário; porém — e esse é um enorme *porém* —, a mesma pessoa pode deixar de ser consultor de investimentos, com o dever fiduciário de agir em prol dos melhores interesses do cliente e, *de uma hora para outra*, se tornar um corretor, sem a obrigação de agir dessa maneira. Você leu certo. Ao se registrar duplamente, um especialista em finanças pode operar sob o padrão fiduciário em algumas situações e atuar como corretor para escapar de tal padrão em outras. É preciso sorte para descobrir quem é quem. O especialista em finanças com duplo registro é o verdadeiro lobo em pele de cordeiro. Há duas maneiras de verificar se um "consultor de investimentos independente" também está operando como um corretor. Primeiro, pergunte diretamente. Segundo, preste atenção no cartão de visitas ou no site dessa pessoa. Se estiver escrito "títulos oferecidos pelo corretor negociante da *ABC*", você estará lidando com alguém que também é corretor. Se estiver trabalhando com um especialista com registro duplo, não se surpreenda caso o seu portfólio de investimentos contenha investimentos sujeitos ao pagamento de comissões, anuidades variáveis ou fundos exclusivos.

O CAMINHO

O que nos leva ao terceiro e último teste.

Teste nº 3: "Você está vendendo seus próprios produtos exclusivos?"

Nunca pergunte a um barbeiro se você está
precisando de um corte de cabelo.

WARREN BUFFETT

Na minha opinião, trabalhar com especialistas em finanças que vendem seu próprio produto é o pior tipo de configuração para um investidor. O investidor se esforçou para procurar um consultor independente e acabou encontrando um vendedor disfarçado. E não se engane: quando você contrata um corretor, está contratando um vendedor. Se está disposto a oferecer o seu dinheiro arduamente conquistado a um especialista em finanças em troca de aconselhamento, deveria exigir, pelo menos, que essa pessoa não tenha um produto para lhe vender e que mantenha o mais alto padrão legal de atendimento.

Por exemplo, você não entraria em uma concessionária Honda e esperaria uma resposta imparcial à pergunta: "Que marca de carro devo comprar?" Sem qualquer pesquisa de mercado nem informações sobre o consumidor, o revendedor recomendará que você compre um Honda. Da mesma forma, você nunca deveria trabalhar com um especialista cuja empresa, ou empresa afiliada, possua *fundos exclusivos* (fundos que a empresa possui e que tenha interesse manifesto em lançar no mercado). Se o fizer, não se surpreenda quando eles acabarem compondo o seu portfólio.

Se estiver trabalhando com um corretor ou consultor com duplo registro, reserve um minuto para analisar o seu portfólio. Examine o que você possui. É provável que descubra que possui alguns dos fundos exclusivos da empresa afiliada, às vezes sob um nome comercial diferente. Pergunte a si mesmo: "Esses são mesmo os melhores fundos para mim?" A resposta, provavelmente, será não. Quais são as chances do seu especialista em finanças trabalhar para a empresa que possui o melhor investimento de todos para quaisquer alocações do seu portfólio? Eventualmente, isso pode acontecer, mas é improvável. Se um especialista trabalhar para uma empresa que possua fundos próprios ou que seja afiliada a uma empresa detentora de fundos próprios, continue pesquisando.

Uma reflexão final sobre conflito de interesses

Sempre ouvi as pessoas dizerem que, apesar de estarem trabalhando com um especialista em conflito de interesses, isso não importa, pois esse especialista específico é confiável, seja porque eles estudaram juntos na faculdade, seja porque os filhos de ambos frequentam a mesma escola. Para quem tem esse senso de lealdade, vale lembrar que as suas finanças viverão mais do que você. Que tipo de aconselhamento o seu cônjuge ou os seus filhos receberão quando você se for? Como advogado de planejamento de patrimônio, já vi muitos casos em que um especialista em finanças avançava sobre o cônjuge sobrevivente vendendo-lhe uma pensão vitalícia caríssima, quando esse cliente desavisado sequer tinha tido a chance de regularizar o patrimônio! Além disso, talvez você já tenha experiência, mas pode ter perdido um pouco da sua astúcia. Quando você e sua família estão em meio a batalhas pessoais difíceis, é ideal contar com um consultor financeiro de quem se possa exigir imparcialidade e coerência. Warren Buffett diz que prefere investir em um negócio que qualquer idiota possa administrar, porque um dia, mais cedo ou mais tarde, um idiota o administrará. Recomendo sempre o uso de um consultor independente (que não seja também um corretor), porque, embora o conflito de interesses de um corretor possa não ser visível hoje, um dia, mais cedo ou mais tarde, será.

CRITÉRIO Nº 2 NA SELEÇÃO DE UM ESPECIALISTA EM FINANÇAS: CUSTOMIZAÇÃO

Uma dessas coisas não é igual às outras.

GARIBALDO

Um dos elementos mais importantes na composição adequada do portfólio é a customização, mas a grande maioria dos portfólios comercializados é formada por modelos pré-fabricados, baseados principalmente na tolerância a riscos. Esses modelos são facilmente escalonáveis e explicam como os grandes bancos e corretoras conseguem gerenciar trilhões de dólares em ativos. Basicamente, você está recebendo uma das suas seis "refeições de valor". Adaptar um portfólio à situação específica de um investidor é crucial para o sucesso financeiro individual, mas requer um pouco mais de trabalho. No entanto, vale a pena arregaçar as mangas. Vejamos alguns exemplos de como a customização poderá beneficiá-lo.

Digamos que você decida que precisa diversificar seu portfólio, movendo uma parte de seus investimentos para novas posições. Na maior parte dos casos, um especialista em finanças venderia todas as suas participações existentes e criaria um novo portfólio com as posições prediletas. O problema desse percurso é que ele, provavelmente, terá implicações tributárias negativas que não conseguirão ser superadas pelo desempenho das novas posições. Em outras palavras, ao fazer a troca, você estará gastando um dinheiro que dificilmente será recuperado.

Vamos dar outro exemplo. Digamos que você estabeleça que o seu portfólio devesse incluir uma ampla alocação de ações de energia. Você acredita que a melhor maneira de conseguir isso é usar um *fundo negociado em bolsa* (*exchange traded fund*, ou ETF, na sigla em inglês) do setor de energia, abarcando de trinta a cinquenta das maiores empresas de energia do país. Porém, boa parcela do seu portfólio já está investida na Exxon Mobil e na Chevron, e ambas compõem a parte mais significativa do índice. Ambas as participações cresceram quase 100% desde que você as adquiriu. Em vez de gerar um elevado imposto sobre ganhos de capital com a venda das suas ações da Exxon e da Chevron, talvez fosse melhor manter essas posições e reduzir assim a quantidade proporcional do ETF de energia que você vai adquirir. Esse tipo de personalização pode fazer todo o sentido, mas a maioria dos portfólios predefinidos não permite esses ajustes fundamentais.

A diferença entre um gestor de dinheiro e um gestor de patrimônio

O perigo de se trabalhar com um gestor de dinheiro, um especialista em finanças cuja única função é gerenciar seu portfólio, é que essa pessoa não estará preparada para encará-lo como um indivíduo. A experiência da maioria das pessoas ao trabalhar com um consultor financeiro é ser persuadida a adquirir uma série de fundos e se reunir uma vez por ano para avaliar seu desempenho (e ouvir o anúncio de um novo investimento ou produto). Essa abordagem uniformizada dos gestores de dinheiro é insatisfatória. Por exemplo, a qualquer momento, um gestor de dinheiro pode decidir alocar fundos no mercado imobiliário. Isso pode parecer adequado ao típico cliente de tais gestores, mas é provável que não faça sentido para alguém cuja fortuna foi construída com a posse de bens imóveis. O cliente imobiliário já teria fundos alocados nesse setor, e correria o risco de investir demais em uma área e ficar vulnerável a uma súbita retração do mercado.

Esses tipos de decisões podem ter um impacto dramático no seu sucesso financeiro geral. Você deveria gerenciar suas finanças da mesma maneira que um médico tenta avaliar a sua saúde: observando tudo de forma holística e não como peças separadas. Ao analisar como as peças se encaixam, o seu gestor de patrimônio deveria fazer investimentos inteligentes, levando em consideração os seus ativos existentes e as metas futuras. E, quando se tem um bom gestor de patrimônio, o seu portfólio pode acabar ficando mais diversificado do que se você contratasse meia dúzia de gestores. Há uma enorme diferença entre gerenciar o dinheiro de vários clientes da mesma maneira e fornecer consultoria financeira personalizada.

Mais um benefício da customização? Ela o ajudará a preservar o seu portfólio quando o mercado estiver em baixa ou quando você estiver passando por momentos complicados. Se você sabe que o seu portfólio está personalizado para as suas metas específicas, sabe por que possui cada uma daquelas participações e *por que* elas estão em cada uma das suas várias contas. Isso aumentará a probabilidade de manter o portfólio e evitar fazer escolhas emocionais quando as coisas ficarem difíceis.

A importância de um plano financeiro

Uma aeronave é uma máquina afinada, composta por milhares de peças. Ela pode funcionar incrivelmente bem, mas, sem um plano de voo e contínuas correções de rota, a probabilidade de chegar ao seu destino é quase nula. O seu portfólio é apenas uma parte do seu plano financeiro. Pense no seu portfólio como o combustível do motor da aeronave, e no seu plano financeiro como os instrumentos de voo que o manterão no rumo certo. E, assim como as coordenadas da Islândia são muito diferentes das de Cingapura, o seu plano financeiro deveria ser feito sob medida para você e para

O CAMINHO

onde você deseja ir. Um plano financeiro por escrito e bem definido deveria orientar todas as suas decisões de investimentos (você aprenderá a criar um plano financeiro no Capítulo 5). Se você estiver trabalhando com um especialista em finanças, essa pessoa, no mínimo, deveria colher informações sobre os seus ativos circulantes, poupanças previstas e fontes de renda, e captar integralmente as suas metas financeiras antes de fornecer qualquer orientação sobre investimentos. Todos querem ir direto para os investimentos, mas um plano bem definido é o segredo para mantê-lo no caminho.

Embora o plano possa ser muito mais aprimorado do que isso, como muitas vezes acontece na Creative Planning, ele é um pré-requisito essencial para testar a capacidade de um gestor de patrimônio de fornecer-lhe aconselhamento qualificado. Independentemente de ser básico ou complexo, se você estiver gerenciando o seu dinheiro sem um plano financeiro, significa que estará trabalhando com um gestor de dinheiro, e não com um gestor de patrimônio, e é provável que não vislumbre, nem de longe, os benefícios que poderá alcançar com uma abordagem mais minuciosa do seu bem-estar financeiro.

CRITÉRIO Nº 3 NA SELEÇÃO DE UM ESPECIALISTA EM FINANÇAS: CUSTÓDIA

Corretores e consultores deveriam ter depositários independentes, e o governo deveria ter me obrigado a escolher um depositário independente. Os fundos dos clientes deveriam ser guardados por depositários independentes. Se fossem, eu já teria sido desmascarado há muito tempo. Se a SEC tivesse feito uma inspeção, teria examinado as contas do depositário e percebido que os fundos presentes nos meus livros de contabilidade não correspondiam aos fundos daquelas contas, e eu teria sido desmascarado.

BERNIE MADOFF

Em 2008, o escândalo de Bernie Madoff foi alvo de uma vasta cobertura da imprensa. Madoff, considerado um dos principais gestores de dinheiro do país, admitiu que vinha operando o maior esquema Ponzi da história: pagava os resgates dos clientes antigos transferindo o dinheiro que entrava dos clientes novos. A única razão pela qual Madoff foi descoberto foi ter sido confrontado com maciços pedidos de resgate dos investidores quando o mercado despencou; como vinha gastando ou ocultando a maior parte do dinheiro de seus clientes havia muito tempo, ele não tinha mais dinheiro para atender às novas solicitações. Com o pânico financeiro de 2008, os novos depósitos não conseguiram acompanhar a demanda por resgates. Sem nenhum dinheiro novo atrás do qual se esconder, Madoff confessou a maior fraude financeira da história.

O que Bernie Madoff fez foi deplorável. Ele não apenas embolsou o dinheiro dos ultrarricos e das celebridades, como também levou à falência profissionais e empresários diligentes, além de ter roubado centenas de milhões de dólares de instituições e fundações beneficentes. Muitos de seus ex-clientes foram forçados a vender casas e pertences. Fundações de grande destaque perderam a maior parte de seu dinheiro e algumas foram forçadas, até mesmo, a fechar as portas. René-Thierry Magon de la Villehuchet, um rico empresário que havia encaminhado clientes para Madoff, cometeu suicídio por vergonha da sociedade estabelecida. Eu trabalho com clientes que foram vítimas dessa fraude e foi gratificante vê-los recuperar a maioria de seus investimentos com base no trabalho do administrador judicial de falências, responsável por supervisionar os esforços de recuperação.

A cobertura da mídia atingiu um ponto insustentável principalmente por causa da escala da fraude, mas também porque Madoff não era o único gestor de dinheiro que vinha roubando seus clientes. Neste momento, posso ler o seu pensamento: "Mas isso foi há mais de dez anos. Não ficamos sabendo de nenhuma notícia como essa." Você até teria razão, mas os esquemas Ponzi vêm à tona com mais frequência durante as crises do mercado financeiro, como a quebra da bolsa em 2008-2009. Isso não ocorre pelo fato de haver mais charlatões durante esses períodos; pelo contrário, é mais fácil eles serem desmascarados, pois não conseguem atender à crescente demanda por resgates durante um mercado em declínio. Como diz Warren Buffett: "É quando a maré baixa que descobrimos quem estava nadando nu."

Alguns integrantes da mídia culparam os investidores por não terem o hábito de investigar seus especialistas em finanças. Mas como um investidor poderia saber o que Bernie Madoff vinha fazendo? Um inquérito pessoal mostraria um homem que era membro de muitos clubes exclusivos, ocupava uma cadeira nos conselhos de instituições beneficentes e hospitais, e se mostrava ativamente envolvido em sua comunidade religiosa. Ele

O CAMINHO 79

doava milhões de dólares a várias instituições beneficentes, e entre seus clientes, estavam alguns dos investidores mais sofisticados do mundo. Madoff chegou a ser presidente da NASDAQ. Sim, havia sinais de alerta. Seus fundos eram auditados por um único contador, acompanhado por dois assistentes. Seus retornos sobre investimentos, cerca de 10% ao ano, não se comportavam da mesma forma que os retornos se comportam no mundo real. Contudo, seria um equívoco culpar os investidores.

A verdadeira lição que podemos aprender com Bernie Madoff diz respeito à custódia. Quando um investidor conversa com seu especialista em finanças, uma das principais perguntas que ele deve fazer é: "Quem tem a custódia do meu dinheiro?" Os clientes de Madoff assinaram um cheque para a Madoff Investments e o dinheiro foi depositado na conta da Madoff Investments, o que significa que Madoff tinha a custódia de *todos* os ativos de seus clientes. Se ele resgatasse todo o dinheiro da conta de um dos investidores e o transferisse para outro investidor que estivesse fazendo um resgate, os demais investidores não teriam como saber que o dinheiro havia se movimentado entre as contas. Os clientes dele recebiam relatórios adulterados (criados por sua própria empresa) refletindo os retornos sobre investimentos, que aumentavam todos os meses e não se pareciam em nada com o que de fato estava acontecendo em suas contas.

Para evitar um pesadelo financeiro como este, a maneira ideal de trabalhar com um especialista em finanças é separar os ativos do aconselhamento. Por exemplo, recorra a um especialista que abra uma conta para você em uma empresa de corretagem nacional. Você pode assinar, então, uma procuração limitada, dando ao especialista o direito de negociar e de enviar a cobrança apenas para a própria conta. O especialista não deveria ter autonomia para fazer quaisquer outros resgates. Além disso, se o seu especialista lhe fornecer relatórios, você também deveria requerer uma declaração independente da corretora.

Milhares de gestores de investimentos em todo o país vêm assessorando clientes dessa forma. Por esse motivo, não há necessidade de confiar as suas finanças a alguém que insista em assumir a custódia dos seus ativos investíveis. Certos tipos de investimentos exigem que você renuncie à custódia do seu dinheiro, incluindo alguns fundos de cobertura, fundos de capital privado e fundos imobiliários. Se não estiver em condições de fazer uma auditoria jurídica profunda nesses fundos, pergunte a si mesmo se realmente precisa desse tipo de investimento. Para quem tem uma quantidade significativa de ativos, algumas dessas alternativas podem ser bastante atraentes. Como você ficará sabendo no Capítulo 10, aprecio grande parte desses investimentos, invisto pessoalmente neles e nos valemos deles na Creative Planning, sempre que apropriados aos nossos clientes. No entanto, ao fazer uma avaliação desses investimentos em meu nome ou em nome dos clientes, acabamos fugindo do escopo do nosso parâmetro de auditoria jurídica, especialmente quando comparados aos ativos de empresas de capital aberto. É bastante comum que um cliente me apresente uma "negociação", dizendo que se sente confortável em abrir mão da custódia, pois a pessoa que gerencia o investimento frequenta o mesmo local de culto, é do mesmo grupo étnico ou algo parecido. Bem, isso não significa nada. Na verdade, a maioria dos esquemas Ponzi é formada por golpes escorados na afinidade, em que o impostor se aproveita dos seus próprios pares, assim como aconteceu com Madoff. Então, se você não quiser dar a chance de que alguém roube o seu dinheiro, não o entregue a essa pessoa. É simples assim.

CRITÉRIO Nº 4 NA SELEÇÃO DE UM ESPECIALISTA EM FINANÇAS: COMPETÊNCIA

Nunca atribua à malícia aquilo que pode ser adequadamente explicado pela incompetência.

NAPOLEÃO BONAPARTE

A esta altura, já avaliamos os consultores financeiros quanto aos possíveis conflitos de interesses, ao grau de customização e à custódia de ativos. Eliminamos muitos especialistas em finanças com base nesses tópicos e agora podemos passar para os milhares de consultores independentes que atendem a todos os critérios já discutidos. Eles são os verdadeiros fiduciários: não vendem seus próprios produtos e não exigem a custódia dos seus ativos — mas ainda precisam ser validados segundo o critério da competência. Um consultor financeiro pode ser muito bem-intencionado, mas, se essa pessoa não for qualificada, as chances de você atingir as suas metas financeiras de longo prazo estarão limitadas.

O campo da consultoria financeira é bem diferente de outras profissões como medicina, direito, engenharia e educação. Médicos estudam medicina e advogados estudam direito; engenheiros são formados em engenharia e professores obtêm um diploma em educação. Em comparação, a esmagadora maioria dos consultores financeiros — eu especularia bem mais de 95% — não possui formação universitária nem em planejamento financeiro nem em gestão de investimentos. Até recentemente, não havia sequer um programa de nível universitário nessa área. Alguns consultores financeiros nunca frequentaram o ensino superior e costumam aprender tudo empiricamente. Então, como identificar a competência e a relevância de um especialista em finanças?

Uma indicação da competência do especialista é procurar por credenciais relevantes. Um especialista pode ter uma verdadeira sopa de letrinhas após o seu próprio nome, com impressionantes designações (a Autoridade Reguladora da Indústria Financeira, o órgão administrativo dos corretores, registra e reconhece quase 200 designações!), mas a maioria, provavelmente, não faz o menor sentido. Existem apenas algumas designações importantes dentro do setor. Sempre que o planejamento financeiro estiver em questão, você precisa se certificar de que está trabalhando com um PLANEJADOR FINANCEIRO CERTIFICADO™ (em geral, citado como Certified Financial Planner, ou CFP®, na sigla em inglês). Se precisar de consultoria tributária, deveria trabalhar com um Contador Público Certificado (Certified Public Accountant, ou CPA, na sigla em inglês). Em qualquer uma dessas designações, o especialista deve atender a requisitos de formação específicos, ser aprovado em um exame detalhado e atender aos requisitos de experiência no setor. Se o planejamento de patrimônio ou a consultoria jurídica estiverem envolvidos, será necessário ter um diploma em direito (Juris Doctor, ou JD, na sigla em inglês).

Na Creative Planning, sabemos que é improvável que um especialista atenda a todos esses critérios; portanto, cercamos os clientes com uma equipe de profissionais detentores das credenciais necessárias para se qualificarem a fornecer um aconselhamento abrangente. Você deveria assegurar que a sua equipe também possua essas credenciais. Existem ainda algumas designações especiais — como o Analista Financeiro Certificado (Chartered Financial Analyst, ou CFA, na sigla em inglês) ou outras designações relacionadas a produtos de seguros — que poderão ser encontradas durante a análise de estratégias de investimento especializadas ou de ofertas de seguros, mas, fora isso, você pode ignorar quase todo o resto.

Como em qualquer designação, uma única credencial não garante que você esteja recebendo o melhor aconselhamento possível, assim como não se consegue encontrar o melhor médico possível com base no fato de ele ter se formado em uma faculdade de medicina. Isso indica, porém, que ele demonstrou competência em sua área de atuação, que é o mínimo a ser exigido de qualquer especialista em finanças.

Mas o especialista é ideal para você?

Talvez um consultor independente não apresente conflitos de interesses, crie portfólios customizados, abstenha-se de solicitar a custódia de seus ativos, tenha a designação PLANEJADOR FINANCEIRO CERTIFICADO™ e, ainda assim, não seja a mais justa adequação para você. Primeiro, verifique se o especialista escolhido trabalha com pessoas como você. Por exemplo, se precisar se submeter a uma cirurgia cardíaca, desejará consultar um médico que realize cirurgias cardíacas bem-sucedidas o tempo todo. Se você for injustamente acusado de um crime (ou, quem sabe, não injustamente. Estou dando a você o benefício da dúvida aqui!), procurará um advogado de defesa que tenha tido sucesso prévio defendendo pessoas na sua situação. Da mesma forma, ao procurar um consultor financeiro, escolha alguém que trabalhe de forma exitosa com pessoas em situação idêntica à sua o tempo todo. Se estiver dando seus primeiros passos na área, encontre um especialista em finanças que trabalhe com clientes em seu estágio de vida. Se tiver um patrimônio líquido elevado, escolha um especialista que trabalhe principalmente com famílias de alto poder aquisitivo. Não é interessante que o seu especialista aprenda à custa da sua segurança financeira. Quando surgir algum problema, você espera que o seu especialista lhe diga com confiança: "Já sei o que fazer."

Em segundo lugar, verifique se aquilo que o seu especialista está vendendo realmente funciona. A maioria dos especialistas pertence à categoria dos vendedores, esteja isso claro ou não para seus clientes. Mesmo aqueles que são independentes costumam vender uma estratégia que sabem que as pessoas querem comprar. Alguns consultores financeiros começam a trabalhar com clientes afirmando que há uma maneira de tirar vantagem da subida dos índices de mercado e, ao mesmo tempo, ausentar-se dele antes de uma retração. Um especialista competente e ético sabe que isso não pode ser alcançado de forma sistemática, e, portanto, não venderá essa ideia. Um especialista competente mas antiético sabe que isso não pode ser alcançado, mas venderá essa ideia de qualquer maneira para ganhar dinheiro rapidamente.

Afirmei, desde o início, que a maioria dos especialistas em finanças faz mais mal do que bem e, em seguida, apresentei-lhe uma lista de coisas a serem testadas. Você pode estar dizendo: "Nossa! Será que vale a pena encontrar um especialista em finanças?" De acordo com um estudo recente, um especialista que siga os princípios estabelecidos neste livro pode proporcionar um valor agregado de cerca de 3% ao ano aos ativos de seus clientes. Os pesquisadores descobriram que alguns anos agregaram um valor inexpressivo, mas outros agregaram um valor bem acima de 10%, principalmente durante períodos de grandes oscilações do mercado. Pessoalmente, acho esse estudo superestimado, mas não tenho dúvidas de que um especialista em finanças que atenda aos critérios estabelecidos neste capítulo provavelmente agregará um valor significativo.

Se os princípios deste livro lhe soarem verdadeiros, você deveria procurar um especialista de confiança que se comprometa a estabelecer uma parceria para planejar o seu futuro financeiro.

PRONTO PARA UMA SEGUNDA OPINIÃO?

A Creative Planning fornecerá uma segunda opinião gratuitamente sobre os seus investimentos circulantes e a sua situação financeira. Ajudaremos a identificar os principais sinais de alerta nas suas contas discutidos neste capítulo, como...

- Comissões desnecessárias ou taxas excessivas
- Fundos exclusivos de marca própria
- Conflitos de interesses
- Oportunidades de customização
Acesse www.creativeplanning.com

Figura 4.1

O QUE EVITAR	MOTIVO
CORRETORES	Não estão comprometidos com o padrão fiduciário e não são obrigados a seguir o mais alto padrão legal de atendimento. Você merece mais do que isso.
ESPECIALISTAS EM FINANÇAS COM DUPLO REGISTRO	Às vezes estão comprometidos com o padrão fiduciário, e às vezes, não. Você não deveria trabalhar com alguém que só se compromete com o mais alto padrão legal de atendimento "às vezes".
QUALQUER ESPECIALISTA EM FINANÇAS, SEJA CONSULTOR INDEPENDENTE OU CORRETOR, QUE LHE PEÇA PARA CONVERTER TODA A SUA CONTA TRIBUTÁVEL EM DINHEIRO PARA INVESTIR EM UM DE SEUS MODELOS	Isso mostra um flagrante desrespeito pelas consequências fiscais, cuja superação pode ser impossível, até mesmo para um excelente gestor de dinheiro.
UM SELECIONADOR DE AÇÕES	Não há nada de errado com a seleção de ações, mas isso não configura consultoria financeira. O papel de um consultor financeiro é lhe fornecer uma abordagem personalizada para a gestão do dinheiro, combinando os seus investimentos com os seus objetivos. Se alguém se limita apenas a selecionar ações, esse alguém não é um consultor financeiro de fato, mas um gestor de dinheiro. Se você acredita que a seleção de ações funciona e isso é tudo o que você procura, basta adquirir um fundo mútuo de baixo custo e seguir em frente.
QUALQUER ESPECIALISTA EM FINANÇAS COM ALGUNS MODELOS PARA VOCÊ ESCOLHER	Esteja atento ao problema da quadratura do círculo. Você deseja um especialista em finanças capaz de personalizar um portfólio segundo as suas necessidades, e não um especialista que vá adaptar o seu portfólio a um modelo já existente para facilitar a gestão.

O CAMINHO

O QUE EVITAR	MOTIVO
UM ESPECIALISTA EM FINANÇAS QUE RECEBE COMISSÕES COM A VENDA DE INVESTIMENTOS	No mundo de hoje, o melhor investimento pode ser adquirido sem pagar uma comissão a um especialista em finanças. Evite o conflito de interesses.
UM ESPECIALISTA EM FINANÇAS QUE FAZ RECOMENDAÇÕES DE INVESTIMENTOS SEM ANTES FORNECER UM PLANO FINANCEIRO ABRANGENTE E POR ESCRITO	Como o especialista em finanças poderá saber o que é certo para você, se ele desconhece o atual estado das coisas e o que você está tentando alcançar?

Figura 4.2

MOTIVO
Um especialista em finanças que trabalhe para uma RIA e não tenha registro duplo.
Um especialista em finanças que trabalhe para uma RIA que não possua nenhum produto exclusivo próprio.
Um especialista em finanças que se empenhe em conhecer você e os seus objetivos, preparando, em primeiro lugar, um plano financeiro abrangente e por escrito, antes de fazer quaisquer recomendações de investimentos.
Um especialista em finanças cuja empresa tenha uma vasta experiência trabalhando com pessoas como você.
Um especialista em finanças cuja empresa seja capaz de personalizar um portfólio para atender às suas necessidades.
Um especialista em finanças que jamais converterá automaticamente o seu portfólio tributável em dinheiro antes de investir.
O mundo financeiro está mudando, e você não precisa mais escolher entre uma empresa de corretagem com variedade e quantidade e uma RIA que não possua ampla experiência. Recorra à auditoria jurídica coletiva de outros investidores e procure uma grande RIA com ampla experiência na customização de portfólios para pessoas como você.

Figura 4.3

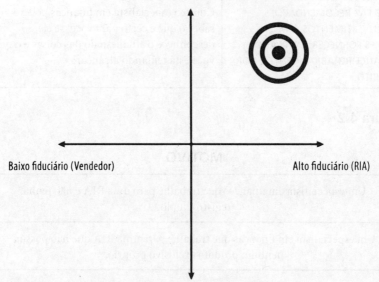

CAPÍTULO CINCO

AS QUATRO REGRAS DOS INVESTIMENTOS

Um objetivo sem um plano é apenas um desejo.

ANTOINE DE SAINT-EXUPÉRY

Costumam dizer que precisamos investir, mas raramente discutimos o porquê. E o porquê é importante. Se estamos poupando para o futuro, que tipo de futuro queremos? Durante minha longa carreira na área de consultoria financeira, tive a oportunidade de conhecer inúmeras pessoas e famílias. Com muita frequência, algumas ficavam tão focadas em obter os maiores retornos possíveis que perdiam de vista o que era importante, apenas para que seus investimentos — e seus relacionamentos — desabassem como um castelo de cartas. Vi famílias que não acreditavam na compra de seguros sofrerem dificuldades desnecessárias quando o provedor falecia inesperadamente. Vi pessoas acumularem uma enorme fortuna, apenas para depois perder quase tudo, pois seus ativos não estavam adequadamente diversificados. Vi pessoas decidindo fugir apavoradas de seus planos, pois "confiavam em seus instintos", apenas para perder centenas de milhares ou até milhões de dólares que talvez nunca mais conseguissem recuperar. Em todos os casos, foi preciso apenas um grande sobressalto para devastar seu plano financeiro e, em muitos casos, arruinar toda uma vida de trabalho. Vamos nos certificar de que isso nunca aconteça com você.

Também tenho trabalhado com uma equipe incrível na Creative Planning, ajudando milhares de famílias a assegurar seu futuro financeiro. Fazemos isso preparando um plano de investimentos adaptado aos resultados específicos de cada cliente, tomando as medidas necessárias para protegê-los de uma perda catastrófica e criando um plano patrimonial adequado para garantir que suas ideias possam perdurar por muito tempo depois que eles se forem. Essas famílias estão serenas, sabendo que possuem a base sólida necessária para ampará-las diante das inevitáveis surpresas da vida. Elas trilham seu caminho de forma disciplinada, sabendo que isso, inevitavelmente, as levará aonde bem entenderem.

Quando for elaborar o seu plano de investimentos, comece seguindo as quatro regras dos investimentos.

REGRA Nº 1: DEFINA UM PLANO — FALHAR NO PLANEJAMENTO É PLANEJAR PARA FALHAR

> Planeje o que é difícil enquanto for fácil,
> faça o que é grande enquanto for pequeno.
>
> SUN TZU

Antes de investir um único dólar, você precisa ter um plano, da mesma forma que, antes de preparar uma refeição, é preciso ter todos os ingredientes da receita a mão. Um plano não precisa ser um roteiro de 150 páginas de como você investirá a cada minuto pelo resto da sua vida. Um plano pode ser bastante direto, mas servirá como norte para a sua jornada.

Para muitas pessoas, ter a certeza de que poderão se aposentar em uma idade razoável é o objetivo principal, e esse será o ponto central de sua estratégia de investimento. Porém, para alguns investidores que já acumularam uma quantidade significativa de ativos, a aposentadoria pode ser menos preocupante e suas metas de investimentos podem estar concentradas na realização de outros objetivos — financiando, talvez, uma instituição beneficente favorita ou garantindo o ensino superior de seus netos. Independentemente dos objetivos particulares, nunca encontrei um investidor que não pretendesse ser financeiramente independente.

A independência financeira é diferente da aposentadoria; a aposentadoria significa que você não está mais trabalhando; a independência financeira significa que, de hoje em diante, você poderá deixar o seu emprego, viver o estilo de vida que deseja e nunca mais precisar trabalhar pelo resto da sua vida. Há muitas pessoas que já estão aposentadas, mas não são financeiramente independentes e talvez tenham de voltar a trabalhar algum dia.

Dito isto, você pode estar trabalhando e ser financeiramente independente. Há muitas pessoas que investiram de tal forma que trabalham porque querem, e não porque precisam. Se você se aposentou e é financeiramente independente, isso significa que o seu portfólio e as suas fontes de renda são estáveis e confiáveis o suficiente para garantir que nunca mais precise trabalhar. Que sensação boa! Como o objetivo de ser independente financeiramente é quase universal, vamos começar pelo caminho que leva até ele, com suas cinco etapas básicas: elaborar uma declaração de patrimônio líquido, desenvolver um plano financeiro, fazer projeções, monitorar seu progresso e criar um portfólio customizado.

Etapa 1: Elabore uma declaração de patrimônio líquido

Uma declaração de patrimônio líquido é a mera descrição dos seus ativos e passivos. Os seus *ativos* são tudo o que você possui, valorados pelo que receberia se cada um deles fosse vendido hoje. Os seus *passivos* são tudo o que você deve, caso decidisse liquidar os seus débitos hoje. A diferença entre os seus ativos e passivos é o seu *patrimônio líquido*. Muitas pessoas tendem a enxergar apenas o que possuem e não o que devem, mas o que devemos é, sem dúvida, mais importante do que o que possuímos. Para qualquer pessoa que tenha uma hipoteca, prestações de financiamento automotivo ou uma dívida significativa no cartão de crédito, esse pode ser um exercício para encarar as próprias responsabilidades.

Ao elaborar a sua declaração de patrimônio líquido, é importante considerar quais dos seus ativos encontram-se disponíveis para contribuir com o seu objetivo de independência financeira. Vamos considerar dois investidores com o mesmo objetivo: ambos querem acumular ativos suficientes até os 65 anos, a fim de gerar US$ 100.000 por ano pelo resto de suas vidas, corrigidos pela inflação. Ambos têm 55 anos e não possuem dívidas pendentes. Frances Regrada tem um patrimônio líquido de US$ 1 milhão: US$ 200.000 estão em sua casa e US$ 800.000 estão em planos de aposentadoria individual (*individual retirement account*, ou IRA, na sigla em inglês) e outras contas de investimentos. Henry Perdulário também tem um patrimônio líquido de US$ 1 milhão: US$ 600.000 estão em sua casa, US$ 200.000 estão em sua casa à beira do lago e US$ 200.000 em IRAs e outros investimentos. Supondo que nem Frances nem Henry estejam dispostos a vender suas casas para financiar sua meta de independência financeira, Frances está em uma situação muito mais confortável, com US$ 800.000 em investimentos que, se investidos com sabedoria, lhe renderão dinheiro todos os dias. Henry tem apenas US$ 200.000 em investimentos que poderão lhe render dinheiro todos os dias, mas tem US$ 800.000 em ativos que, na verdade, lhe sugam dinheiro todos os dias (por exemplo, pagamento de hipoteca, impostos sobre propriedade imobiliária, conservação). No caso de Frances, a boa notícia é que ela alcançará sua meta de independência financeira mais rapidamente do que os dez anos por ela estimados ou estará em condições de alocar um percentual inferior de sua renda a cada ano no seu plano de investimentos.

O seu patrimônio líquido é um índice importante para fins de planejamento financeiro, mas não diz tudo. Sempre examine a sua *declaração de patrimônio líquido* para determinar quais ativos lhe trazem dinheiro e quais lhe sugam dinheiro. O seu automóvel ou o seu barco podem aparecer na sua declaração de patrimônio líquido como um ativo, mas, para fins de independência financeira, eles serão com toda a certeza um passivo.

Etapa 2: Conheça as suas metas financeiras e desenvolva um plano financeiro

Parece simples, mas a maioria das pessoas não consegue formular o resultado financeiro desejado. Uma meta financeira deve ser ao mesmo tempo específica e realista. Um exemplo de meta vaga (e, portanto, irreal) é: "Quero ganhar muito dinheiro." Vamos lá, pessoal! Precisamos ter um propósito definido com objetividade. Uma meta muito mais específica e alcançável é: "Gostaria de me aposentar aos 62 anos, com uma renda de US$ 100.000 por ano após a incidência de impostos, corrigida pela inflação, e estou presumindo que a Previdência Social não irá me ajudar." Agora, sim, com isso podemos trabalhar!

Depois de visualizar suas metas, é hora de desenvolver um plano financeiro que possa levá-lo até lá. Mesmo que você seja um indivíduo com patrimônio líquido elevado ou tão elevado a ponto de já ser financeiramente independente, a criação de um plano financeiro ainda será essencial para a concretização da sua meta. O seu plano ajudará a identificar quanto do seu patrimônio líquido deve ser alocado para atender às suas necessidades hoje e quanto poderá ser confortavelmente reservado para presentear a próxima geração ou as instituições beneficentes que você apoia.

Você também deveria explorar técnicas de proteção de ativos — como um seguro de guarda-chuva ou um fideicomisso de proteção de ativos —, pois uma verdade infeliz é que ter dinheiro o torna um alvo para litígios. Por fim, o seu especialista em finanças deve averiguar quaisquer possíveis questões em torno de impostos sobre propriedades imobiliárias e identificar estratégias de planejamento que possam maximizar a transferência de patrimônio para os seus herdeiros, ao mesmo tempo que se minimizam os impostos.

Um bom plano financeiro não deve apenas avaliar o seu progresso em direção à independência financeira. Ele também deve avaliar como você seria afetado pelas incógnitas — aquilo que não é capaz de controlar. Por exemplo, como você e sua família seriam afetados por uma incapacitação permanente ou a longo prazo, pela necessidade potencial de cuidados de enfermagem qualificados em uma etapa mais avançada da vida ou, no caso de casais, pela morte prematura de um cônjuge?

Etapa 3: Faça uma projeção

Se eu pretendo sair da cidade de Kansas e viajar até a Flórida, é melhor me certificar de que tenho gasolina no tanque e suprimentos suficientes no porta-malas. Da mesma forma, você precisa saber se está se preparando para alcançar seus objetivos. A melhor maneira de conseguir isso é fazer uma projeção (existem ferramentas on-line para ajudá-lo nessa tarefa ou então o seu especialista em finanças pode fazer uma para você). Deixe de fora quaisquer ativos que não se encontrem disponíveis para financiar sua meta de independência financeira. Por exemplo, se a sua declaração de patrimônio líquido mostrar que você tem US$ 800.000 hoje, mas planeja gastar US$ 150.000 nos casamentos e na formação de seus filhos, a projeção deve começar com os US$ 650.000 disponíveis para financiar a sua meta (US$ 800.000 menos US$ 150.000 que você reservou para os seus filhos). Em seguida, inclua o dinheiro que vem economizando regularmente, seja no seu plano 401 (k), em uma IRA ou em uma conta tributável. Essas projeções podem ficar mais sofisticadas se você incluir a Previdência Social, outras receitas, como pensões ou renda de aluguel, possíveis heranças e outras variáveis.

Devido à variedade de cenários que exigem avaliação durante o processo de planejamento, muitos investidores recorrem a um profissional de planejamento financeiro para obter assistência. Os planejadores financeiros podem usar um software especializado para avaliar rápida e minuciosamente os resultados, usando diferentes retornos sobre investimentos, idades de aposentadoria e outras variáveis para ajudar a criar o melhor plano financeiro para você. Essa pessoa também poderá ajudá-lo a determinar o quanto você precisará gastar — e, consequentemente, o quanto precisará economizar — para poder manter seu estilo de vida na aposentadoria. Ela também pode recomendar estratégias capazes de ajudar a otimizar ainda mais o seu plano, como considerar uma conversão em Roth ou o refinanciamento da sua hipoteca.

Etapa 4: Determine se você precisa ajustar a sua meta

Depois de fazer uma projeção, muitas pessoas que são diligentes ao poupar descobrem que estão muito mais adiantadas do que pensavam, e ficam felizes ao perceber que suas economias e investimentos estão valendo a pena. Se achar que não está no caminho da independência financeira, talvez seja necessário fazer ajustes em suas metas, hábitos de consumo ou de poupança. Por exemplo, se a sua projeção mostra que, para atingir a sua meta, você precisa ter uma taxa de retorno sobre investimentos de 20% ao

O CAMINHO   93

ano, bem, é melhor mudar a meta, pois é muito provável que não dê certo. Você pode ajustar a sua meta puxando outros freios, como diminuir a sua necessidade de renda, economizar mais, adiar a data da aposentadoria ou pedir aos seus filhos que reduzam o orçamento daquele casamento encantado que pretendem que você banque.

Vamos voltar um pouco para Henry e Frances. Se Frances lucrar pouco mais de 7% sobre seu dinheiro nos próximos dez anos, ela terá cerca de US$ 1,6 milhão em suas várias contas de investimentos quando completar 65 anos. Se ela se tornar mais conservadora na aposentadoria e diminuir o retorno esperado para 5%, lucrará US$ 80.000 por ano em seu portfólio. Supondo que ela também receba US$ 20.000 por ano da Previdência Social a partir dos 66 anos, Frances estará em vias de obter US$ 100.000 de renda por ano, e terá alcançado sua meta de ser financeiramente independente.

Para aumentar a probabilidade de manter sua independência financeira, ela deveria economizar o suficiente para criar uma reserva ainda mais considerável. Por exemplo, se ela economizar US$ 1.000 extras por mês, podemos esperar que seu portfólio cresça para cerca de US$ 1,8 milhão aos 65 anos. Os US$ 200.000 extras que ela terá economizado na aposentadoria lhe permitirão reduzir sua dependência da Previdência Social e do desempenho dos ativos em seu portfólio a cada ano. Esses fundos excedentes (US$ 200.000) seriam o adicional de sua aposentadoria.

Planejar um adicional ajuda a garantir que haja ativos suficientes para atender às suas necessidades diante das incertezas. Permite que quaisquer despesas inesperadas (como a necessidade de refazer o teto da casa) sejam amortecidas e reduz a sua dependência dos mercados para atingir as suas metas. Se o seu plano de poupança atual o deixa próximo da independência financeira, é provável que você absorva o estresse de todos os movimentos do mercado; todo dia favorável fará você se sentir satisfeito com a aposentadoria, e todo dia desfavorável fará você sentir que precisará se contentar com macarrão instantâneo e ração para gatos na melhor idade. Planeje acumular um pouco mais do que precisa para ter total tranquilidade.

Agora vamos rever o caso de Henry Perdulário. Henry precisa tomar algumas decisões sérias. Para atingir o montante aproximado de US$ 1,6 milhão necessário para atingir sua meta de independência financeira aos 65 anos de idade, ele precisará economizar cerca de US$ 7.000 por mês (lembre-se, Frances precisava economizar muito menos do que US$ 7.000 por mês, já que uma parcela maior de seu patrimônio líquido estava investida e rendendo). Se isso for exequível para Henry, ótimo; ele poderá economizar uma quantia maior do que Frances a cada mês e continuar a passar os fins de semana na casa à beira do lago. Se isso não for exequível, Henry terá de decidir se está disposto a vender ou reduzir o tamanho de uma ou de ambas as suas casas, de modo a aproximar sua renda de sua meta de independência financeira, em vez de afastá-la.

Esse tipo de decisão precisa acontecer no início da sua jornada de investimento. Não está nos seus planos se lamentar com seu cônjuge e entes queridos sobre como deveria ter poupado melhor. Você deveria ter sempre uma compreensão evidente de onde se encontra hoje do ponto de vista financeiro: quais ativos estão lhe trazendo riqueza, quais ativos estão levando a sua riqueza embora e quanto tempo você tem para atingir as suas metas financeiras. Isso ajudará a determinar se deveria vender alguns de seus ativos hoje ou à medida que for se aproximando da aposentadoria, ou se é possível manter todos os seus ativos que não geram receita (por exemplo, sua casa de férias ou seu barco) e, mesmo assim, alcançar os seus objetivos de aposentadoria. Você também terá de determinar se precisará economizar mais ou menos do que planejava inicialmente para atingir as suas metas.

Etapa 5: Crie um portfólio customizado

Depois de entender as suas metas e como os seus hábitos financeiros podem precisar ser ajustados a fim de alcançá-las, você deveria criar um portfólio que lhe ofereça a maior probabilidade de atingir os seus objetivos.

Também pode ter planos diferentes, com diferentes níveis de risco, para os diferentes portfólios que detém. Por exemplo, pode ter investimentos separados reservados para a formação educacional. Eles terão uma quantidade inicial diferente (o que você reservou para a escola) e uma meta diferente (a quantidade de anos de formação que deseja financiar). Talvez você ainda tenha alguma outra meta, como uma segunda casa, um fundo para casamento ou um crédito reservado para filhos ou netos. Se tiver riqueza sobrando, o que significa que possui uma reserva de dinheiro maior do que o necessário para atingir todas as suas metas, é perfeitamente legítimo alocar essa parcela do seu portfólio em "superar o S&P 500" ou qualquer outra coisa que possa conceber. O segredo é certificar-se de que você tenha um portfólio sólido, capaz de colocá-lo no caminho da independência financeira. Depois disso, a riqueza excedente poderá ser investida de várias maneiras.

Em cada um dos casos, seja aposentadoria, educação, riqueza excedente ou qualquer outro objetivo, em primeiro lugar determine um objetivo específico. Todo o resto será uma consequência desse propósito.

E agora?

Um médico que dá um prognóstico para uma doença crônica precisa de muitas informações antes de determinar um plano de tratamento. O mesmo acontece com os investimentos. Depois de elaborar um plano baseado nas suas metas e saber o quanto você precisa economizar, os consultores financeiros podem determinar os melhores veículos para a acumulação de riqueza.

A primeira coisa que a maioria dos consultores financeiros (inclusive eu) recomendará é que você contribua para um plano de aposentadoria patrocinado pelo empregador, como um plano 401(k) ou 403(b), desde que as suas contribuições sejam complementadas pelo seu empregador. Se o seu empregador complementar dólar por dólar os primeiros 3% da sua contribuição, será difícil superar essa taxa de retorno imediata de 100%. Se for esse o caso, parabéns! Trata-se de um benefício muito generoso, e você pertence a uma minoria da classe trabalhadora a tê-lo. Nunca perca uma oportunidade de aceitar a complementação de um empregador.

Depois disso, os investidores devem tentar maximizar as contribuições para uma Roth IRA, caso sejam elegíveis. A elegibilidade e os limites se baseiam na sua renda bruta ajustada e no seu estado civil. Esses limites estão sujeitos a alterações a cada ano; portanto, verifique com um contador se você é elegível para contribuir e, em caso afirmativo, com quanto. Embora você não receba nenhuma dedução no imposto de renda por contribuir com uma Roth IRA, essas contas oferecem vantagens substanciais: os investimentos nas Roth IRAs rendem livres de impostos e o dinheiro também pode ser resgatado livre de impostos na aposentadoria.

Depois de maximizar uma Roth IRA, os investidores deveriam retornar ao seu plano de aposentadoria patrocinado pelo empregador e contribuir até o limite anual máximo. Você recebe uma dedução imediata no imposto de renda equivalente ao valor das suas contribuições, o dinheiro que está no plano rende livre de impostos e os impostos são pagos somente quando os fundos forem resgatados na aposentadoria. Os investidores com 50 anos de idade ou mais também são elegíveis para fazer contribuições de "catch-up" maiores, tanto para as Roth IRAs quanto para os planos patrocinados pelo empregador, o que pode ajudar a acelerar o progresso até a independência financeira.

Os investidores autônomos ou que possuem seus próprios negócios têm outros meios de poupança para a aposentadoria à sua disposição, como um plano 401 (k) individual, um SEP IRA (Pensão simplificada para funcionários) ou um SIMPLE IRA (Plano de correspondência de incentivo de poupança para funcionários), que podem substituir um plano patrocinado pelo empregador. Cada meio de poupança oferece a própria combinação única de vantagens e desvantagens; portanto, você deve conversar com um planejador financeiro ou consultor de investimentos para determinar qual opção é melhor para você.

Após maximizar o seu plano patrocinado pelo empregador, as decisões de poupança tornam-se mais complexas. O local em que você escolherá colocar o seu dinheiro dependerá, em grande parte, da sua elegibilidade para outras alternativas de planos de aposentadoria, bem como da sua alíquota de tributação. O segredo é economizar a quantia de dinheiro necessária para alcançar sua meta de independência financeira da maneira mais vantajosa possível em termos tributários.

Como eu chego lá?

Saber quanto você precisa investir para atingir as suas metas e possuir os recursos para investir são duas coisas diferentes. Alguns investidores em potencial talvez até tenham o dinheiro disponível — em uma conta-poupança ou em outro meio similar —, mas há o receio de colocá-lo para circular no mercado, caso venham a necessitar urgentemente daqueles fundos. Outros talvez tenham desejo de investir, mas seu fluxo de caixa

O CAMINHO
97

está vinculado ao pagamento de dívidas ou comprometido com grandes despesas. Para essas pessoas, encontrar recursos para implementar o plano financeiro desejado pode parecer impossível. Vejamos dois dos fatores mais comuns que limitam os investimentos e as maneiras de remover esses obstáculos.

Reservas de caixa emergenciais

Ter acesso a dinheiro em caso de necessidade urgente é importante, independentemente de você ser multimilionário ou recém-formado. Mas há uma diferença entre ter acesso a dinheiro e ter dinheiro guardado em uma conta (dinheiro que perde valor todos os dias devido à inflação). No atual ambiente de poupança com baixa taxa de juros, ter muito dinheiro em uma conta-poupança ou em uma conta do mercado financeiro é tão útil para sua meta de independência financeira quanto deixá-lo embaixo do colchão por vinte anos. Qualquer dinheiro que exceda aquilo de que você precisa a curto prazo, como uma compra prevista para o próximo ano ou dois, deveria ser investido, idealmente, em rendimento a longo prazo. Uma quantia razoável para emergências — digamos, de três a seis meses de despesas — também deveria ficar guardada no banco.

Para as suas reservas de caixa excedentes — digamos, de seis a doze meses de despesas — há muitas opções para acessar os seus fundos e, ao mesmo tempo, permitir que eles trabalhem em seu favor enquanto não estão sendo necessários. Por exemplo, uma linha de crédito para casa própria ou títulos de alta liquidez em seu portfólio de investimentos (como fundos de títulos) podem servir como fontes de caixa em tempos difíceis. Mas, quando as coisas melhorarem, eles podem voltar ao mercado e continuar a crescer.

Pagamentos de dívidas

Do crédito educativo às hipotecas, para a maioria das pessoas, o sonho norte-americano foi construído com base no financiamento das dívidas. Quando usado com responsabilidade, ele pode permitir que as pessoas ingressem na vida adulta ou servir como recurso para cobrir despesas inesperadas. Quando usado sem responsabilidade, ele pode se tornar um encargo pesado que interfere na realização de seus sonhos.

Provavelmente, não existe um assunto mais discutido nas finanças pessoais do que o uso da dívida. Existem "gurus" de ambos os lados: aqueles que exaltam as virtudes do uso estratégico da dívida e outros que a veem como um flagelo humano que deveria ser evitado. Independentemente dos seus pensamentos pessoais sobre a dívida, uma coisa é certa: a capacidade de usar a dívida sempre estará limitada pela sua capacidade de lidar com os pagamentos. Conheço clientes de 80 anos de idade que ainda pagam suas hipotecas com satisfação, pois conseguiram uma excelente taxa baixa e possuem vários fluxos de caixa previsíveis e estáveis para dar conta dos pagamentos. Também vi outras pessoas se esforçando para implementar qualquer tipo de plano de investimentos, pois nunca restava o suficiente no fim do mês após o pagamento de suas dívidas.

Se as dívidas estiverem interferindo na consecução das suas metas financeiras, é importante reduzir ou eliminar aquelas que limitarão a eficácia do seu plano de investimentos. A maioria das dívidas dos consumidores, como as dos cartões de crédito, cobra taxas de juros anuais que excedem em muito o retorno esperado sobre os seus investimentos. Mesmo que você esteja ganhando altas taxas de retorno de um dígito sobre os seus investimentos, pagar taxas de juros de dois dígitos em suas dívidas é como tentar escalar uma montanha quando se está com uma mochila de 90 quilos nas costas.

Então, o que fazer? A melhor linha de ação é enfrentar, primeiro, as dívidas com a maior taxa de juros; pagá-las reduzirá o impacto da alta taxa de juros e evitará que o saldo saia do controle. Ao mesmo tempo, se o seu empregador tiver um programa de complementação para o seu plano de aposentadoria, contribua para o plano pelo menos com o valor mínimo necessário para obter a complementação integral (por exemplo, se a oferta for de 3%, contribua pelo menos com essa quantia). Quando você começar a liberar dinheiro extra ao pagar suas dívidas, pode passar a direcionar dinheiro para uma Roth IRA ou outras contas de investimentos, ou aumentar suas contribuições para o plano patrocinado pelo empregador a fim de acelerar o seu progresso em direção às suas metas.

Às vezes, as pessoas têm dívidas que não são pesadas e se perguntam se deveriam pagar logo tudo com o dinheiro de suas economias. A resposta depende da alternativa. Aqueles que não se sentem confortáveis em investir o dinheiro, e se esse dinheiro fosse continuar parado no banco, deveriam pagar a dívida. No entanto, se estiverem dispostos a investir o dinheiro

O CAMINHO

e puderem esperar até obter uma taxa de retorno sobre os fundos maior do que a que estão pagando no empréstimo, recomendo que invistam o dinheiro e continuem pagando a dívida. É mais provável que, a longo prazo, acabem ficando com mais dinheiro. Além disso, se decidirem que preferem quitar suas dívidas, poderão resgatar o dinheiro de sua conta de investimentos, onde ele esteve rendendo silenciosamente.

Por exemplo, alguém com uma hipoteca com taxa de juros fixa de 2,5% (parte da qual pode ser dedutível do imposto), que se sente à vontade com dívidas e que pretende ter o maior patrimônio líquido possível daqui a 20 anos, provavelmente deveria investir seu dinheiro em vez de empregá-lo na dívida. No entanto, alguém na mesma situação, mas com uma taxa de juros de 7%, deveria pagar a dívida.

Educação

A educação custa dinheiro, mas a ignorância também.

CLAUS MOSER

Muitos investidores consideram que financiar o ensino superior dos filhos é sua principal meta financeira. Infelizmente, muitos hesitam diante desses custos. É verdade que o custo da universidade assumiu proporções de crise. De vez em quando, os clientes mais velhos me dizem: "Bem, consegui completar meu curso." Hoje em dia, estudantes universitários raramente têm essa opção. Enquanto o reajuste salarial sobe em média apenas alguns pontos por ano, o custo do ensino superior aumentou mais do que o dobro em comparação a essa taxa. A conta de conseguir completar o curso universitário já não fecha.

Novamente, você precisa começar entendendo qual é o seu ponto de partida. Para muitos, o ponto de partida é o zero: eles não têm nada reservado para a educação de seus filhos. Então, precisamos do nosso destino, que é a instituição específica pela qual você pretende pagar. Deseja pagar quatro anos por uma universidade particular ou seis anos por uma universidade estadual*? Deseja pagar por todos os custos de educação ou apenas por uma parte deles?

---

* Nos Estados Unidos, mesmo as faculdades públicas são pagas. [N. da E.]

Vamos considerar o exemplo de Ginny Generosa. Ela quer ajudar a financiar o ensino superior de seus filhos, cobrindo 75% dos custos de uma universidade estadual por quatro anos. Fazendo algumas pesquisas rápidas, podemos determinar o custo total das mensalidades, taxas, livros e alojamento na instituição pretendida em seu estado. Em seguida, corrigimos esses valores para dar conta do aumento médio anual das despesas do ensino superior. Finalmente, teremos a quantia total necessária quando seus filhos iniciarem seus respectivos percursos universitários.

A partir daí, podemos calcular o quanto Ginny precisa reservar todos os meses para atingir sua meta educacional. Esse cálculo pressupõe que ela obterá uma taxa de retorno razoável sobre seus investimentos a cada ano e se baseia em uma alocação apropriada à quantidade de tempo que ela será capaz de economizar antes de os filhos ingressarem na universidade. Por exemplo, suponhamos que 75% do custo total para frequentar a instituição pretendida seja equivalente hoje a US$ 17.500 e assumamos que os custos aumentem 4% ao ano. Usando esses números, podemos estimar que ela precise economizar US$ 225.000 para que a filha de 9 anos e o filho de 6 anos entrem na universidade quando ambos completarem 18 anos. Assumindo uma taxa de retorno de 6% sobre os ativos investidos, ela precisaria economizar cerca de US$ 700 por mês para sua filha e cerca de US$ 575 por mês para seu filho, e assim ter uma quantia suficiente economizada quando ambos ingressassem na universidade.

Da mesma forma que nas economias destinadas à aposentadoria, não basta conhecer a sua situação financeira atual, o que você está tentando conquistar e o quanto precisa separar todos os meses. Ao economizar para a formação educacional, também precisa saber onde estão os melhores lugares para investir o seu dinheiro. Para a maioria dos pais, os planos 529 de poupança para a faculdade oferecem a solução perfeita. Ao destinar dinheiro para um plano 529, as suas contribuições podem crescer livres de impostos e as distribuições para gastos qualificados do ensino superior também podem ser livres de impostos. Alguns estados permitem, inclusive, uma dedução do imposto de renda estadual mediante a contribuição para o plano. A única situação em que esse tipo de plano não seria ideal é se a família tiver um patrimônio líquido elevado. No caso dos ultrarricos, em geral, faz mais sentido pagar diretamente à universidade do que financiar um plano 529.

Com o aumento desenfreado dos custos do ensino superior, muitas famílias procuram auxílio em qualquer lugar onde seja possível obtê-lo. A ajuda

O CAMINHO

101

financeira baseada na necessidade pode ser um componente importante na capacidade de bancar o ensino superior, e o modo como você economiza e paga a universidade pode ter um impacto direto na elegibilidade do seu filho para a obtenção do auxílio.

Os meandros do planejamento para auxílio financeiro estão fora do escopo deste livro, mas há algumas considerações gerais a serem lembradas durante a elaboração do seu plano de poupança:

1. Os ativos dos pais recebem um tratamento mais favorável do que os ativos dos estudantes. Ao calcular a elegibilidade para o auxílio, o saldo em um plano 529 estabelecido pelos pais é computado a uma taxa menor do que os saldos presentes em quaisquer contas em nome do estudante. Os ativos dos estudantes incluem contas de custódia estabelecidas em seu benefício (como contas UTMA ou UGMA, isto é, de transferência ou de doação uniformes para menores); portanto, todo fundo reservado à universidade deveria estar, idealmente, em um plano 529 ou em outra conta em nome dos pais.

2. As distribuições dos planos 529 pertencentes a outros membros da família podem reduzir a elegibilidade para o auxílio. Por exemplo, se você estiver usando um plano 529 para fazer uma poupança para a faculdade de alguém que não seja seu filho — digamos, um neto ou uma sobrinha —, a universidade poderá considerar que os resgates daquele plano para pagar despesas funcionam como renda para o estudante, o que pode reduzir a quantidade de auxílio que o estudante poderá receber no ano seguinte. Portanto, você deveria planejar retirar dessas contas as despesas escolares do primeiro ou do último ano desse estudante, para não reduzir as potenciais concessões de auxílio.

3. A renda pesa mais contra o auxílio do que os ativos. Mesmo que você estruture a sua poupança da maneira mais estratégica possível, a sua renda poderá impedir que o seu filho receba ajuda financeira baseada na necessidade. Certifique-se de investigar todas as fontes de auxílio financeiro, incluindo bolsas de estudos acadêmicas, programas de trabalho e estudo, e subsídios, mas verifique se o seu plano de poupança prevê a possibilidade de você ter de pagar 100% dos custos.

REGRA Nº 2:
CRIE UM PORTFÓLIO ALINHADO À SUA META

Se você não sabe aonde está indo, vai acabar em outro lugar.

YOGI BERRA

Quase todos nós já compramos um carro em algum momento de nossas vidas. Antes de fazer isso, temos uma noção do que queremos. Durante meus anos na universidade, eu precisava de um carro que me levasse do ponto A ao ponto B. Por esse motivo, procurava carros que custassem apenas alguns milhares de dólares e funcionassem bem na maior parte do tempo. Quando me casei, precisava de um carro que fosse mais confiável, que me levasse do ponto A ao ponto B e tivesse comodidades, como ar-condicionado. Quando tive os meus filhos, a segurança se tornou uma prioridade e eu precisava de um carro que fosse fácil de manejar e que protegesse os sempre agitados bebês. Quando os meus filhos cresceram, me peguei oferecendo carona solidária para os treinos, e precisava de um carro que pudesse acomodar adolescentes turbulentos e inúmeros equipamentos esportivos.

Todos nós entendemos o esforço e a reflexão necessários para se comprar um carro novo. Curiosamente, a maioria dos investidores dedica muito menos tempo para refletir sobre os seus investimentos a longo prazo. Por exemplo, não é incomum o investidor médio perguntar: "Hoje é uma boa hora para comprar ações da Apple?"

Investidores sofisticados encarariam essa decisão de maneira diferente. Eles procurariam ter uma noção do panorama geral que estão tentando alcançar, das metas financeiras específicas almejadas e depois perguntariam: "Quanto devo alocar em ações? Quanto do meu investimento em ações deve ser alocado em ações de grandes empresas? Quantas dessas ações devem ser ações de empresas norte-americanas?" Respondidas essas perguntas, eles podem, então, questionar: "A Apple se encaixa no meu plano?" Talvez você ainda não se considere um investidor sofisticado, mas garanto que, depois de ler este livro, terá mais conhecimentos do que a maioria dos profissionais!

INDO ALÉM DAS METAS

Já discutimos várias metas específicas que as pessoas têm para seus investimentos, como atingir a independência financeira ou financiar a educação de seus filhos. Algumas têm uma meta mais genérica para seus ativos, como proporcionar um estilo de vida mais confortável para sua família no futuro. Outras têm uma visão ainda mais ampla de seu patrimônio, em que causas beneficentes ou gerações futuras de membros da família são os beneficiários finais. A consecução dessas metas pode exigir portfólios diferentes, usando "ingredientes" diferentes, o que determinará quais são os ativos mais apropriados para equilibrar o desejo de crescimento com a necessidade de preservação dos ativos.

Essa abordagem é radicalmente diversa da narrativa popular de que deveríamos acumular o máximo de dinheiro possível. É óbvio que a maioria das pessoas deseja o máximo de dinheiro possível, mas, se essa for a sua única missão, de modo geral significará assumir riscos de investimento pouco sensatos. O objetivo dos ativos em seu portfólio é que deveria ditar a alocação, e não o contrário. Consigo ouvir o que alguns de vocês estão pensando: "Não me importo com nada disso. Meu objetivo é ganhar o máximo de dinheiro possível." Gostaria de dar um exemplo de por que isso talvez não seja verdade.

Digamos que você tenha acumulado um número suficiente de ativos para a aposentadoria, que, juntamente com os seus benefícios da Previdência Social, permitirão que se aposente dentro de dez anos e viva com cerca de US$ 100.000 por ano. Se eu lhe perguntar qual é o seu objetivo para os próximos dez anos e você me responder que deseja fazer o maior pecúlio possível, teremos um dilema interessante. Se esse for mesmo o seu objetivo, os dados históricos e as estatísticas apontam para optar por 10% ou menos do seu portfólio alocados em títulos, já que, na maioria das vezes, espera-se que os títulos rendam significativamente menos do que as ações em um período de dez anos.

Você pode dizer: "Isso é fantástico! Se é isso que as estatísticas dizem, investiremos tudo em ações."

No entanto, a meta de se aposentar dentro de dez anos tendo US$ 100.000 por ano para gastar requer um portfólio diferente da meta de maximização do patrimônio. Se o seu objetivo for ter a maior probabilidade de se aposentar com sucesso daqui a dez anos, seria adequado criar um portfólio com um percentual entre 20% e 30% alocado em títulos. Isso ocorre porque, embora esperemos uma menor taxa de retorno sobre os títulos, esse retorno é muito mais previsível. Isso reduz a volatilidade geral do portfólio, o que, por sua vez, aumenta a chance de se obter um retorno-alvo específico. Um portfólio com muitas ações tem mais probabilidade de render mais do que a taxa de retorno-alvo necessária para você se aposentar, mas também aumenta a probabilidade de um desempenho substancialmente inferior à sua taxa de retorno-alvo. Apresentada a esse conjunto de fatos, a maioria dos investidores concorda com as probabilidades. Não há garantia de nada, mas eles querem a maior probabilidade de alcançar sua meta de aposentadoria.

No caso dos ultrarricos, aplica-se o mesmo princípio. Há uma percepção de que os ultrarricos possuem uma máquina secreta de ganhar dinheiro, assumem grandes riscos no mercado e estão constantemente dobrando seu patrimônio. Essa percepção é, em grande parte, divorciada da realidade; os mais ricos estão muito mais concentrados em preservar seu patrimônio do que em aumentá-lo. Muitos dos ultrarricos citam como metas principais deixar riqueza geracional ou um legado beneficente, o que pode resultar em planejamentos de patrimônio com muitos componentes móveis. Eles criam fundações ou fideicomissos para dar sustentação a seu planejamento financeiro e priorizam a gestão tributária para que seu patrimônio não venha a ser dissipado. Eles entendem que seus objetivos podem exigir a criação de um portfólio em que a meta principal não seja a maximização do patrimônio, mas sim a gestão de riscos ou a eficiência tributária.

Por exemplo, digamos que um investidor ultrarrico conceba uma fundação familiar exigindo que 5% dos ativos da fundação sejam distribuídos a instituições beneficentes todos os anos. Um portfólio criado nesses termos não teria o objetivo de maximizar o crescimento de ativos. Na verdade, quase todas as fundações familiares criadas pelos ultrarricos incluem uma alocação substancial em títulos.

A principal razão pela qual os ultrarricos priorizam dessa maneira os títulos é que eles oferecem segurança. Com títulos em seu portfólio, há maior garantia de atendimento da distribuição anual, sem que seja necessário vender os ativos mais voláteis do portfólio quando seu valor, inevitavelmente, cair. Se observarmos qualquer uma das grandes crises recentes

O CAMINHO

— o 11 de Setembro, o colapso da bolsa de 2008-2009 ou a pandemia de coronavírus —, em todos os casos os títulos de alta qualidade aumentaram de valor, enquanto as ações caíram de 40% a 50%. Durante esses períodos difíceis, uma fundação com alocação prioritária em títulos poderia usar uma combinação do rendimento do portfólio com os títulos para atender às necessidades de distribuição anual, em vez de vender ações durante períodos de instabilidade do mercado, o que aumentaria a probabilidade de a fundação perder todo o seu dinheiro e ter de fechar as portas.

Você aprenderá os detalhes de como elaborar e gerenciar um portfólio no Capítulo 10, mas pouco importa se estiver apenas começando ou possuir meio bilhão de dólares: comece com uma meta ou perspectiva em mente. Depois de entender o que pretende conquistar, o resto ficará mais fácil.

REGRA Nº 3: REVEJA O PLANO

Você não precisa de um paraquedas para saltar uma vez de um avião.
Só vai precisar do paraquedas se quiser saltar do avião duas vezes.

AUTOR DESCONHECIDO

Todos nós já participamos de uma corrida em algum momento de nossas vidas. Quer se trate de um trajeto em torno do quarteirão ou de uma disputa olímpica dos 400 metros, todas as corridas têm duas coisas em comum: uma linha de partida e uma linha de chegada. E todos os atletas sérios sabem de onde estão partindo e aonde precisam chegar.

Reveja o seu plano e as suas projeções financeiras uma vez por ano, ou sempre que passar por uma mudança de vida significativa (por exemplo, casamento, paternidade, alteração relevante de renda). Durante a análise, talvez você perceba que o seu patrimônio líquido mudou, pois o seu portfólio teve um desempenho melhor ou pior do que o esperado ao longo do ano anterior. Talvez você tenha recebido um bônus inesperado ou uma herança, ou tenha tido um evento de liquidez (como a venda de uma propriedade). Isto é, a linha de partida mudou.

Talvez os seus objetivos também sejam diferentes agora. Talvez você queira se aposentar mais cedo do que pensava inicialmente, ou tenha decidido trabalhar meio período durante a aposentadoria. Talvez a universidade que a sua filha pretende frequentar seja duas vezes mais cara do que imaginava inicialmente. Talvez você tenha descoberto que o bebê que você esperava eram, na verdade, trigêmeos. Talvez agora esteja casado, ou tenha acabado de se separar, ou esteja mais saudável, ou mais adoentado do que o esperado. Ou seja, a linha de chegada pode ter mudado.

Todos os tipos de coisas podem mudar na sua vida pessoal, e isso deveria resultar em alterações no seu portfólio. Observe que a ênfase nas alterações no portfólio se baseia em alterações pessoais e não nas alterações em múltiplos mercados.

Digamos que uma investidora de 60 anos de idade tenha a meta de viver com US$ 100.000 por ano quando chegar aos 62 anos. Suas projeções tomaram por base uma taxa de retorno sobre o portfólio de 6%, e ela estava no caminho certo para alcançar sua meta. No entanto, na hora da revisão anual, o desempenho do portfólio mostrou um retorno muito melhor do que o projetado, devido a um forte mercado em alta. À medida que se aproxima da aposentadoria, a investidora também vai se mostrando cada vez mais cautelosa com a volatilidade do portfólio. Para sua sorte, ela não precisa mais de uma taxa de retorno de 6% para alcançar suas metas. As projeções do portfólio mostram que uma taxa de retorno de 5% é tudo de que ela precisa. Dadas essas circunstâncias, a investidora pode optar por reduzir sua exposição a ações e aumentar sua exposição a títulos de alta qualidade. Ela faria isso sabendo que está diminuindo sua taxa de retorno esperada a longo prazo, mas aumentando a probabilidade de obter uma taxa de retorno de 5% com volatilidade reduzida.

A ÚLTIMA REGRA: NÃO ESTRAGUE TUDO!

Foi visto na CNBC:

Apresentador: Então, esta é uma oportunidade de compra?

Convidado: Eu não compraria neste mercado de hoje (S&P a 2.710), mas compraria com o S&P a 2.680.

Essa interação ilustra, rigorosamente, a maneira errada de analisar o seu portfólio. Por que um investidor alocaria ações com o S&P a 2.680, mas não com o S&P a 2.710? Depois de montar o seu portfólio, continue disciplinado. Siga o padrão de decisões de investimentos descrito neste capítulo, ou trabalhe com um especialista em finanças que entenda, aceite e invista com base nesses princípios. Ignore os ruídos, nunca entre em pânico, não se perca durante uma crise e, o mais importante, mantenha o foco nas suas metas.

Se todos esses fatores exigirem uma segunda opinião sobre a atual composição do seu portfólio, forneceremos uma visão oficiosa e gratuita. Visite www.creativeplanning.com.

CAPÍTULO SEIS
GERENCIANDO O RISCO

Todo mundo tem um plano, até tomar o primeiro soco na cara.

MIKE TYSON

A gestão de riscos faz parte do seu dia a dia: trancar as portas ao sair de casa, colocar o cinto de segurança antes de sair com o carro e olhar para os dois lados antes de atravessar a rua. Quando se trata de investir, a *gestão de riscos* é o conceito que assegura que você está gerenciando a sua exposição às perdas financeiras. Para os investidores que já definiram um plano de poupança disciplinado ou que acumularam uma quantidade substancial de ativos, a maior ameaça à sua independência financeira é uma perda catastrófica causada por algo que venha a acontecer *fora* dos mercados e *fora* de seu controle, como um incêndio em casa ou uma morte na família. Melhorar o retorno sobre os investimentos de forma incremental pouco importa se você perde tudo devido a um incidente infeliz.

Muitos de nós gastamos mais tempo decidindo que tipo de pizza deveríamos pedir para a família ("Suzie vai comer calabresa desta vez?") do que o tipo de seguro que deveríamos ter para protegê-la. (Alguns gastam ainda mais tempo com o tipo de massa de pizza que deveríamos pedir. Para ser justo, essa também é uma decisão digna de avaliação cuidadosa.) Embora a gestão de riscos seja uma parte da gestão de patrimônio, você pode estar se perguntando que lugar ela ocupa em um livro interessado em transformá-lo em um investidor sofisticado. O ponto principal é que é extremamente importante se proteger do maior número possível de riscos financeiros. Se não tem seguro, você é *autoassegurável*, o que significa que, diante de quaisquer riscos (e a vida está cheia deles), arcará com todos os encargos econômicos de um mau resultado. Muitas vezes, os investidores abandonam seus planos de investimentos em mercados instáveis por temer o potencial impacto financeiro de suas exposições pessoais a riscos, caso o valor de seu portfólio caia. Por exemplo, um investidor pode se livrar de ações durante um mercado em baixa por medo de que, se falecer repentinamente, sua família fique sem dinheiro suficiente.

Investidores sofisticados nunca se permitem colocar nessa posição. Com um bom plano, todos os seus riscos estarão sob controle, independentemente dos mercados, permitindo que você se atenha à sua estratégia (e também consiga dormir à noite).

Vamos nos certificar de que você esteja protegido, certo?

SEGURO DE VIDA

O medo da morte decorre do medo da vida. Um homem que vive plenamente está preparado para morrer a qualquer momento.

MARK TWAIN

Alguém já disse que o seguro de vida se vende, não se compra. E é muito raro que os casais acordem de manhã, se olhem e digam: "Querida, vamos comprar seguros!" Porém, para muitas pessoas, o seguro de vida desempenha um papel fundamental, tanto na gestão de riscos quanto na gestão de patrimônio.

O conceito básico de seguro de vida é simples: na eventualidade da sua morte, uma companhia de seguros pagará um *benefício de morte* ao seu beneficiário. Em troca disso, você paga à companhia de seguros uma certa quantia em dinheiro. Muito simples, certo? Logicamente, nos últimos anos tornou-se muito mais complicado do que isso. O setor de seguros criou todos os tipos de produtos de seguro — e produtos de investimentos disfarçados de seguro —, tornando essa decisão muito mais difícil e complexa.

O CAMINHO

Um dos desafios da compra de seguro é a estrutura do setor de seguros. Como regra, os agentes de seguros operam sob comissão: eles recebem uma parte do pagamento dos prêmios das apólices que vendem. Embora não exista nada de intrinsecamente errado com o fato de as pessoas receberem comissões pela venda de produtos de seguro, isso cria um possível conflito de interesses. Dada a possibilidade de escolha, o agente recomendará o produto mais adequado ao indivíduo (ou seja, o custo mais baixo para atender à necessidade) ou aquele que é melhor para o próprio agente (ou seja, o que paga a comissão mais alta)? Como consumidor, uma maneira de se proteger é saber do que você precisa, e por que precisa, antes de comprar qualquer apólice.

Na Creative Planning, reconhecemos que a gestão de riscos é uma parte fundamental no auxílio prestado à segurança geral dos clientes, e, por esse motivo, temos afiliados que colaboram na cobertura de seguro de vida, por exemplo. Em um ano típico, mais de 95% das apólices que nossos clientes adquirem são apólices de seguro a prazo, que são os produtos menos lucrativos do setor, mas ideais para as necessidades da maioria das pessoas.

Seguro a prazo

Seguro a prazo é o tipo mais adequado de seguro de vida para quase todos os norte-americanos. No entanto, os agentes de seguros geralmente não o recomendam, pois isso resulta em uma comissão mais baixa para eles. Com uma apólice de seguro a prazo, você está assegurando sua vida por um período específico. Digamos que seu plano financeiro deixe bem claro que, desde que você continue economizando ao longo dos próximos 15 anos, a sua família terá tudo de que precisa para satisfazer suas necessidades pelo resto da vida. Uma dificuldade potencial desse plano é que, se você morrer amanhã, sua família perderá você *e* seu fluxo de caixa (e chamar isso de "dificuldade" é um pouco de eufemismo). Em vez de a família precisar do dinheiro que você economizou durante 15 anos, ela precisará do dinheiro neste exato momento. Isso significa que (1) não haverá tempo de o dinheiro render e (2) nenhuma outra receita será adicionada àquele investimento. (Mesmo que você seja como Patrick Swayze em *Ghost* e retorne para ajudar a fazer peças de cerâmica, vamos presumir que você não terá mais nenhum impacto significativo na renda da família.) Para agravar o problema, os resgates não apenas começarão 15 anos antes do planejado, mas também durarão 15 anos mais do que o previsto. Esse tipo de coisa pode fazer descarrilar o seu plano de investimentos e o futuro da sua família.

No início de minha carreira, recomendei um seguro a prazo para um médico. Ele desconsiderou a minha sugestão, pois havia lido em um artigo que todo seguro era ruim. Infelizmente, ele faleceu de forma inesperada um ano depois, deixando sua família em apuros financeiros. Sua esposa e filha sofreram dificuldades financeiras desnecessárias por muitos anos, além do impacto emocional de perder o marido e o pai. Trabalho com a família até hoje e me entristece saber que seu sofrimento poderia ter sido atenuado por uma apólice de seguro que custaria apenas algumas centenas de dólares por ano.

Todos os seres humanos responsáveis deveriam garantir ativos suficientes para proteger sua família em caso de morte. Se você não possui um pecúlio considerável e não está em condições de se autoassegurar para compensar esse risco, o seguro a prazo é uma solução simples. Ele é relativamente barato, pois as chances de você viver após a expiração do prazo são altas. Se comprar uma apólice de seguro de 15 anos, as companhias de seguros esperam que você viva além daqueles 15 anos, o que reduz significativamente a probabilidade de terem de pagar o benefício por morte. Muitos agentes de seguros usam essa estatística para dissuadir os investidores de comprar seguros a prazo, já que é improvável que você obtenha retorno sobre o seu investimento. Esta alegação é enganosa: é como argumentar que você deveria se sentir decepcionado por ter seguro residencial há anos e a sua casa nunca ter pegado fogo! É para isso que serve o seguro: assegurá-lo contra uma ocorrência improvável, transferindo uma pequena parte do seu patrimônio em troca de proteção contra um desastre econômico.

Determinar o montante de seguro de vida necessário deveria ser uma parte integrante da criação do seu plano financeiro. Existem muitas metodologias utilizadas para estimar o nível de seguro de vida do qual uma pessoa precisa. Infelizmente, a maioria delas não faz nenhum sentido (e a esta altura você não deveria ficar chocado). Por exemplo, uma regra geral bastante difundida é que você deve adquirir um seguro de vida equivalente a cinco vezes a sua renda. Se você ganha US$ 100.000 por ano e já tem US$

O CAMINHO
113

5 milhões economizados, é provável que não precise de uma apólice de seguro de US$ 500.000, pois a sua família conseguirá ficar muito bem com os seus ativos existentes. No entanto, se acabou de se formar na faculdade de medicina, para a qual ficou devendo US$ 250.000, comprou uma casa de US$ 700.000 e tem três filhos pequenos, então cinco vezes a sua renda não será nem um pouco suficiente para sustentar a sua família.

Conforme aprendemos durante a criação de portfólios, o melhor método é customizar o seu seguro para adequá-lo à sua situação específica. Primeiro, some os custos das suas metas que não estariam cobertas por fundos, caso você morresse hoje, como renda suplementar para sustentar a sua família, um fundo para o ensino superior ou a quitação de dívidas pendentes (incluindo hipotecas e prestações de financiamento automotivo). Depois de determinar a quantidade de seguro necessária, o prazo (ou seja, a duração da apólice) pode ser definido calculando de quanto tempo você precisará para se tornar financeiramente independente sob a perspectiva do seguro. Talvez esse seja um momento diferente daquele em que você se torna financeiramente independente sob a perspectiva da aposentadoria. Por exemplo, depois que os seus filhos concluírem a universidade ou que a sua hipoteca estiver paga, você não precisará mais ter um seguro para cobrir tais obrigações, mas talvez ainda precise continuar poupando para a aposentadoria. Por exemplo, se hoje estiver precisando de um seguro a prazo de US$ 500.000, quando essa necessidade desaparecerá? Você pode calcular a resposta determinando quando a sua necessidade de seguro expirará, com base em quanto tempo será necessário para que você acumule a quantia de ativos suficiente para complementar o valor da apólice. Se, com base na sua taxa de poupança, você tiver economizado outros US$ 500.000 em 15 anos, precisará apenas de uma apólice de 15 anos.

Uma última observação sobre o seguro a prazo: muitas pessoas se esquecem de pensar na possível necessidade de seguro de vida para um cônjuge inativo. Mesmo que não houvesse uma renda a ser substituída por ocasião de sua morte, normalmente os cônjuges inativos lidam com muitas responsabilidades domésticas (por exemplo, cuidados dos filhos, transporte, serviços domésticos), pelas quais o cônjuge sobrevivente teria de pagar para garantir a cobertura. Esta é uma consideração importante.

Sobrevivência: ampliando o valor dos seus bens

Para indivíduos abastados com muitos bens, o seguro de vida já está, muitas vezes, incorporado a seu minucioso planejamento de patrimônio. O setor de seguros tem um produto chamado *cobertura de sobrevivência* (ou *apólice do segundo a morrer*), que é uma apólice única cobrindo a vida de dois cônjuges ou companheiros. A apólice é paga somente após o falecimento dos dois segurados. Como há duas vidas seguradas, o benefício por morte é maior do que a virtual apólice de um único indivíduo. Para aqueles com bens tributáveis, esse tipo de apólice pode propiciar liquidez para pagar uma série de despesas, impedindo, potencialmente, que uma empresa ou uma fazenda sejam vendidas para pagar impostos sobre propriedade imobiliária. Combinado com um fideicomisso irrevogável (aprofundaremos esse assunto mais adiante), o benefício por morte pode passar aos herdeiros completamente livre de impostos.

O foco de uma apólice de seguro de vida de sobrevivência é um pouco diferente do de uma apólice de seguro de vida a prazo. Em vez de planificar a morte prematura, uma apólice de seguro de vida de sobrevivência é usada, principalmente, para o planejamento de impostos sobre propriedade imobiliária. Afinal de contas, os dois segurados devem falecer antes que a apólice seja paga. Consequentemente, o objetivo da apólice é maximizar o valor que um casal pode oferecer anualmente, livre de impostos, no pagamento dos prêmios da apólice. O benefício por morte da apólice torna-se o valor máximo suportado pelas transmissões dos prêmios anuais. Voltaremos a esse tema com mais detalhes no próximo capítulo.

Seguro como "investimento"

Aqui, a regra geral é garantir que o tipo de apólice de seguro que você está pensando em adquirir satisfaça as suas necessidades específicas. Quase sempre, as necessidades do sobrevivente são mais bem atendidas por uma apólice de seguro a prazo. A cobertura de sobrevivência e outros produtos especializados, como a vida universal ou o seguro financiado por prêmios, podem ser usados para oferecer liquidez imobiliária aos abastados, mas o seguro *nunca* deveria ser adquirido como um investimento por si só. Por esse motivo, o seguro de vida variável e as pensões vitalícias variáveis não ocupam grande espaço no portfólio dos investidores sofisticados. Esses tipos de produtos combinam investimentos com seguros e elevam os custos de ambos. (Alguém fica rico com esse tipo de apólice: o agente de seguros, e não você!) Em vez de fazer isso, os investidores sofisticados investem seu dinheiro com eficiência e adquirem seguro a prazo separadamente para cobrir as necessidades dos sobreviventes (não importa o que o agente de seguros disser a você. E sim, eu sei, ele é muito, muito legal).

INCAPACITAÇÃO

Tempo e saúde são dois bens preciosos que
só são apreciados quando se esgotam.

DENIS WAITLEY

Qual você considera ser o seu maior patrimônio? Você pode pensar que é a sua casa ou, possivelmente, a sua conta de aposentadoria. Para a maioria das pessoas, porém, o nosso maior patrimônio é a nossa capacidade de receber um salário. Pense nas metas que estabeleceu para você e a sua família. Todas essas metas, sejam elas a poupança para comprar a primeira casa própria, a formação educacional do seu filho ou as contribuições beneficentes que se prolongarão para além da sua própria vida, dependem, provavelmente, de uma única coisa: da sua capacidade de ganhar dinheiro.

Meu pai é médico e trabalhou arduamente ao longo de toda a sua carreira. Em dado momento — com uma hipoteca, três filhos entrando na universidade e desejando viajar e aproveitar a aposentadoria em algum momento —, suas metas eram pagar a casa, garantir um bom ensino superior aos filhos e se tornar financeiramente independente. Além de morrer prematuramente, a única coisa que poderia ter atrapalhado esse plano era alguma incapacitação que o impedisse de continuar trabalhando. Se ele tivesse sido declarado incapaz, sem nenhum seguro à vista, nenhuma de suas metas seria alcançável. É por isso que aqueles que estão ganhando o dinheiro necessário para financiar suas metas deveriam assegurar sua capacidade de continuar ganhando-o.

No início da minha carreira, trabalhei com um médico especialista em controle da dor que havia perdido parte do polegar durante o uso de um liquidificador. Tratava-se de algo muito maior do que pode parecer, pois ele usava o polegar todos os dias para aplicar injeções nos pacientes. Ele não tinha mais condições de trabalhar, mas sua cobertura por incapacitação acabou sendo acionada, o que garantiu que as necessidades de sua família fossem atendidas. Esses cenários são mais comuns do que se imagina, e já trabalhei pessoalmente com clientes que foram afetados por lesões traumáticas ou doenças debilitantes, como esclerose múltipla, doença de Lyme e ELA. Em muitos casos, a cobertura por incapacitação foi o que salvou a segurança financeira dessas famílias.

O seguro por incapacitação se divide em dois tipos principais: incapacitação de curto prazo e incapacitação de longo prazo. A incapacitação de curto prazo e suas subcategorias são classificadas como incapacitações que o impedem de obter rendimentos por 90 dias ou menos. Como o tempo de afastamento do trabalho é comparativamente mínimo e o impacto financeiro, em geral, não é prejudicial às suas finanças a longo prazo, a aquisição desse tipo de seguro, muitas vezes, não se faz necessária. A incapacitação de longo prazo e suas subcategorias são aquelas que o impedem de obter rendimentos por um prazo superior a 90 dias, pelo resto da sua vida. É importante considerar o risco desse tipo de incapacitação para a sua independência financeira.

Assim como o seguro de vida, o objetivo de pagar por um seguro por incapacitação é transferir um pouco do seu patrimônio para uma companhia de seguros, em troca de um fluxo de rendimentos que ajude a atender às necessidades da sua família, caso você seja declarado permanentemente incapaz. Todos nos sentimos blindados até não estarmos mais; por isso, eu o encorajo a não menosprezar esta seção do livro. Se você já acumulou riqueza suficiente para pagar a sua casa própria, ser financeiramente independente, garantir que seus filhos entrem na universidade, e assim por diante, não há necessidade de adquirir essa cobertura nem de manter ativa uma apólice já existente. Porém, se houver alguma chance de que uma incapacitação possa provocar um impacto negativo no futuro financeiro da sua família, vale a pena examinar uma apólice de incapacitação de longo prazo, levando em consideração o seu estado de saúde atual, a sua renda e outros fatores relevantes para tomar a sua decisão.

O CAMINHO 117

Normalmente, os empregadores oferecem coberturas por incapacitação de curto e longo prazo a seus funcionários, de modo que é uma boa ideia começar por aí e verificar o que está disponível (ou, talvez, aquilo que você já tenha). Se o seu empregador não oferecer esse benefício ou não oferecer uma cobertura suficiente, você poderá adquirir um plano privado de seguro por incapacitação. É melhor conversar com um planejador financeiro para avaliar se um seguro por incapacitação é adequado à sua situação e que tipo de apólice seria mais benéfico.

CUIDADOS PROLONGADOS

Quarenta por cento das pessoas que chegam aos 65 anos entrarão para uma casa de repouso ao fim da vida.

MORNINGSTAR

Pagar por cuidados prolongados é uma preocupação primordial para muitos norte-americanos, e com razão. O custo de uma casa de repouso varia em todo o país, de cerca de US$ 95.000 por ano no Arizona a mais de US$ 155.000 por ano na cidade de Nova York. Considerando-se que apenas 44% da população com mais de 50 anos de idade têm mais de US$ 100.000 em ativos líquidos, não deveria surpreender que a maioria das pessoas admitidas em casas de repouso acabe indo à falência dentro de alguns anos. No entanto, se olharmos mais detidamente para as estatísticas, elas mostram que 68% das pessoas que ingressam em uma casa de repouso morrem cerca de um ano após a admissão. O que deveríamos fazer diante disso?

Bem, se você tiver a sorte de ter um portfólio multimilionário, uma alocação de investimentos adequadamente estruturada se preocuparia em deixar reservado o volume de dinheiro necessário para cobrir o custo dos cuidados prolongados. Para alguém nessa situação, optar por um centro de enfermagem especializado normalmente resultaria em uma diminuição dos gastos. No auge de sua aposentadoria, talvez esses indivíduos de alto poder aquisitivo tenham viajado pelo mundo e gastado US$ 200.000 por ano, mas, em muitas partes do país, as casas de repouso custam metade disso. Como a necessidade de cuidados prolongados exclui muitas outras despesas, indivíduos de alto poder aquisitivo não precisam ter uma cobertura de seguro para se proteger contra despesas de cuidados prolongados.

Todos os demais, porém, estão diante de um dilema considerável. Para aqueles que têm algumas centenas de milhares de dólares em ativos, é praticamente impossível bancar um seguro de cuidados prolongados adequado. Para aqueles com rendimentos sólidos e mais de US$ 500.000 em ativos, a dúvida premente talvez esteja entre precisar de alguma cobertura de seguro e não querer gastar tanto com isso, a fim de não inviabilizar seu plano de poupança para aposentadoria.

Em última análise, os cuidados prolongados são o maior risco contingente para muitas pessoas, e a determinação da linha de ação apropriada dependerá da assessoria de um planejador financeiro que possa oferecer alternativas para abordar adequadamente o seu risco pessoal, sem gastar muito em cobertura, a ponto de você não conseguir se aposentar.

SEGURO DE SAÚDE

Hoje, os médicos têm acesso a ferramentas e opções de tratamento que eram inimagináveis há apenas uma geração. Todos os dias, os pesquisadores vêm encontrando maneiras de controlar e tratar doenças que até uma década atrás eram tidas como irremediáveis. O infeliz subproduto dessas inovações é o custo. Sem um seguro de saúde, as despesas referentes a todas as consultas ao paciente, com exceção das mais rotineiras, podem ficar aquém dos recursos da maioria das famílias. O seguro de saúde é imperativo para todos os indivíduos.

Se ele estiver sendo oferecido, a melhor opção é uma apólice de seguro coletivo, por intermédio do seu empregador. As apólices coletivas tendem a ser a maneira mais econômica de obter cobertura, por vários motivos. Primeiro, muitos empregadores subsidiam o custo da cobertura para seus funcionários, de modo que você não precisará pagar o custo total da sua apólice. Em segundo lugar, os preços dessas apólices se baseiam nas características médias do grupo, de modo que o custo da cobertura tenderá a ser menor do que aquele que um indivíduo poderia obter no livre mercado.

Se o seu empregador oferecer uma conta de gastos flexível (*flexible spending account*, ou FSA, na sigla em inglês) ou uma conta de poupança para

O CAMINHO 119

a saúde (*health savings account*, ou HSA, na sigla em inglês), você deverá aproveitar essas ferramentas para ajudar no custo das despesas médicas. Com essas contas, separe uma parcela do seu salário para ser depositada todos os meses. Em seguida, poderá usar esses fundos para pagar pelas despesas médicas à medida que elas forem ocorrendo, incluindo copagamentos, custos com prescrições médicas e outras despesas não cobertas pela sua apólice de seguro.

Em uma FSA ou HSA, as contas são financiadas com dólares pré--impostos diretamente do seu salário, de forma muito parecida com a sua 401 (k). Isso traz dois benefícios: você não paga impostos sobre o dinheiro que entra na sua FSA ou HSA, o que pode reduzir a sua obrigação fiscal, e os resgates para pagar despesas médicas também não são tributados, economizando dinheiro nessas suas despesas médicas. Você economiza nas duas pontas! Por exemplo, se depositar US$ 1.200 em sua conta FSA, todo esse montante poderá ser usado para pagar um gasto médico. Se não tivesse uma FSA e estivesse na alíquota de tributação de 25%, teria de ganhar US$ 1.600 pré-impostos para obter aqueles US$ 1.200 necessários para pagar a mesma conta. Uma coisa a ter em mente é que, em uma FSA, o dinheiro está no modo "usar ou perder". Ao fim de cada ano, todos os fundos restantes na conta expiram. Portanto, seria interessante planilhar as suas poupanças de acordo com esse critério.

Se o seu empregador oferecer um plano de saúde com elevada dedução, talvez ele também ofereça uma HSA. Uma HSA tem os mesmos recursos básicos que uma FSA, mas os fundos não somem ao fim de cada ano. Em vez disso, eles podem ser investidos e render ao longo do tempo. Depois de se aposentar, você pode usar os fundos para pagar despesas médicas livres de impostos. Os planos de HSA são diferenciados por essa tripla vantagem tributária (na verdade, "tripla vantagem tributária" parece um belo movimento de patinação artística, em vez de um belo benefício de planejamento financeiro): as contribuições efetuadas reduzem o seu rendimento tributável, elas rendem livres de impostos e as distribuições não estão sujeitas a impostos durante a aposentadoria. Nada mal! Por esse motivo, a melhor maneira de usar uma HSA é fazer a máxima contribuição a cada ano, mas não recorrer muito a ela em toda e qualquer despesa médica. (É bizarro como o Congresso aprova legislações tributárias que incentivam comportamentos inesperados.) Em vez disso, você deveria pagar do próprio bolso, de modo a preservar os ativos do plano para futuras despesas durante a aposentadoria. Se o seu fluxo de caixa não lhe permitir fazer isso, é melhor usar uma FSA.

Para aqueles que não conseguem obter cobertura por intermédio de seu empregador, existem apólices individuais disponíveis. Ao comprar um seguro de saúde, as pessoas tendem a estar conscientes dos custos, mas é importante ter em mente alguns fatores ao avaliar as suas opções disponíveis. O primeiro é que os riscos determinam o custo das apólices. Uma companhia de seguros mede os riscos avaliando quem tem mais dinheiro sob risco no momento em que um pedido de seguro é feito. O seguro lhe custará mais dinheiro quando a companhia de seguros assumir a maior parte dos riscos. Para baixar o custo do seguro, você precisará assumir mais riscos. Como diz o ditado, você recebe o que paga.

A segunda consideração é o que *você* precisa da apólice. Você faz consultas médicas com frequência ou toma muitos medicamentos? Nesse caso, os custos do próprio bolso associados a cada plano serão importantes para você. Precisa consultar médicos ou especialistas específicos? Se a resposta for positiva, será necessário verificar se os seus hospitais ou médicos prediletos aceitam aquele seguro, a fim de garantir que você obtenha os cuidados de que precisa.

No caso dos aposentados, o seguro de saúde, de maneira geral, é uma despesa um tanto desconsiderada no planejamento para a aposentadoria, ainda mais se eles se aposentarem antes de se tornarem elegíveis para o Medicare, aos 65 anos de idade. Para a maioria dos aposentados, a melhor linha de ação é permanecer no plano do empregador anterior, por até 18 meses após a aposentadoria. Dependendo da antecedência com que você se aposenta, talvez também seja necessário obter um seguro de saúde privado para cobrir a diferença entre o término do período de 18 meses e o início da vigência do Medicare.

Uma vez no Medicare, certos copagamentos e outras despesas normalmente cobertas pelo seguro de saúde tradicional passam agora a ser despesas pagas do próprio bolso. Por esse motivo, é uma boa ideia se inscrever em um plano de suplemento ao Medicare que preencha tais lacunas. Esses tipos de planos podem oferecer uma cobertura abrangente a um custo muito razoável, e lhe permitem controlar e planejar melhor as suas despesas com cuidados de saúde durante a aposentadoria.

Figura 6.1

DANOS RESIDENCIAIS CLASSIFICADOS PELA GRAVIDADE DOS SINISTROS (SINISTROS MÉDIOS), 2013-2017 (1)

(1) Para apólices residenciais de riscos múltiplos (HO-2, HO-3, HO-5 e HE-7 para a Carolina do Norte). Exclui as apólices de locatários e condôminos. Danos incorridos por ano de ocorrência, excluindo as despesas de reparo dos danos (ou seja, custos de indenização por sinistros incorridos por ano de ocorrência). Exclui Alasca, Texas e Porto Rico.

(2) Inclui vandalismo e ações ilícitas dolosas.

(3) Inclui cobertura para uso não autorizado de vários cartões, fraude, dinheiro falsificado e danos não classificados nas outras categorias.

"Cerca de 1 em 17 residências seguradas
apresenta um sinistro a cada ano."

* CÁLCULOS DO INSURANCE INFORMATION INSTITUTE
(INSTITUTO DE INFORMAÇÃO SOBRE SEGUROS, em tradução livre)
com base na ISO®, empresa pertencente à Verisk Analytics®,
dados para pedidos de seguros residenciais de 2013 a 2017.

O seguro residencial o protege cobrindo os danos à sua casa, mas apenas dentro dos limites da sua apólice. Infelizmente, a maioria das pessoas não conhece os limites de sua apólice até precisar fazer uma reivindicação. Poucos de nós teríamos condições de reconstruir a casa dos nossos sonhos caso ela fosse destruída por um incêndio, tornado, terremoto ou outro desastre natural, mas, ainda assim, a maioria dessas pessoas optaria por possuir um seguro residencial. As probabilidades de nossa residência ser destruída são raras, mas existem. Felizmente, como se trata de uma ocorrência rara, o seguro residencial é barato em relação ao valor do imóvel protegido.

Assim como em todos os outros seguros, o primeiro passo é determinar a quantidade de proteção necessária, o que, no mundo dos seguros, é chamado de *cobertura da estrutura física do imóvel*. Isso exige que você avalie o valor de reposição da sua casa, que é diferente do valor de mercado. A cobertura da estrutura física deve refletir o custo da reconstrução de sua casa de alto a baixo, usando os mesmos materiais ou materiais semelhantes. Em algumas áreas do país, o custo dos materiais continuou subindo, mesmo que os valores dos imóveis tenham permanecido estáveis; por isso, é importante entender quais seriam os custos atuais da construção e garantir que a cobertura da estrutura física do seu imóvel esteja adequadamente estabelecida. Seu agente de seguros terá acesso aos custos médios em sua área e será a sua melhor fonte de informações para esse cálculo. No caso de residências de alto valor, talvez seja necessária uma avaliação do imóvel para determinar o custo da reconstrução.

É importante observar que a sua companhia de seguros cobrirá integralmente os danos à sua residência somente se o valor da cobertura da estrutura física corresponder a, pelo menos, 80% do valor de reposição da sua casa. Por exemplo, digamos que uma das tubulações de água da sua casa se rompa, causando um dano avaliado em US$ 50.000. Se a quantidade de cobertura da estrutura física listada em sua apólice for de US$ 350.000, mas a sua operadora de seguros estimar que o valor real de reposição do seu imóvel é de US$ 500.000, mesmo que o montante da cobertura da estrutura física em sua apólice cubra mais do que suficientemente os US$ 50.000 referentes ao dano, a companhia de seguros lhe enviará um cheque de apenas US$ 43.750 (menos aquilo que for passível de dedução).*

---

* A companhia de seguros usa uma proporção da quantidade de cobertura que você realmente possui (neste exemplo, 70% do valor de reposição), em comparação com a quantidade de cobertura que deveria ter (80% do valor de reposição da sua residência). US$ 350.000 / US$ 400.000 = 87,5%, portanto, a empresa cobrirá 87,5% da sua reivindicação de US$ 50.000, ou US$ 43.750.

O CAMINHO 123

Para muitos que se encontram nessa situação, não deixará de ser um momento de perplexidade.

Muitas pessoas se surpreendem ao descobrir que suas apólices não oferecem tanta cobertura quanto haviam imaginado, devido às limitações internas de como certos tipos de danos são cobertos ou pelas limitações de pagamento de prêmios no caso de artigos valiosos. Por esse motivo, muitas vezes faz sentido que indivíduos de alto poder aquisitivo trabalhem com seguradoras especializadas, que possuem produtos concebidos para proteger residências e imóveis de aluguel de alto valor, ou outras propriedades valiosas ou exclusivas (por exemplo, iates, veículos de colecionador). A maioria das apólices também limita a cobertura a joias, peles, antiguidades e outros itens de alto valor. Se você estiver interessado em proteger o valor desses itens contra sinistros, é importante conversar com seu agente de seguros sobre como aumentar a cobertura da sua apólice já existente ou talvez fazer uma apólice separada para artigos valiosos.

Reduzindo o seu prêmio hoje

Outro componente importante da apólice residencial é a sua *franquia dedutível*, que é o valor em dólares de qualquer pedido de seguro que você estará obrigado a pagar antes que a sua apólice seja resgatada. Abordei a autoasseguração antes, que é simplesmente a ideia de que você assume alguns — ou todos — os riscos por si mesmo. No caso da apólice residencial, uma das maneiras de se autoassegurar é através da sua franquia dedutível.

Estatisticamente, faz mais sentido financeiro ter uma franquia dedutível na faixa de cerca de 1% do valor de reposição da sua residência (supondo que o seu fluxo de caixa permita que você faça tal pagamento e que o valor alocado para o prêmio seja significativo). Considerando-se que você corre mais riscos por ter uma franquia dedutível mais alta, o seu prêmio deveria diminuir proporcionalmente, a fim de justificar o dinheiro que teria de desembolsar no caso de fazer um pedido de seguro.

O impacto da alteração das franquias dedutíveis pode variar sensivelmente, com base em vários fatores, como o seu histórico pessoal de pedidos de seguro, o histórico de reivindicações em sua área, a companhia de seguros e a idade da sua residência. Pelo fato de ser impossível afirmar com certeza qual é a franquia dedutível correta para cada pessoa, uma boa regra geral é analisar um período de estabilidade de cinco anos, o que significa que você deveria economizar o bastante em prêmios anuais ao longo de cinco anos para compensar o aumento da franquia dedutível. Se você tinha uma franquia dedutível de US$ 1.000 e pretende aumentá-la para US$ 2.500, deveria fazê-lo apenas se o seu prêmio diminuir em pelo menos US$ 300 por ano, pois agora terá US$ 1.500 a mais em risco.

Outro aspecto da sua apólice que deveria ser avaliada é a sua cobertura de responsabilidade. Se você possui uma apólice de guarda-chuva, e é provável que possua (aprofundaremos esse assunto mais adiante), a cobertura de responsabilidade das suas apólices residencial e automotiva deveria estar alinhada aos requisitos dessa apólice. Se não possui uma apólice de guarda-chuva, a quantidade de cobertura de responsabilidade da qual necessita deveria ser analisada com o seu agente, tomando por base a sua situação específica.

Finalmente, dependendo da parte do país em que sua residência estiver localizada, há outras considerações de cobertura, como inundações, terremotos, furacões ou coberturas contra ventanias e granizo, que devem ser mais bem discutidas com o seu agente, a fim de garantir que você tenha a cobertura adequada.

SEGURO AUTOMOTIVO

Se eu tivesse perguntado às pessoas o que elas queriam,
teriam me pedido cavalos mais rápidos.

HENRY FORD

Se você tiver um automóvel, estará legalmente obrigado a adquirir um seguro automotivo para poder dirigi-lo pelas principais estradas. Isso garante que, se causar um acidente, terá recursos suficientes para cobrir os gastos resultantes pelos quais é responsável. Muitas pessoas optam por adquirir uma cobertura ampla ou de colisão, que fornece proteção extra contra danos causados ao seu próprio veículo. Antes de adquirir essas coberturas adicionais, reserve algum tempo para avaliar as franquias dedutíveis associadas. Se o seu fluxo de caixa permitir, uma franquia dedutível mais

O CAMINHO 125

alta poderá lhe economizar dinheiro a longo prazo. Mas, se o automóvel estiver sendo conduzido pelo seu filho adolescente, uma franquia dedutível mais baixa talvez seja mais apropriada, para se proteger contra a alta probabilidade de ele se envolver em um acidente. Em qualquer um dos casos, assim como na franquia dedutível residencial, a decisão de passar para uma franquia dedutível mais alta sempre deveria ser avaliada com base no valor já devidamente alocado para o prêmio.

À medida que o seu automóvel for envelhecendo, também pode ser apropriado retirar da apólice as coberturas ampla ou de colisão, também conhecido como fazer uma cobertura *básica de responsabilidade*. Todos nós já tivemos um automóvel no valor de US$ 1.000 em algum momento de nossas vidas (eu já tive três!) e não há motivos para pagar um seguro muito alto para protegê-lo.

Assim como acontece na sua casa, a sua cobertura de responsabilidade deveria estar adequada aos requisitos da sua cobertura de guarda-chuva. Se você não possui uma apólice de guarda-chuva, a sua cobertura de responsabilidade dependerá da sua situação pessoal e do que o seu agente recomendar. Ao determinar a sua cobertura de responsabilidade, é importante não confiar nos requisitos legais mínimos estabelecidos pela maioria dos estados. Com os crescentes custos dos veículos e dos cuidados médicos, é fácil entrar em uma situação em que vários automóveis são danificados (ou vários motoristas são feridos), o que pode levá-lo ao limite da sua cobertura de seguro, forçando-o a arcar com os custos excedentes do seu próprio bolso.

Merece especial destaque a situação em que filhos adultos dirigem automóveis que estejam no seu nome e se encontrem cobertos pela sua apólice de seguro. Quando adultos que não têm nenhum relacionamento análogo ao casamento compartilham seus bens, eles também estão passíveis de compartilhar de suas responsabilidades. Se um filho adulto causar um acidente enquanto estiver dirigindo um automóvel que esteja no seu nome e ficar sujeito a uma ação judicial por causa do acidente, você poderá descobrir que os seus ativos estão sob risco, uma vez que você é o proprietário do automóvel. Não parece justo, não é? Se estiver em uma posição em que não ofereça mais nenhum auxílio financeiro aos seus filhos além do seguro e do automóvel que ele estiver dirigindo, a maneira mais segura de evitar esse risco potencial é transferir a propriedade do veículo para o seu filho (ou diga-lhes para pegar um Uber). Provavelmente, isso aumentará o prêmio para o automóvel, mas, na maioria dos casos, o pagamento de um aumento no prêmio compensará em muito a reduzida exposição à responsabilidade. No entanto, cada situação é diferente e precisa ser avaliada junto ao seu agente de seguros.

APÓLICE DE GUARDA-CHUVA

> Tantas coisas acontecem para cada evento, e, se você
> tentar manipular isso, significa que está lutando
> contra todo o universo, o que é uma bobagem.
>
> DEEPAK CHOPRA

Uma apólice de guarda-chuva é exatamente isso: um seguro que oferece cobertura tal qual um guarda-chuva. Se você tiver um guarda-chuva de boa qualidade, talvez com uma imagem de Paris ou uma simpática padronagem de bolinhas, considere abri-lo. Estou brincando. Escrever sobre seguros está me fazendo delirar. Apesar de tudo, estamos quase terminando a gestão de riscos. Não me abandone! (Veja bem, vamos ser sinceros um com o outro: a gestão de riscos não é a parte mais divertida das finanças pessoais. Estou dando o meu melhor aqui!)

Uma apólice de guarda-chuva é uma apólice de adicional de responsabilidade que cobre você para além dos limites de responsabilidade das suas apólices residencial e automotiva. Com frequência, ela é negligenciada, mas pode abarcar tudo, mantendo-o protegido de inúmeras situações específicas e altamente arriscadas. Ela abrange todos os tipos de coisas que podem acontecer a qualquer momento e por qualquer motivo, que muitas vezes ocorrem sob formas que não seríamos capazes de imaginar. Se atropelar um pedestre que está atravessando a rua ou os pais de Johnny decidirem processá-lo por uma lesão que o filho sofreu ao pular do trampolim na sua casa, esses são momentos em que uma apólice de guarda-chuva poderá cobrir os seus ativos. Vivemos em uma sociedade cada vez mais litigiosa (quase consigo ouvir o seu pensamento: "Não me diga, Capitão Óbvio!"). Você pode fazer tudo o que estiver ao seu alcance para garantir a sua independência financeira, mas nada disso importará se perder um processo importante e dispendioso. Por esse motivo, faz sentido que muitas pessoas adquiram uma apólice de guarda-chuva. Ao fazer essa aquisição, você tem acesso à equipe de advogados que trabalha para a companhia de seguros, na esperança de que essa equipe possa resolver quaisquer questões de responsabilidade que venham a aparecer.

Embora as chances de surgir uma questão de responsabilidade que exija a cobertura de uma apólice de guarda-chuva sejam muito baixas, elas existem e, em muitos casos, esse é o único evento que pode desestabilizar de modo permanente alguém que já seja financeiramente independente. Felizmente, os prêmios da apólice de guarda-chuva refletem essas baixas probabilidades e são baratos em relação à proteção que oferecem. Um bom ponto de partida para uma apólice de guarda-chuva é US$ 1 milhão em cobertura, mas de US$ 2 milhões a US$ 5 milhões (e, em alguns casos, valores ainda mais altos) podem ser recomendáveis, dependendo do seu patrimônio líquido. É importante observar que a cobertura da sua apólice de guarda-chuva não precisa corresponder dólar por dólar ao seu patrimônio líquido; a apólice deve ser um incentivo, não o prato principal. Antes, você só precisa estar suficientemente confiante de que qualquer ação movida contra você possa ser resolvida dentro dos limites da apólice. Seu agente pode fornecer orientações sobre a quantidade de proteção adequada para a sua situação, em relação ao custo da cobertura. Depois de preparar uma apólice, é necessário examinar quaisquer apólices residencial ou automotiva, para garantir que as suas coberturas de responsabilidade em tais apólices correspondam aos requisitos da sua apólice de guarda-chuva. Pelo fato de uma apólice de guarda-chuva ser uma apólice de adicional de responsabilidade, eventuais lacunas que venham a surgir entre a cobertura exigida pela apólice de guarda-chuva e a verdadeira cobertura fornecida por sua apólice residencial ou automotiva terão de ser bancadas do seu próprio bolso. Essas apólices devem ser avaliadas com antecedência; caso contrário, enquanto estiver ocupado prestando atenção em outras coisas, como viver a sua vida e gerenciar o seu portfólio, poderá perder tudo por causa de uma pequena falha na cobertura. (Ufa! Conseguimos. Se dê um tapinha nas costas. Você está seriamente comprometido em fazer tudo o que for possível para melhorar a sua vida financeira. Ou então você adora a área de seguros. Aposto que é a primeira opção. Você fez um bom trabalho ao longo deste capítulo. Ficará muito mais fácil a partir daqui.)

CAPÍTULO SETE

PLANEJAMENTO DE PATRIMÔNIO: O FIM DAS SUAS JOGADAS FINANCEIRAS

Alguém está sentado na sombra hoje
porque alguém plantou uma árvore há muito tempo.

WARREN BUFFETT

Se você fez tudo o que foi descrito nos capítulos anteriores, parabéns! Fez um progresso extraordinário na abordagem dos componentes fundamentais do seu plano financeiro. Agora está na hora de olhar além dos benefícios particulares do seu plano e focar em quem se beneficiará dos seus ativos depois que você se for, pois existe uma coisa certa neste mundo: não importa o quanto seu plano seja bem-sucedido, haverá um momento em que você não estará mais por perto para usufruir dele. E, se não fizer um planejamento de acordo com isso, o governo estará aguardando de mãos abertas.

Se deseja simplificar as coisas para a sua família no caso da sua morte ou se pretende deixar um legado que beneficie as gerações futuras, o planejamento de patrimônio adequado garantirá que os seus desejos sejam atendidos com a quantidade mínima de custos administrativos e impostos. Planejar o que acontecerá após a morte não aumentará a probabilidade da sua morte. No entanto, ajudará a garantir o cumprimento das suas metas e de uma perspectiva que ultrapasse a sua expectativa de vida.

INTRODUÇÃO AO BÁSICO

A procrastinação é como um cartão de crédito:
é muito divertida até chegar a fatura.

CHRISTOPHER PARKER

Quando dou início a um planejamento de patrimônio, muitas vezes, a primeira pergunta que me fazem é: "Quando eu deveria pensar em um planejamento de patrimônio?" A resposta é simples: se a sua documentação não estiver em ordem, a hora é *agora*. No caso da sua morte sem a documentação adequada, você estará, potencialmente, outorgando decisões importantes (como quem ficará com os seus bens e quem criará os seus filhos) aos tribunais de sucessões. Você quer que um estranho decida como a sua família dividirá os seus ativos e quem ficará com a guarda dos seus filhos? Acho que não. E, mesmo que a sua documentação esteja devidamente organizada, quaisquer alterações significativas em suas situações pessoal ou financeira mereceriam uma revisão do seu planejamento de patrimônio — por exemplo:

- Um novo filho
- Mudança para outro estado
- Uma alteração significativa no seu patrimônio líquido (por exemplo, receber uma herança, ganhar na loteria)
- Adquirir ou vender um negócio
- Casamento ou divórcio (seu ou de um dos seus beneficiários)
- Uma vontade de mudar os beneficiários ou a distribuição dos seus ativos
- Uma morte na família
- Quaisquer alterações nas legislações tributárias sobre propriedades imobiliárias ou sobre doações

Como "agora" não é a resposta que a maioria das pessoas está esperando, surgem as seguintes desculpas:

- *"Na verdade, nem tenho tanta coisa assim, então não é importante"*. Mesmo que os seus negócios estejam simples e em ordem, ainda assim você precisará de um planejamento de patrimônio. Se não

O CAMINHO

é importante, por que você trabalha? Por que investe? Por que faz um orçamento? Você sabe que é importante. Apenas não quer lidar com isso.

- *"Tenho bastante coisa, então vai ser um aborrecimento".* Se acha que será um aborrecimento colocar a documentação em ordem agora, imagine como será para os seus entes queridos se você for declarado incapaz ou morrer. Se possui ativos significativos, deveria iniciar o seu planejamento de patrimônio imediatamente.
- *"Minha situação pessoal é complicada".* Se acha que a sua situação é complicada e envolverá decisões difíceis (por exemplo, crianças problemáticas, filhos de vários casamentos, catorze ex-cônjuges), imagine como será ter o seu patrimônio submetido a um tribunal de sucessões. O tribunal tomará todas essas decisões difíceis em seu nome, sem que você tenha o benefício de dar sua opinião.

A realidade é que, para a maioria dos indivíduos, apenas alguns documentos fundamentais precisam estar em dia para se criar um sólido planejamento de patrimônio. Não é tão complicado assim, então reserve uma tarde e coloque os seus negócios em dia. A sua família (e o seu consultor financeiro) agradecerão.

Há quatro questões principais que você deve abordar no seu plano patrimonial: o planejamento em caso de incapacidade, o planejamento da distribuição de ativos em caso de falecimento, a evitação de inventário, e a minimização ou a eliminação dos impostos sucessórios. É isso! Para os ultrarricos, a proteção de ativos também pode entrar em ação. Para a maioria das pessoas, porém, aplicam-se apenas essas quatro questões. Vamos analisá-las em ordem.

QUESTÃO Nº 1: PLANEJAMENTO DE INCAPACIDADE

Vamos imaginar que um cliente entrasse no meu escritório e me dissesse: "Se eu for declarado incapaz, não me importarei nem um pouco com quem tomará decisões sobre os meus cuidados de saúde e não me importarei com quem cuidará dos meus assuntos financeiros. Se for necessário fazer uma escolha, acho que o governo tomará decisões sábias e fundamentadas, por isso fico feliz em deixar tudo para eles." Pode parecer uma afirmação ridícula, mas se você não fez nenhum planejamento de incapacidade, é exatamente isso o que está dizendo!

Incapacidade é um termo jurídico que significa que você não é mais capaz de gerenciar os seus próprios assuntos. (Observe que há uma diferença entre a incapacidade em termos jurídicos e agir de forma desastrada em alguns momentos. Tentei explicar isso para a minha esposa, que afirma que sou incapaz todas as vezes em que me vejo responsável pelas instruções de trânsito, pela carona solidária dos nossos filhos ou pelo controle do nosso calendário social.) Pode ser causada por um problema médico em qualquer idade, como entrar em estado de coma. Ou pode ser provocada pelo processo natural de envelhecimento, quando um indivíduo perde a acuidade mental para tomar decisões conscientes sobre o seu próprio bem-estar. Independentemente do motivo, caso você não consiga mais tomar decisões financeiras e médicas, precisará de um documento legal que conceda à outra pessoa a autoridade para tomar essas decisões em seu nome, conhecido como *procuração*, ou então o tribunal de sucessões terá de designar alguém.

QUESTÃO Nº 2: DISTRIBUIÇÃO DE ATIVOS

As melhores coisas da vida são de graça.
Mas você pode guardá-las para os pássaros e abelhas.
Agora me dê dinheiro (é o que eu quero).

BERRY GORDY E JANIE BRADFORD,
"Dinheiro (é o que eu quero)"

Quando a maioria das pessoas pensa em planejamento de patrimônio, de modo geral o que lhes vem à mente é a parte mais óbvia do quebra-cabeça: especificar quem herdará seus ativos após sua partida. Assim como nas decisões financeiras e de cuidados de saúde, se você não expressar formalmente os seus desejos com antecedência, o tribunal de sucessões tomará essas decisões por você.

No caso de não haver uma alocação clara de ativos, a porta estará aberta para instabilidades financeiras e conflitos familiares. Histórias de herdeiros brigando por suas respectivas heranças, irmãos disputando quem ficará com aquele antigo anel de noivado da vovó e parentes saindo da toca para reivindicar um pedaço do mais modesto bem são muito mais comuns do que gostaríamos de acreditar. Na eventualidade de uma morte, as tensões se elevam e a pessoa que poderia apaziguar as coisas não está mais lá. Por isso, é essencial que você expresse os seus desejos e poupe a sua família do sofrimento de precisar descobri-los por conta própria. Acha que os seus filhos se amam? É possível que sim, mas a verdadeira história se desdobrará por muito mais tempo depois que você se for, quando todos os bens pelos quais trabalhou estiverem extintos e divididos entre eles. Normalmente, a maioria dos bens é distribuída de forma amigável entre as partes, mas não é incomum que uma delas apareça na mesa de discussão cantarolando a letra da canção que abre esta seção.

Nos Estados Unidos, se você morrer sem ter feito um plano patrimonial, morrerá *ab intestato*, e as regras de sucessão *ab intestato* do estado em que você mora determinarão quem cuidará dos seus negócios e receberá os seus ativos. Em outras palavras, se não esboçar um plano, o estado já terá um pronto para você! Cada estado norte-americano tem suas próprias diretrizes de estatuto sucessório, que determinam quem tem direito a receber os seus bens e em que proporção. O tribunal também nomeará um tutor para os filhos menores de idade. Muitas vezes, a demora, a gestão e os custos associados à morte *ab intestato* reduzem a quantidade de dinheiro que os beneficiários, por fim, receberão (e, talvez, eles até nem sejam os mesmos beneficiários que você tinha em mente!).

Testamentos

Se quiser pôr à prova o verdadeiro caráter de um homem,
reparta uma herança com ele.
BENJAMIN FRANKLIN

O documento mais comum no cerne de um plano patrimonial é um testamento. Você terá de tomar três decisões importantes ao redigir o seu testamento:

- *Escolher os seus beneficiários.* O seu testamento é a sua chance de determinar quem você deseja que herde os seus bens. Expressar os seus desejos por escrito não é importante apenas do ponto de vista legal, mas também ajuda a eliminar divergências entre os membros da sua família sobre como os bens deveriam ser divididos depois que você se for.
- *Escolher um executor.* Um executor é a pessoa que você nomeia no seu testamento para pagar os seus impostos e dívidas, agrupar e administrar os seus bens, e distribuir os seus ativos de acordo com a sua vontade. O executor testamentário registrará o seu testamento na justiça, cuidará dos seus ativos durante o processo de inventário, tratará dos pormenores dos seus bens no dia a dia (por exemplo, cartões de crédito, locação de veículos, hipoteca) e abrirá uma conta de bens imóveis, além de muitos outras tarefas. Muitas pessoas escolhem um membro da família, um amigo próximo, uma sociedade fiduciária ou um advogado. Escolha com cuidado!
- *Escolher um tutor.* Se tiver filhos menores de idade, poderá especificar um *tutor* no seu testamento, que é a pessoa (ou pessoas) que você deseja que crie(m) os seus filhos na eventualidade da sua morte. A sua intenção é selecionar um tutor que esteja interessado neste trabalho (e, espera-se, que compartilhe valores e crenças. Dã!). O tutor também deveria ter idade suficiente para arcar com a responsabilidade de criar filhos, mas ser jovem o suficiente para estar por perto e educar os seus filhos. Se o seu testamento não nomear um tutor, qualquer pessoa interessada em cuidar dos seus filhos poderá solicitar a tutela a um juiz. O juiz decidirá, então, quem criará os seus filhos, usando apenas sua própria avaliação para decidir em nome dos "melhores interesses da criança".

Distribuições diretas *versus* fideicomissos testamentários

Ao determinar como os seus ativos serão distribuídos, você tem a opção de doar o dinheiro ou os bens diretamente ao beneficiário (chamada de distribuição *direta*), ou você pode especificar que os ativos serão mantidos em um fideicomisso para o beneficiário. Um fideicomisso é, simplesmente, um acordo legal para guardar ativos. Um *fideicomisso testamentário* é um fideicomisso criado e fundado com o advento da morte. Os fideicomissos testamentários podem ter muitas funções, mas o objetivo principal é especificar como o seu dinheiro deveria ser usado em benefício dos seus filhos ou de outros beneficiários depois que você morrer.

Digamos que um casal possua US$ 400.000 em ativos, que serão divididos igualmente entre seus dois filhos, cujas idades atuais são 19 e 20 anos. Se ambos os pais morrerem hoje, cada um dos filhos receberá US$ 200.000 em ativos, sem quaisquer restrições — o que suscita a seguinte pergunta: o que você teria feito com US$ 200.000 aos 19 ou 20 anos de idade? Em vez de fazer isso, os pais incluem uma cláusula em seu testamento para a criação de um fideicomisso testamentário, permitindo que os filhos recebam distribuições dos dividendos tanto do montante principal dos ativos usados para custear o fideicomisso quanto de quaisquer rendimentos gerados por aqueles ativos, e tais distribuições seriam destinadas a gastos de saúde e educação até os filhos completarem 30 anos de idade; a partir desse momento, o saldo do fideicomisso seria entregue a ambos. (Estou convencido de que os 30 anos são os novos 21.) O testamento também indicaria um *tutor testamentário*, a pessoa ou empresa da sua escolha para guardar o dinheiro, investi-lo e distribuí-lo de acordo com os termos do seu fideicomisso testamentário.

QUESTÃO Nº 3: EVITANDO O INVENTÁRIO

Estamos em um tribunal de leis, meu jovem,
não em um tribunal de justiça.

OLIVER WENDELL HOLMES JR.

Se um espólio contiver uma determinada quantidade de bens, ele estará sujeito a um *inventário*, existindo ou não um testamento. Os termos *inventário* e *tribunal de sucessões* já surgiram diversas vezes, mas o que é exatamente um inventário? *Inventário* é o processo pelo qual um tribunal estabelece a validade de um testamento (se houver) e reconhece o executor especificado no documento (se não houver testamento, o tribunal indicará um *tutor*). O inventário também exige que certos documentos e relatórios sejam arquivados de acordo com a lei, facilita o pagamento de impostos e dívidas, e distribui o que resta sob supervisão judicial. (O que poderia dar errado?) O ponto mais importante do inventário é dar tempo aos seus credores para solicitar o pagamento da quantia que você lhes deve e dar tempo ao seu executor para reunir toda a quantia que lhe for devida. O inventário também estipula direitos sobre bens imóveis, caso seja necessário.

Talvez você diga: "Então o meu espólio deverá ser inventariado. O que há de tão ruim nisso?" Fico feliz por você ter perguntado! Existem alguns aspectos do inventário que muitas pessoas, talvez, pudessem querer evitar:

- *Controle de ativos.* Durante o processo de inventário, os beneficiários não podem vender seus ativos e o executor pode vender ativos apenas com a permissão do tribunal.
- *É um processo demorado.* O processo de inventário dura, no mínimo, cerca de seis meses, podendo ir até um ano. Pode levar ainda mais tempo, caso as situações se compliquem por uma contestação do testamento (na qual a validade do testamento é confrontada), problemas de negócios ou qualquer outra coisa incomum. O prazo também varia muito por estado.
- *Pode se tornar caro.* Novamente, isso varia de acordo com o estado, mas é possível que os custos de alguns espólios em processo de inventário cheguem às dezenas, ou mesmo às *centenas* de milhares de dólares.
- *Está sujeito a domínio público.* Você já se perguntou como os detalhes do espólio de uma celebridade chegam à imprensa? A resposta é simples: qualquer coisa que esteja sob inventário é domínio público. Qualquer pessoa pode obter acesso aos registros do tribunal detalhando seus assuntos financeiros pessoais, plano de distribuição e lista de ativos. Para muitas pessoas, o mero pensamento de que suas informações financeiras mais íntimas sejam divulgadas é constrangedor. Talvez você possa imaginar que ninguém estará interessado nos seus negócios, mas, na verdade, algumas pessoas "vasculham" registros de inventário, procurando indivíduos que estejam prestes a herdar somas substanciais de dinheiro, e elas podem demonstrar um grande interesse nos seus beneficiários. O tribunal também exigirá certo número de veiculações comunicando a sua morte, a fim de dar aos seus credores a chance de reivindicar o seu espólio. (Portanto, a

O CAMINHO 137

não ser pela perda de controle, duração, custos elevados e natureza
pública, não é tão ruim assim.)

Além disso, se possuir bens em diversos estados, um processo de inventário
separado, chamado de *inventário complementar*, normalmente será exigido
em *cada* um desses estados. Por exemplo, se, ao morrer, você morava na
cidade de Nova York, mas mantinha uma residência em um condomínio
na Flórida, o seu espólio precisará passar por processos de inventário
separados, tanto em Nova York quanto na Flórida.

Contar com um testamento pode acelerar o processo de inventário,
mas talvez não o elimine. Na verdade, contar com um testamento praticamente *garante* um inventário. Supondo que você não esteja empolgado
com a perspectiva do processo de inventário, eis aqui algumas técnicas
que poderá usar para evitá-lo:

- *Certos ativos podem dispensar o inventário.* Quaisquer ativos com um
  beneficiário já nomeado, como apólices de seguro de vida e contas
  de aposentadoria, não estarão sujeitos a inventário. É importante
  observar que, se não houver um beneficiário nomeado para esses
  ativos ou se o beneficiário primário falecer e nenhum beneficiário
  secundário tiver sido nomeado, os recursos serão incorporados ao
  seu espólio e ficarão sujeitos ao inventário.
- *Alguns estados permitem que ativos adicionais dispensem o inventário.*
  Este ponto varia bastante. Se o seu patrimônio for pequeno, talvez
  consiga evitar o inventário caso os tipos de ativos que possuir estejam
  isentos em seu estado.
- *Propriedade conjunta.* Os ativos que pertencem a uma propriedade
  conjunta estão livres do inventário por ocasião do falecimento do
  primeiro titular. No entanto, contar com esse método como uma
  técnica para escapar do inventário traz várias desvantagens. A propriedade conjunta apenas *atrasa* o inventário até que o proprietário
  sobrevivente faleça, e não elimina o inventário se ambos os proprietários falecerem simultaneamente. Também pode haver possíveis
  questões de responsabilidade e tributárias implicadas quando se
  promove a mudança da titularidade de um bem individual para uma
  propriedade conjunta.

- *Estabelecer um fideicomisso inter vivos revogável.* Um fideicomisso inter vivos revogável e devidamente fundamentado *evita a verificação de todos os ativos.*

Fideicomissos inter vivos revogáveis

Ganhei de meu pai uma herança, a lua e o sol.
E mesmo que eu rode o mundo todo, essa herança nunca vai se acabar.

ERNEST HEMINGWAY, *Por quem os sinos dobram*

Quase uma década atrás, trabalhei com um casal incrível no alto meio-oeste que havia feito fortuna com bens imobiliários. Seu plano patrimonial usava testamentos em vez de fideicomissos, pois seu advogado os havia orientado que o inventário "não era nada complicado" e que os fideicomissos não eram necessários. Infelizmente, o marido faleceu há mais de quatro anos; hoje, sua esposa *ainda* está aguardando a venda de seus bens, enquanto espera que sejam processados pelo tribunal de sucessões. O inventário é um processo confuso, até mesmo para patrimônios mais reduzidos, e é um processo opcional, que pode ser facilmente evitado.

Muitas pessoas entendem a importância de um testamento. Porém, poucas estão suficientemente familiarizadas com fideicomissos e como eles funcionam. Uma percepção comum é que os fideicomissos são da alçada exclusiva de indivíduos com elevado patrimônio líquido. Isso não poderia estar mais distante da verdade. Um fideicomisso inter vivos revogável pode estar no cerne de qualquer plano patrimonial, independentemente do patrimônio líquido do indivíduo, *e* ajudá-lo a evitar o inventário.

Simplificando, um fideicomisso inter vivos revogável é uma figura jurídica para guardar ativos. Pelo fato de esse fideicomisso ser organizado durante a sua vida, trata-se de um fideicomisso *inter vivos* e, tendo sido criado para permitir que você desfaça o acordo a qualquer momento, ele é *revogável*. Portanto, embora o nome pareça intimidador, um fideicomisso inter vivos revogável é apenas "uma figura jurídica criada para guardar os seus ativos, que você pode cancelar a qualquer momento da sua vida".

O que torna atraente um fideicomisso inter vivos revogável (vamos chamá-lo, simplesmente, de fideicomisso inter vivos) é que quaisquer ativos nele presentes não estarão sujeitos ao processo de inventário. Durante a sua vida, você pode gerenciar todos os ativos pertencentes ao fideicomisso inter vivos como se eles nem estivessem lá — gastar dinheiro usando as contas bancárias do fideicomisso inter vivos e deduzir do seu fideicomisso inter vivos os juros da hipoteca da sua casa própria na sua declaração de impostos —, porque *você* é nomeado como cedente e como agente fiduciário. Se você for declarado incapaz, um *agente sucessório* indicado por você assumirá a administração do fideicomisso até que você se recupere, ou que ele seja chamado a distribuir os ativos de acordo com os termos do fideicomisso inter vivos, caso você venha a falecer.

Um fideicomisso inter vivos funciona da mesma maneira que um testamento: você pode nomear os seus beneficiários, criar cláusulas para fideicomissos testamentários e deixar separadas as contribuições beneficentes. Posso ouvir você perguntando: "Se um fideicomisso inter vivos é tão bom, por que nem todos têm um? Qual é o problema?"

Minha resposta é simples: na minha opinião, os fideicomissos inter vivos *são* ótimos e qualquer pessoa com uma boa quantidade de ativos sujeitos a inventário *deveria* ter um. Se você não possuir nenhum bem significativo que possa estar sujeito a inventário — talvez você seja o inquilino no seu apartamento, use um carro alugado e todos os seus outros ativos já tenham beneficiários nomeados —, pode não ser muito vantajoso ter um fideicomisso inter vivos. No entanto, para muitas pessoas, a sua comodidade o torna uma opção atraente.

Há duas considerações principais ao usar um fideicomisso inter vivos em vez de preparar um testamento: os custos e a burocracia. Redigir um fideicomisso inter vivos é mais caro do que redigir um testamento. A segunda consideração é a burocracia envolvida na alteração da titularidade e dos beneficiários dos seus ativos. Os termos de um fideicomisso inter vivos afetam apenas os ativos por ele controlados. Portanto, para que ele controle a sua casa, as suas contas bancárias e as suas contas de investimentos, você precisará alterar a titularidade, passando tudo o que está no seu nome para o nome do seu fideicomisso inter vivos. A troca de titularidade desses ativos é chamada de *consolidação* do fideicomisso.

O que acontece se algo não tiver sido passado para o nome do seu fideicomisso inter vivos ainda durante a sua vida? Para acompanhar o seu fideicomisso, você também precisará de um *testamento de última vontade*, um documento simples, garantindo que qualquer bem não incluído no seu fideicomisso seja transferido no momento da sua morte. Trata-se, na verdade, de mais uma rede de segurança para proteger os seus ativos; assim como qualquer outro testamento, um testamento de última vontade deverá ser inventariado. Portanto, é essencial que a titularidade dos seus ativos tenha sido transferida para o seu fideicomisso inter vivos. Não faz muito sentido analisar o prazo e as despesas de criação de um fideicomisso se todo o patrimônio precisará ser inventariado, pelo fato de o fideicomisso nunca ter sido convenientemente consolidado.

Duas reflexões finais sobre o inventário. Ouço isto com frequência: "Por que devo me preocupar com um inventário? Eu estarei morto." Primeiro, um fideicomisso inter vivos o ajudará caso você venha a ser declarado incapaz, pois o seu agente sucessório poderá administrar os seus ativos até você se recuperar. Segundo, na eventualidade da sua morte, seus bens já não serão mais seus; eles serão dos sobreviventes. Acrescentar a complexidade dos processos judiciais quando a sua família já está sofrendo com a sua perda aumenta desnecessariamente o estresse, no pior momento possível. Ativos e contas podem ser congelados até serem liberados pelos tribunais, dificultando o pagamento do custo de vida e o funcionamento doméstico.

Outro comentário que ouço com frequência é: "Não preciso de um fideicomisso inter vivos. Fazer um inventário é simples no meu estado." Alguns estados norte-americanos promoveram avanços significativos para simplificar seus processos de inventário, mas sabe o que é ainda mais simples? Não precisar de um inventário! Trabalhei pessoalmente com muitos clientes cujos advogados garantiram que o inventário seria simples e fácil, apenas para passar *anos* destrinchando o espólio. Quando somamos o tempo gasto em tribunais e as potenciais dores de cabeça, um fideicomisso inter vivos pode soar como uma pechincha.

Assuntos financeiros

Se você for declarado incapaz, passará a se preocupar não apenas com o aspecto médico dos seus cuidados, mas também com a administração dos seus negócios — por exemplo, o pagamento de contas, a assinatura

O CAMINHO   141

de documentos jurídicos e a interação com outras instituições que o têm como cliente (por exemplo, a companhia telefônica ou a sua operadora de seguros). Ninguém tem autorização para agir em seu nome sem um documento válido de procuração. Se você vier a ser declarado incapaz sem ter providenciado esse documento, o seu cônjuge, parentes ou amigos talvez tenham de procurar um juiz para serem autorizados a lidar com os seus assuntos financeiros.

Nesse caso, será necessária uma audiência pública no tribunal de sucessões. Como qualquer outro procedimento jurídico, isso poderá consumir uma quantidade considerável de tempo, envolver advogados e incorrer em despesas elevadas. Se o tribunal nomear um agente para lidar com os seus assuntos financeiros, o seu direito de lidar com essas responsabilidades será retirado da sua alçada e concedido a alguém que você não escolheu. Mesmo depois que o tribunal nomeia um agente (que o tribunal chama de *curador*), há outros problemas a serem resolvidos. Provavelmente, o seu curador será obrigado a apresentar uma caução, que servirá como seguro caso o curador roube ou administre incorretamente os seus bens, e ele ainda precisará obter a aprovação do tribunal para determinadas transações. Parece divertido, não é? De jeito nenhum. E existe uma maneira simples de evitar esse absurdo.

Uma *procuração permanente para finanças* é um documento no qual você designa alguém para tomar decisões financeiras em seu nome. Uma procuração *permanente* difere de uma procuração comum, pois permanece válida mesmo que você seja declarado incapaz e não possa tomar decisões por si mesmo, o que, de modo geral, é o momento em que ela mais é necessária. Muitas pessoas dão ao seu agente financeiro amplos poderes sobre suas finanças; no entanto, você pode dar ao seu agente a quantidade de poder que desejar. Por exemplo, algumas pessoas limitam a capacidade de seu agente financeiro de conceder a si mesmo ou a outras pessoas dinheiro e bens.

Assistência médica

Alguns anos atrás, uma cliente minha me ligou em histeria. Eu mal conseguia entender o que ela estava falando, enquanto soluçava e contava sua história. Sua filha havia se envolvido em um grave acidente de carro enquanto voltava da universidade, tendo sido resgatada por via aérea para um hospital local. Como a filha já tinha 19 anos, a minha cliente não tinha mais o direito automático de tomar decisões de cuidados de saúde em nome dela. A filha acabou se recuperando completamente, mas a minha cliente ficou abalada com a própria impotência diante da situação. Desde então, aconselho os meus clientes a ter uma procuração de cuidados de saúde, não apenas para si, mas também para seus filhos adultos.

Aproximadamente 75% dos norte-americanos morrem em um hospital ou outro centro de saúde. Se não preencher a documentação adequada, ficará a critério dos prestadores de serviços que estão tratando de você decidir quais cuidados irá receber. Em muitos desses casos, o médico é encarregado de preservar a sua vida por todos os meios possíveis. Isso pode ou não ser compatível com o seu sistema de crenças e desejos pessoais em relação aos cuidados terminais. Quando surgir uma dúvida sobre um procedimento arriscado ou uma técnica que prolongue a vida, o médico talvez não peça o consentimento dos seus parentes próximos. E, mesmo que um médico consulte um companheiro ou parente, podem surgir problemas se houver divergências quanto ao andamento adequado do tratamento. Em algumas situações, essas divergências podem terminar no tribunal de sucessões [pois é, voltamos para o tribunal de sucessões. É pior do que o Departamento de Veículos Motorizados (DMV, na sigla em inglês)], onde um juiz será chamado para decidir quem escolherá o curso do seu tratamento (o tribunal chama essa pessoa de *curadora*). Isso pode ser oneroso, demorado e emocionalmente doloroso para todos os envolvidos.

O preenchimento de alguns documentos básicos de assistência médica permitirá que você exerça controle sobre as suas alternativas em cuidados médicos e ajudará a garantir que os seus desejos sejam realizados. Uma *procuração permanente para cuidados de saúde*, também conhecida como *procuração para cuidados de saúde*, concede à outra pessoa a autorização para tomar decisões sobre cuidados de saúde em seu nome, caso você se encontre impossibilitado de fazê-lo. A pessoa nomeada como a sua agente de cuidados de saúde deve ser alguém em quem você confie para realizar os seus desejos. E lembre-se de que toda decisão de cuidados de saúde não é uma experiência de vida ou morte digna de um episódio de *Grey's*

Anatomy. Uma procuração para cuidados de saúde pode abarcar decisões como passá-lo dos cuidados de um médico para outro, ou de um centro de saúde para outro. A pessoa nomeada como a sua agente pode ser um cônjuge, parente ou amigo. É importante pontuar que o agente escolhido talvez tenha de lidar com membros da família, médicos e outras pessoas que podem estar orientadas por suas próprias crenças e interesses, e não exatamente pelos seus. Se você suspeita que esse possa ser o caso, certifique--se de que o seu agente seja capaz de realizar os seus desejos diante de um impasse. Também é conveniente selecionar um agente de cuidados de saúde que, se possível, more perto de você, bem como um agente substituto, caso a sua primeira opção não esteja disponível ou não esteja disposta a agir.

Um testamento em vida (também conhecido como *declaração de vontade, diretiva aos médicos* ou *diretiva aos cuidados de saúde*) define os seus desejos quanto aos procedimentos que você gostaria que fossem adotados ou evitados, caso você não esteja em condições de comunicar tais desejos por conta própria. Quando o médico recebe o testamento em vida, ele é obrigado a seguir as suas instruções ou a transferi-lo para os cuidados de outro médico que assim o fará. Ao contrário de uma procuração para cuidados de saúde, na qual você concede a alguém o poder de tomar decisões em seu nome, um testamento em vida permite que você mesmo tome as decisões. Um testamento em vida engloba assuntos como doação de órgãos, controle da dor e uso de RCP ou reanimação cardiopulmonar (quando os pacientes não desejam ser ressuscitados, isso é chamado de ONR — *ordem de não ressuscitar*). Certifique-se de fazer isso para você e para o seu cônjuge (se você for casado) e verifique se os seus pais e filhos adultos já providenciaram o mesmo instrumento.

QUESTÃO Nº 4: MINIMIZANDO OU ELIMINANDO OS IMPOSTOS SUCESSÓRIOS

Quero deixar para meus filhos dinheiro suficiente para que possam fazer *o que quiserem*, mas não dinheiro o bastante para que não façam *nada*.

WARREN BUFFETT

Para a maioria das pessoas, o planejamento tributário sucessório não é nem nunca será uma preocupação. O motivo é que, a partir de 2020, a Receita Federal dos Estados Unidos passou a permitir que você doe US$ 11,58 milhões ao longo da vida (ou no momento da sua morte) livres de impostos; a isso se dá o nome de *isenção vitalícia*. Se doar mais do que esse valor em vida, pagará um *imposto sobre doações* e, se doar mais do que isso depois de morto, pagará um *imposto sobre a transmissão de bens imóveis*. Os impostos sobre doações e sobre a transmissão de bens imóveis são calculados com a mesma taxa: 40%.

Mas espere, tem mais. A Receita Federal também permite que você doe US$ 15.000 por ano a quem você escolher, valor que não é dedutível daquele limite vitalício; a isso se dá o nome de *exclusão anual*. Isso significa que você poderia doar US$ 15.000 por pessoa para todos os seus amigos e familiares todos os anos e, além disso, doar US$ 11,58 milhões quando morrer, sem pagar nenhum imposto sobre as doações ou sobre a transmissão dos bens imóveis em qualquer um dos casos. Isso pode resultar em uma soma significativa.

Quem é casado pode doar ao outro cônjuge um valor ilimitado durante a vida ou no momento da morte, de modo que o imposto sucessório será pago somente após a morte do cônjuge sobrevivente (e somente se houver bens tributáveis). Os casais também podem combinar seus valores de isenção vitalícia. Portanto, os impostos sucessórios serão devidos apenas se o patrimônio líquido combinado exceder os US$ 23,16 milhões.

Deve-se notar que, quando nos referimos à isenção do imposto sucessório, estamos falando sobre impostos federais. Alguns estados nos Estados Unidos definem os próprios impostos sobre a transmissão de bens imóveis após a morte, além de quaisquer outros impostos estaduais devidos. Isso pode impactar muitas pessoas da classe média, especialmente porque o seguro de vida é levado em conta nesses cálculos.

As legislações tributárias sucessórias são bastante controversas e vêm sendo calorosamente debatidas no atual ambiente político. Consequentemente, é possível que as leis mudem de tal forma que os seus bens fiquem sujeitos a impostos (talvez elas já tenham mudado seis vezes até você ler isto). É importante revisar periodicamente o seu plano patrimonial com um advogado, para garantir que entenda como as novas disposições legislativas se aplicarão a você e aos seus bens.

O CAMINHO 145

A maneira mais direta de reduzir os potenciais impostos sucessórios é gastar o seu dinheiro. (Aposto que você não estava esperando essa estratégia, estava?) O imposto sucessório se baseia em quanto resta do seu patrimônio no momento da sua morte. Portanto, se você gastar o suficiente a ponto de reduzir o seu total de ativos para um valor inferior ao da isenção vitalícia (novamente, agora são cerca de US$ 11 milhões), será possível evitar quaisquer impostos sucessórios. Além disso, se usar os seus recursos para viajar com a família, passar tempo com os amigos, assistir a shows ou se dedicar às suas paixões, poderá tirar mais partido do seu dinheiro do que o prazer do seu executor ao preencher um cheque para a Receita Federal.

Para muitos indivíduos com bens tributáveis, gastar dinheiro suficiente para evitar os impostos não é uma solução razoável para o problema, e faz-se necessário um planejamento mais sofisticado. Em última análise, o planejamento tributário sucessório se traduz em estratégias para aproveitar plenamente estas três opções: maximizar o valor das suas doações anuais, exclusão vitalícia e doações beneficentes. Muitas dessas estratégias podem ser usadas enquanto você estiver vivo, no seu falecimento ou combinando de alguma forma as duas situações.

Primeiro, há muitas maneiras de fazer doações durante a sua vida, de modo a reduzir os potenciais impostos sucessórios:

- *Doar até US$ 15.000 por ano diretamente ao seu beneficiário pretendido.* Quem é casado pode dividir suas doações, para que cada um dos cônjuges possa doar US$ 15.000 adicionais por ano à mesma pessoa. Se o beneficiário for casado, você e o seu cônjuge também podem doar aos cônjuges US$ 15.000 por ano. Isso significa que um casal pode doar a outro casal US$ 60.000 por ano, sem consequências fiscais sobre as doações e sem reduzir em nada sua isenção vitalícia.
- *Pagar as despesas do ensino superior.* Você pode usar a sua doação anual de US$ 15.000 para financiar um plano de poupança 529 para custear a educação superior de um beneficiário. Você também pode, inclusive, pleitear uma dedução de imposto de renda estadual por conta de tal doação. Se o aluno já estiver cursando a universidade, os pagamentos das mensalidades poderão ser feitos diretamente à instituição de ensino, valores estes não dedutíveis do seu limite anual de doações para aquele beneficiário.

- *Pagar as despesas médicas.* Você pode pagar as despesas médicas de amigos ou familiares sem precisar descontá-las do seu limite anual de doações, desde que os pagamentos sejam feitos diretamente ao prestador dos cuidados de saúde.
- *Doações beneficentes.* Qualquer dinheiro que você doar para organizações beneficentes não entrará no cálculo do imposto sobre doações ou sobre transmissão de bens imóveis.

A transferência direta para um beneficiário é fácil (e generosa!), mas a desvantagem é que você não tem nenhum controle sobre como os fundos serão usados. Assim como o exemplo do fideicomisso testamentário, muitos indivíduos gostariam de impor limitações à forma como as suas doações serão usadas. Isso é mais eficazmente conseguido com a utilização de um *fideicomisso irrevogável.* Assim como um fideicomisso testamentário, um fideicomisso irrevogável permite que você decida como os beneficiários poderão usar os fundos, tal como cuidar da saúde, educação, manutenção e apoio. No entanto, diferentemente do fideicomisso inter vivos revogável, um fideicomisso irrevogável *não pode* ser revogado, alterado ou corrigido. Depois que o fideicomisso é estabelecido e consolidado, ela fica fora do seu controle. Na verdade, você indicará um agente fiduciário para tomar todas as decisões relativas à gestão e à distribuição dos fundos. Então, qual é o benefício de um fideicomisso irrevogável? Ele é considerado uma entidade com personalidade jurídica própria; portanto, os ativos nele compreendidos não estarão sujeitos ao imposto sucessório quando morrer (você só precisa configurar e consolidar o fideicomisso com mais de três anos antes da sua morte). Além disso, se o fideicomisso for adequadamente estabelecido, os ativos ali agrupados poderão estar protegidos contra credores, divórcios, decisões judiciais e outros riscos.

Eis aqui algumas maneiras de usar um fideicomisso irrevogável:

- *Receber doações anuais.* Em vez de fazer as suas doações anuais aos seus beneficiários, talvez faça mais sentido colocar esse dinheiro em um fideicomisso irrevogável, principalmente se o beneficiário for jovem ou tiver dificuldade de lidar com o dinheiro.
- *Ter um seguro de vida.* Abrigar os seguros de vida em fideicomissos irrevogáveis é tão comum que esse tipo de fundo tem sua própria sigla:

O CAMINHO

ILIT, que significa *fideicomisso irrevogável de seguro de vida na sigla em inglês*. A maioria das pessoas sabe que os recursos das apólices de seguro de vida não estão sujeitos ao imposto de renda. No entanto, o que pouquíssimas pessoas sabem é que os recursos estão sujeitos ao imposto sucessório. Para impedir que uma apólice de seguro de vida fique sujeita ao imposto sucessório, uma apólice já existente pode ser transferida para um fideicomisso irrevogável ou, melhor ainda, uma apólice nova e permanente pode ser criada dentro do fundo. O fideicomisso, então, é consolidado com o dinheiro necessário para fazer os pagamentos dos prêmios da apólice de seguro de vida e, quando o(s) indivíduo(s) segurado(s) falece(m), o benefício por morte é pago aos beneficiários do fideicomisso, *sem* que estes estejam sujeitos ao imposto sucessório ou ao imposto de renda. Isso é vantajoso para os indivíduos de alto patrimônio líquido, não apenas porque esse mecanismo propicia uma fonte significativa de recursos que não estão sujeitos a impostos, mas porque os pagamentos anuais dos prêmios ao fideicomisso para bancar a apólice também reduzem a quantidade de patrimônio tributável. Digamos que um casal de 55 anos de idade tenha um patrimônio avaliado em US$ 25 milhões e eles tenham três filhos. Eles querem usar em sua totalidade a exclusão anual de doações a seus filhos para pagar o prêmio de uma apólice conjunta de seguro de vida que está abrigada dentro de um fideicomisso irrevogável. Seu prêmio anual será de US$ 90.000 por ano (doação de US$ 15.000 × 2 cônjuges × 3 filhos = US$ 90.000) e, com base em seus resultados de subscrição, se eles fizerem o pagamento desse prêmio pelo resto de suas vidas, poderão obter uma apólice permanente de seguro de vida com um benefício por morte de aproximadamente US$ 13 milhões. Se os dois falecerem aos 85 anos de idade, terão reduzido seu patrimônio tributável em US$ 2,7 milhões (US$ 90.000 × 30 anos = US$ 2,7 milhões) mediante o pagamento dos prêmios, e seus filhos dividirão os recursos de US$ 13 milhões da apólice de seguro isenta de impostos. Muitas vezes, esses fundos são usados para garantir a liquidez necessária para bancar o custo de vida e acomodar patrimônios mais elevados.

- *Usar a sua isenção vitalícia*. Para clientes com patrimônio líquido muito alto, doar a totalidade de sua isenção vitalícia (US$ 11,58 milhões, no caso dos solteiros, ou US$ 23,16 milhões, no caso dos casados) a um beneficiário por meio de um fideicomisso irrevogável ajuda a proteger essa considerável doação e ainda pode lhes economizar uma quantia substancial de dinheiro. Mas por que alguém iria querer doar essa quantidade toda de dinheiro hoje? Digamos que, no momento, você possua ativos avaliados em US$ 10 milhões, e espera que esses ativos aumentem significativamente em valor ao longo da sua vida e estejam sujeitos ao imposto sucessório no futuro. Ao ceder os ativos ao fideicomisso hoje, você não pagará nenhum imposto sobre a transferência, pois o valor é inferior ao limite máximo da isenção vitalícia. Avance vinte anos até a sua morte: os ativos abrigados dentro do fideicomisso estarão avaliados agora em US$ 20 milhões e passarão aos seus beneficiários livres de impostos. Se, ao contrário, os US$ 20 milhões tivessem sido repassados diretamente aos seus beneficiários no momento da sua morte, é provável que toda a sua herança, ou uma parte significativa dela, estivesse sujeita ao imposto sucessório.

Fideicomissos irrevogáveis podem ser criados antecipadamente, como os descritos aqui, ou podem ser criados quando você falecer. Lembra-se do nosso amigo fideicomisso testamentário? Trata-se apenas de um fideicomisso irrevogável criado na hora da morte (você não estará por perto para fazer quaisquer alterações, portanto mais irrevogável do que isso é impossível). Por exemplo, em famílias mistas em que há filhos de casamentos anteriores, não é incomum que um fideicomisso irrevogável seja criado na hora da morte, gerando renda para o cônjuge sobrevivente, mas deixando o principal do fideicomisso para os filhos do cônjuge falecido.

Fideicomissos irrevogáveis também podem ser usados em estratégias de planejamento mais sofisticadas, como proteção de ativos, prestação de apoio financeiro a membros da família com necessidades especiais, planejamento para o Medicaid, planejamento de doações beneficentes, planejamento de arrendamento de empresas e muito mais. Um planejador financeiro ou um advogado especializado em planejamento de patrimônio pode ajudá-lo a identificar as estratégias mais apropriadas para você e a sua situação.

O CAMINHO

Planejamento beneficente

Ganhamos a vida com o que recebemos.
Fazemos a vida com o que doamos.

WINSTON CHURCHILL

Os norte-americanos estão entre as pessoas mais generosas do mundo, e, para muitos investidores, o planejamento beneficente se tornou uma das metas primordiais em seu planejamento financeiro. Doar dinheiro deveria ser simples (e, muitas vezes, é), mas, para indivíduos de alto poder aquisitivo que desejam deixar um legado beneficente, pode haver opções mais sofisticadas, e elas merecem ser exploradas.

Muitos indivíduos com elevado patrimônio financeiro usam seu dinheiro para beneficiar a sociedade por meio de doações anuais rotineiras. No entanto, muitos gostariam de dar continuidade a seu impacto filantrópico após seu falecimento, criando um legado de doações beneficentes mantidas pelas gerações futuras. Com o planejamento adequado, essas metas podem ser alcançadas; as estruturas jurídicas apropriadas para receber as doações podem ser criadas, tais estruturas podem ser financiadas e gerenciadas, e os gestores podem ser escolhidos para perpetuar o legado após o investidor sair de cena.

Vejamos algumas maneiras de maximizar as suas doações beneficentes e o seu legado financeiro:

- *Deixar os ativos certos para fins beneficentes.* Muitas vezes, os indivíduos nomeiam seus filhos como beneficiários de sua conta de aposentadoria, ou IRA, e especificam a destinação de uma soma em dinheiro ou de outros bens para uma instituição beneficente. Nem sempre essa é a melhor solução. Por exemplo, se você deixar uma IRA tradicional avaliada em US$ 100.000 para os seus filhos e um terreno avaliado em US$ 100.000 para uma instituição beneficente, os seus filhos terão de pagar impostos sobre as partilhas da IRA. Se, em vez disso, você deixar a IRA para uma instituição beneficente e o terreno para os seus filhos, a instituição poderá resgatar a IRA sem nenhuma consequência fiscal, e os seus filhos poderão vender a propriedade após a sua morte, igualmente livres de impostos (uma solução simples, mas elegante, se me permite dizer).

- *Trabalhar com um fundo de doações direcionadas.* Um *fundo de doações direcionadas* é uma instituição beneficente pública que mantém uma conta financiada por um indivíduo beneficente (você) e que colabora na distribuição desses ativos, apoiando as instituições beneficentes e as causas mais significativas segundo aquele indivíduo. A conta pode ser financiada durante a vida ou na morte, e sua administração é relativamente barata. Você financia sua conta, obtém uma dedução imediata do imposto de renda e direciona o dinheiro quando e para onde bem entender. Essa pode ser uma ótima maneira de indivíduos com recursos moderados, ou até consideráveis, financiarem um legado beneficente.

- *Criar uma fundação privada.* Para indivíduos com patrimônio líquido muito elevado, a criação de uma fundação privada pode ser uma ótima maneira de construir um legado beneficente multigeracional. Uma *fundação privada* é uma entidade beneficente independente, administrada por uma equipe que orienta as operações da fundação e a distribuição de ativos para dar suporte à missão de beneficência. Existem inúmeras regras e regulamentos sobre o uso e a distribuição de fundos provenientes de uma fundação privada, o que, juntamente com os salários da equipe, podem tornar a operação mais dispendiosa, mas os membros da família podem receber um salário pelo seu trabalho exercido junto à fundação. Uma fundação pode ser financiada com ativos seja durante a vida do indivíduo ou após seu falecimento, e pode ser administrada pelo indivíduo e/ou por seus descendentes.

- Uma dica extra para pessoas de alto poder aquisitivo: se planeja deixar uma quantia substancial para fins beneficentes após a sua morte, você deveria rever seu raciocínio. Se, em vez disso, fizer essa doação para uma instituição beneficente ainda em vida, mesmo que seja para a sua própria fundação ou para um fundo de doações direcionadas, não apenas evitará o imposto sucessório, como também receberá uma dedução significativa do imposto de renda (e isso encerra o nosso serviço de utilidade pública para aquele 1% da população).

Desenvolver uma perspectiva para o tipo de legado beneficente que você pretende deixar é essencial para determinar quais as ferramentas e as técnicas mais apropriadas para o seu portfólio. Por exemplo, digamos que o seu objetivo seja criar uma fundação capaz de distribuir US$ 50.000 para instituições beneficentes a partir deste ano, continuando por tempo indeterminado (corrigidos pela inflação a cada ano). Para conseguir isso, você precisará dotar a sua fundação com aproximadamente US$ 1 milhão hoje. Além disso, o portfólio da fundação precisaria ser estruturado para permitir que a maioria das distribuições anuais fosse paga a partir dos rendimentos e da valorização dos ativos, preservando o principal para as gerações futuras. Como acontece com qualquer outra meta, você só poderá esboçar um portfólio para criar um plano de poupança depois de ter desenvolvido uma estrutura para o que está tentando realizar.

Até o momento, discutimos o planejamento para a aposentadoria, o planejamento educacional e o plano beneficente, mas você deve ter notado que ainda não escolhemos nenhum investimento. Porém, abordamos as decisões mais importantes — determinar o que você gostaria de realizar, desenvolver uma estrutura para poupar e identificar os melhores veículos disponíveis para proporcionar a maior probabilidade de sucesso — e estabelecemos as bases para o que está por vir. Quando o seu planejamento estiver concluído, você poderá começar a criar portfólios projetados para atingir cada uma das metas.

Se quiser ficar rico, comece a *agir* como um rico (observe que isso não significa falar com um tom esnobe nem derramar champanhe no chão por diversão). Parta de uma perspectiva articulada e, em seguida, empenhe os seus esforços propositadamente nessa direção.

FAÇA!

Just do it! (Apenas faça!)

NIKE*

Se o seu patrimônio líquido for de US$ 100.000 ou US$ 100 milhões, você precisa de um plano patrimonial, e não só você. Os seus filhos adultos

---

* A Nike não pagou nada por essa referência. Observação para os advogados da Nike: aceitamos brindes. Sabemos que vocês já fazem isso com os rappers. É a mesma coisa.

precisam de um plano patrimonial, os seus pais precisam de um plano patrimonial e o seu vizinho de rua, provavelmente, também deveria ter um. Essa é a parte mais fácil na busca da liberdade financeira, e é preciso passar apenas uma ou duas horas ao lado de um advogado especializado em planejamento de patrimônio. Mesmo assim, esse é o aspecto do planejamento que as pessoas têm menos probabilidade de colocar em prática. Por que isso acontece? Há três razões pelas quais as pessoas evitam o planejamento de patrimônio: elas não gostam de se confrontar com a própria mortalidade, elas não querem tomar decisões difíceis (parece um pouco demais, tal como o cardápio do Cheesecake Factory: as opções parecem infinitas, mas, após um breve momento de reflexão, as escolhas se tornam óbvias, mesmo que seja apenas pelo processo de eliminação. Você, de alguma forma, dá conta disso), e elas acham que isso levará muito tempo.

Quando se trata de um plano patrimonial, ter algo organizado é sempre melhor do que nada. Sua documentação sempre poderá ser atualizada para se ajustar às novas circunstâncias, mas ter algo planejado dará tranquilidade a você e à sua família. Isso permitirá que você fique sossegado, sabendo que evitou um estresse exagerado, impostos desnecessários e o fantasma do inventário. E, se você tiver sorte suficiente de ter um patrimônio líquido alto e as suas metas incluírem riqueza geracional ou um legado beneficente, um planejamento de patrimônio adequado pode ajudar a garantir que uma parcela maior do seu dinheiro arduamente conquistado beneficie as pessoas e as causas com as quais você se preocupa, em vez de ir para o governo. Embora seja difícil considerar como as coisas ficarão depois que você partir, o tempo e o esforço são mínimos e valem a pena. Apenas faça!

VOCÊ FEZ ISSO!

Sim! Você possui um plano patrimonial organizado. Vamos recapitular quais outros planos precisam estar em ordem antes de começarmos a investir (ou, se já começou a investir, terá informações sobre quais investimentos adicionais deveríamos escolher):

- Declaração de patrimônio líquido
- Projeções para a aposentadoria

O CAMINHO

- Outras projeções, como educação
- Previsões de seguros
- Plano de gestão de riscos, incluindo seguros de vida, incapacitação, cuidados prolongados, saúde, residencial, automotivo e guarda-chuva (obtendo sempre aquilo que o seu plano exige e nada além)
- Plano patrimonial, incluindo documentos necessários, como fideicomissos, testamentos, procurações para finanças, procurações para assistência médica e documentos para planejamento beneficente

Esses elementos compreendem os princípios básicos do planejamento financeiro e *devem* ser abordados para garantir o seu bem-estar financeiro. Pense nesses itens como todo o equipamento de que você precisa para dar início à escalada; sem eles, você corre o risco de não chegar ao topo. Os planos apresentados neste capítulo permitirão que estruture o seu caminho e proteja você e a sua família em caso de perigo inesperado.

Na Creative Planning, avaliamos todas essas considerações antes de selecionar qualquer investimento para nossos clientes. Não conseguimos projetar o portfólio adequado para você, a menos que entendamos onde você está agora e aonde pretende ir. Também pouco importa que você seja um grande investidor, caso venha a perder tudo devido a uma incapacitação, uma morte na família ou algum outro evento que não tenha sido levado em consideração no seu plano geral. O seu especialista em finanças está fazendo isso por você? Se não estiver, você já pode mover um dos itens para o topo da sua lista de planejamento: encontrar um novo gestor de patrimônio.

PARTE III

O INÍCIO DA TRILHA

CAPÍTULO OITO
COMO OS MERCADOS FUNCIONAM

O risco vem de não saber o que você está fazendo.
WARREN BUFFETT

Como este é, ostensivamente, um livro sobre investimentos, vamos começar este capítulo com uma dica de um comprovado campeão. Esse investimento rendeu cerca de 10% ao ano nos últimos 88 anos e possui uma trajetória consistente e ascendente. Veja na Figura 8.1!

Figura 8.1

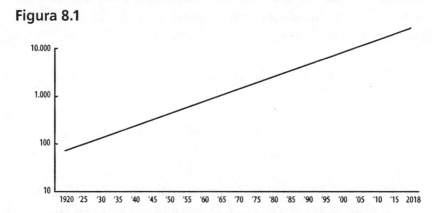

Se você é como a maioria dos norte-americanos, esse tipo de retorno consistentemente lucrativo parece um sonho. Mas e se eu lhe disser que esse retorno foi real? Bem, ele é real e, mais intrigante ainda, está facilmente acessível a você. Qual é esse investimento mágico e incrível? É algo de que, com certeza, já ouviu falar: o mercado de ações.

O PARADOXO DA PREVISÃO
DO COMPORTAMENTO DO MERCADO

Existem vários estudos importantes comparando o desempenho do investidor individual médio com o dos principais índices, como o S&P 500 ou o Dow. Todos esses estudos mostram o investidor individual ficando para trás em relação ao índice, com alguns sugerindo que a diferença de desempenho pode chegar a vários pontos percentuais a cada ano. Então, o que impede os investidores de obter o retorno máximo do mercado?

Uma razão é que os investidores tentam prever o comportamento do mercado. *Prever o comportamento do mercado* é a ideia de que há momentos para estar no mercado e momentos para estar fora dele. Aparentemente, parece atraente. Por que você gostaria de participar do mercado de ações quando ele está em baixa? Porém, como verá, é impossível prever esses altos e baixos com algum nível de consistência. E, como em muitos outros casos, a consistência é o segredo para visualizar os retornos máximos (sem mencionar os custos tributários e operacionais. E as noites sem dormir).

Vamos esclarecer uma coisa imediatamente. A previsão do comportamento do mercado não funciona. Não funciona. E não me diga que você também não fica tentando prever o comportamento do mercado. Você já disse ou pensou algo assim:

> "Tenho dinheiro guardado e estou só esperando as coisas se acalmarem."

> "Tenho um bônus da empresa na minha conta, mas vou esperar um recuo do mercado."

> "Vou investir depois de [insira aqui uma desculpa esfarrapada — algumas opções: a eleição, o ano novo, o mercado se ajustar, a crise da dívida passar, o Congresso elaborar o orçamento, compreendermos o Brexit etc.]."

Tudo isso é prever o comportamento do mercado.

Por que alguém iria querer interferir em um investimento que sempre produziu retornos tão fantásticos? A previsão do comportamento do mercado pode parecer um raciocínio lógico, mas, na verdade, esconde um enfoque emocional. Gostaria de me explicar. O mercado de ações não sobe em uma linha reta. Quando ilustramos os retornos no modo como de fato eles ocorreram, temos um gráfico parecido com o mostrado na Figura 8.2. Com o benefício da análise retrospectiva, podemos constatar que, embora o mercado tenha submergido várias vezes ao longo de 88 anos, ele vem apresentando uma tendência consistentemente ascendente. Para quem passar por essas quedas do mercado, pode parecer o fim do mundo. Imagine o turbilhão emocional da Grande Depressão ou a inércia e a inutilidade da inflação na década de 1970. Na memória recente, o sentimento de impotência observado durante o pânico de 2008 e a recessão subsequente ainda estão muito presentes. No mundo dos investimentos, até mesmo algumas semanas podem parecer uma eternidade, ainda mais quando o mercado está se movendo contra você. E com o aumento dos noticiários 24 horas e os avanços na tecnologia dos smartphones, nunca foi tão fácil ficar obcecado com os micromovimentos do mercado. Muitas vezes, vivenciar momentos desse tipo faz as pessoas pensarem que deveriam evitar as tendências de queda no mercado, quando as quedas são coisas normais. Com isso, elas vendem ações e perdem os benefícios de investimentos de longo prazo.

Figura 8.2

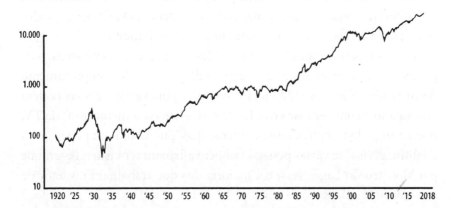

O primeiro passo para tomar decisões orientadas sobre os seus investimentos é se livrar de quaisquer percepções errôneas sobre o mercado de ações. Reconhecer o que faz parte da normalidade do mercado, provavelmente, melhorará drasticamente o desempenho dos seus investimentos. Os efeitos colaterais dessa nova conscientização podem incluir níveis reduzidos de estresse, maior probabilidade de você atingir as suas metas de investimentos e melhoria na qualidade de vida.

Para ficar bem claro, existem muitos tipos de "mercados". Os gráficos anteriores representam o Índice Industrial Dow Jones, um índice de 30 grandes empresas norte-americanas, que nos permite examinar um histórico financeiro com 100 anos de duração. Hoje, o índice mais comum é o S&P 500, um índice das 500 maiores empresas norte-americanas, como Microsoft, Google, Procter & Gamble e McDonald's. Embora existam milhares de ações, as 500 maiores empresas representam cerca de 80% de toda a capitalização de mercado dos Estados Unidos ou o valor total do mercado. (*Capitalização* é uma palavra chique para o valor total. A cotação das ações de uma empresa, multiplicada pelo número de ações existentes, é sua capitalização de mercado.) Isso ocorre porque empresas como o McDonald's, no S&P 500, são de 50 a 100 vezes maiores do que empresas como o Cheesecake Factory. (Claramente, a capitalização de mercado não reflete quem tem as melhores sobremesas. Aprofundaremos esse assunto mais adiante. Esta é, também, a minha segunda referência ao Cheesecake Factory neste livro, tanto que estou lhes devendo uma visita.)

Para que ninguém pense que estou sendo seletivo nessa minha admiração pelo mais vastamente reconhecido índice da bolsa de valores, a premissa de crescimento ascendente é verdadeira para pequenas ações norte-americanas, ações internacionais e ações de mercados emergentes. O ponto é que todos os amplos mercados fazem a mesma coisa: sobem. E muito.

Tudo isso parece muito bom, não é? Mas, para obter esses retornos, você precisa evitar o primeiro grande erro: o da previsão do comportamento do mercado. Não é tão fácil quanto parece, pois várias pessoas podem encorajá-lo a cometer esse erro. Entre elas, estão os comentaristas da TV, o seu amigo do trabalho, o seu cunhado que "pulou fora um pouco antes da última crise" (e várias pessoas também afirmam ter visto o Pé-grande e o Monstro do Lago Ness) e a maioria dos que trabalham no setor de serviços financeiros.

Esse grupo de pessoas que prevê o comportamento do mercado pode ser dividido em dois campos, conforme ilustrado na Figura 8.3:

Figura 8.3

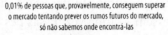

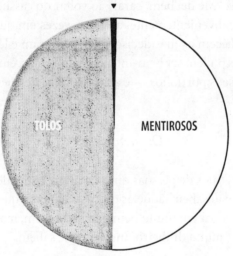

Este gráfico não é científico. Realmente não sei qual percentual de pessoas que preveem o comportamento do mercado é tola e qual é mentirosa. Acredito, porém, que todos os que preveem o comportamento do mercado se enquadram em um desses dois campos e ambos são perigosos. Vamos dar uma olhada em ambos os grupos.

Os tolos

O que fazer quando o mercado cai? Leia as opiniões dos gurus dos investimentos citados no WSJ. E, enquanto você lê, dê risadas. Todos sabemos que os especialistas não conseguem prever movimentos de mercado de curto prazo. No entanto,

> eles estão tentando desesperadamente parecer inteligentes
> quando, na verdade, não sabem nada sobre isso.
>
> JONATHAN CLEMENTS

Existem investidores e especialistas em finanças honestos que, de fato, acreditam ser capazes de prever o comportamento do mercado. Eles acreditam que sabem de algo que ninguém mais sabe, ou que estão vendo algo que ninguém mais vê. Eles lhe dirão, muitas vezes, que já estiveram certos antes, e talvez até estivessem — uma vez. Essas pessoas são como aquele seu amigo que diz "Me dei bem, cara!" ao voltar do cassino de Las Vegas, mas que omite, convenientemente, as cinco vezes em que perdeu. Esses especialistas esquecem as más decisões que tomaram e lembram-se apenas das boas. Eles podem ser bem-intencionados, mas, em última análise, causam danos a seus portfólios — e aos portfólios de quem confia neles.

Os mentirosos

> Existem três tipos de pessoas que fazem previsões de mercado.
> Aquelas que não sabem, aquelas que não sabem o que não sabem
> e aquelas que sabem muito bem que não sabem, mas ganham
> muito dinheiro fingindo que sabem.
>
> BURTON MALKIEL*

Outros consultores financeiros reconhecem que é impossível prever o comportamento do mercado, mas suas vidas dependem de convencê-lo de que são capazes de "tirar você dessa", com sua "proteção contra resultados negativos". Essa é a venda mais fácil no mundo da consultoria financeira. Quem não aprecia a ideia de participar dos movimentos ascendentes da bolsa de valores e evitar todas as suas retrações? Investidores sofisticados sabem que isso não é possível, mas sempre haverá pessoas que querem ouvir isso. Enquanto essas pessoas existirem, haverá dezenas de milhares de profissionais prontos para lhes vender poções mágicas.

---

* Burton Malkiel escreveu um livro revolucionário sobre esse assunto, *A Random Walk Down Wall Street*. Ele é defensor do uso de índices como base dos portfólios e da gestão ativa em certos espaços "extremos", uma filosofia com a qual concordo.

O CAMINHO

Também descobri que muitos consultores financeiros foram expostos a todas as informações necessárias para mudar seu ponto de vista a respeito do hábito de prever o comportamento do mercado, mas um cheque polpudo costuma dificultar a aceitação dos fatos. Assim como um seguidor de uma seita que encontra provas definitivas de que seu fundador é uma fraude, o consultor financeiro talvez considere a realidade dura demais para aceitar e continue iludido e ignorante. Como disse Descartes, "o homem é incapaz de entender qualquer argumento que interfira em seus rendimentos" (esse também é um cara muito inteligente, mas ler seus livros não lhe ensinará nada sobre investimentos).

POR QUE É TÃO DIFÍCIL ESTAR NO MERCADO?

Em um mercado eficiente, a qualquer momento, o preço real
de um título será uma boa estimativa do seu valor intrínseco.

EUGENE FAMA

Há muitas razões pelas quais a previsão do comportamento do mercado não funciona, e há tantas ou mais razões pelas quais os gestores de investimentos tentam lhe dizer que funciona. Vamos começar observando o panorama geral e, em seguida, analisar os gurus dos investimentos e seus resultados concretos.

Mercados eficientes

A *hipótese do mercado eficiente*, desenvolvida pelo ganhador do Nobel Eugene Fama, sustenta que é difícil superar o mercado, pois os mercados são eficientes na incorporação de todas as informações relevantes. Pelo fato de várias pessoas inteligentes (e também as não tão inteligentes assim) saberem a mesma coisa sobre qualquer ação ou título, é impossível ter uma vantagem sustentável que permita superar os retornos do mercado.

Na prática, o que isso significa é que, por existirem tantos participantes no mercado — indivíduos, instituições, computadores de alta velocidade —, todos comprando e vendendo ativamente os mesmos títulos o tempo todo, as novas informações são "precificadas" quase que instantaneamente. Sempre que algo de bom ou ruim acontece, alterando o potencial de ganho estimado de uma empresa ou do mercado como um todo, o subsequente aumento no fluxo da atividade de negociação faz com que as cotações subam ou caiam rapidamente, até atingir um ponto em que o preço das ações reflita o valor econômico das novas informações. No momento em que o investidor médio consegue efetuar uma negociação, qualquer vantagem que essa pessoa acredite ter já desapareceu há muito tempo.

Onde parece haver indícios de que o mercado pode vir a ser superado, isso ocorre, quase sempre, porque um investidor assumiu riscos adicionais. Por exemplo, há evidências de que as ações das pequenas empresas tenham um desempenho melhor do que as de grandes empresas durante longos períodos de tempo, mas isso é muito mais provável pelo fato de elas serem mais arriscadas (mais voláteis).

As massas entendem errado, uma e outra vez

Não temos opinião sobre onde o mercado de ações, as taxas de
juros ou a atividade comercial estarão daqui a um ano. Há muito
que achamos que o único valor da previsão do comportamento
das ações é fazer os videntes parecerem bons. Acreditamos que
as previsões de mercado de curto prazo são um veneno,
e deveriam ser trancafiadas em um local seguro, longe
de crianças e também de adultos que se comportam
no mercado como crianças.

WARREN BUFFETT

O investidor médio, de forma habitual e espetacular, age de forma intempestiva diante do mercado. Por trás do mercado em baixa de 2001, os investidores haviam movimentado uma quantidade recorde de seus recursos, convertendo ações em dinheiro. Depois, reentraram no mercado tão logo ele se recuperou. Por trás da crise de 2008-2009, os investidores haviam quebrado o recorde anterior de resgates no mercado de ações, convertendo seus recursos em dinheiro, em novos valores históricos. Esse

O CAMINHO   165

é o melhor exemplo de mentalidade de rebanho. Hoje, o mercado subiu consideravelmente em relação àqueles níveis mais baixos. Os investidores foram intempestivos em relação ao mercado, batendo recordes em ambos os sentidos e, em ambas as vezes, na hora errada.

Os meios de comunicação entendem errado, uma e outra vez

Quem prevê o futuro mente, mesmo quando diz a verdade.

PROVÉRBIO ÁRABE

Os investidores típicos obtêm suas informações financeiras da mídia. É importante observar que o valor total dessas informações fornecidas pela mídia sobre as sinalizações de direcionamento do mercado é igual a zero. Na verdade, é menor do que zero, porque, se você seguir as orientações da mídia sobre as sinalizações do mercado, provavelmente produzirá um resultado negativo, e não neutro.

Os prognosticadores da mídia ficam ansiosos para lhe apontar as mais grandiosas e arrojadas sinalizações do mercado. Já estive em vários canais de negócios nacionais, incluindo a CNBC e a FOX Business. Antes de o programa ir ao ar, o produtor costuma me pedir as minhas opiniões, perguntando "para onde o mercado está indo", e se decepciona quando respondo que, no curto prazo, "não sei". Uma rede nacional a cabo até me apelidou de consultor "A Máquina do Tempo", pois eu continuava dando a minha opinião, dizendo, antes, que não tinha ideia do que aconteceria no curto prazo, mas que estava muito confiante no longo prazo (as ilustrações eram bastante divertidas, com a minha cabeça saindo de uma máquina do tempo, que mais parecia uma antiga cabine telefônica. O meu cunhado nunca vai me deixar esquecer).

Os consultores financeiros consideram lucrativo promover a ideia de prever o comportamento do mercado e os meios de comunicação não os contestam, uma vez que ganham mais espectadores quando seus convidados fazem previsões disparatadas sobre o mercado.

Vamos analisar rapidamente como é imprudente seguir o exemplo dos especialistas da mídia!

Os economistas entendem errado, uma e outra vez

As previsões podem nos dizer muito sobre quem as faz,
mas não dizem nada sobre o futuro.

WARREN BUFFETT

Os economistas já demonstraram que não têm capacidade de prever a direção da economia. Existem variáveis demais, muitas conhecidas e algumas desconhecidas, para que alguém consiga fazer isso com algum tipo de precisão. A história nos fornece dois casos excepcionais até este momento.

Em 15 de outubro de 1929, Irving Fisher, considerado por Milton Friedman "o maior economista que os Estados Unidos já produziram", afirmou que "os preços das ações atingiram o que parece ser um patamar permanentemente alto". Na semana seguinte, o mercado entrou em colapso, levando-nos à Grande Depressão e dando início a uma queda livre, que faria com que o Dow perdesse 88% de seu valor. Levaria quase 80 anos até que outra bolsa de valores caísse de forma tão rápida ou abrupta. E, evidentemente, *naquele* caso, havia outro economista de alto nível fazendo uma previsão arrojada, pouco antes da crise. Em 10 de janeiro de 2008, Ben Bernanke declarou: "No momento, o Federal Reserve não prevê uma recessão." (E agora reflita sobre isso por um momento. O Federal Reserve, Banco Central dos Estados Unidos, sem dúvida, é administrado pela melhor equipe econômica do planeta. Se eles não conseguem prever o que vai acontecer, e se são eles que controlam as taxas de juros, responsáveis pelo menos por parte do que acontece, como você, o seu amigo ou o seu consultor financeiro irão prever o que acontece?) A economia não o escutou e, alguns meses depois, entrou na pior recessão desde a Grande Depressão, fazendo com que o mercado de ações caísse mais de 50% ao longo do caminho.

"Está bem", ouço você pensando. "Então esses dois caras aí não eram muito bons em prognósticos do mercado, mas isso não significa que não haja outros que acertem!" Bem, obrigado por levantar essa questão. Vamos analisar todo o domínio dos especialistas em projeções econômicas que fazem previsões bombásticas e ver como essas previsões tendem a se comportar.

Figura 8.4

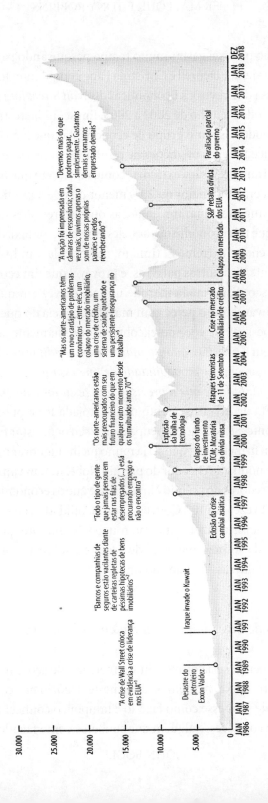

Felizmente, não precisei gastar muito tempo pesquisando para descobrir. Os economistas Jerker Denrell e Christina Fang compilaram todas as previsões na Pesquisa de Previsões Econômicas do *Wall Street Journal*, compreendendo o período de julho de 2002 a 2005. Em seguida, restringiram sua pesquisa, de modo a isolar o grupo de economistas que havia provado ser o mais bem-sucedido nas predições de resultados improváveis. Para fazer isso, eles definiram previsão "extrema" como aquela em que o prognóstico do economista era 20% maior ou 20% menor do que a predição média.

Denrell e Fang examinaram, então, as outras previsões desse grupo e descobriram que tais economistas, aqueles com a maior taxa de sucesso na previsão de eventos "extremos", tinham, na verdade, um histórico ainda pior globalmente. Em outras palavras, é provável que um economista que faz uma previsão disparatada marque um gol de vez em quando, mas é ainda mais provável que o perca com mais frequência do que o normal. É desse tipo de pessoa que você deseja obter aconselhamento sobre investimentos? Eis aqui a questão: *quanto mais certo o preditor estiver a respeito de sua previsão, menor a probabilidade de que essa pessoa esteja certa, e maior a probabilidade de que a previsão seja resultante do exibicionismo.* Quando se trata de investir, quanto mais arrojada for a previsão, menos válida será a fonte. Se você se preocupa com o seu bem-estar financeiro, os dados sugerem, firmemente, que seria muito melhor ignorar tais previsões. Joe Stiglitz, economista vencedor do prêmio Nobel (e aqui vamos nós outra vez com os vencedores do prêmio Nobel), disse que os economistas acertam "cerca de 3 ou 4 vezes em 10". Com essas probabilidades, eu passo adiante. Você também deveria fazer o mesmo (ou, então, sempre que ouvir uma previsão arrojada sobre o mercado de ações ou sobre a economia, basta acrescentar as palavras "ou não" no fim!).

Os gestores de investimentos entendem errado, uma e outra vez

Obviamente, seria ótimo sair do mercado de ações na alta
e retornar na baixa, mas em 65 anos neste negócio nunca conheci
alguém que soubesse como fazê-lo e tampouco conheci alguém
que conhecesse alguém que soubesse como fazê-lo.

JOHN BOGLE

O CAMINHO   169

Existem milhares de consultores financeiros que afirmam ter "indicadores" que os ajudam a prever o comportamento do mercado. Mas, como disse Don Phillips, diretor administrativo da Morningstar, "não consigo apontar nenhum fundo mútuo em qualquer lugar do mundo que tenha produzido resultados superiores e sustentáveis usando a previsão do comportamento do mercado como seu principal critério de investimento". Considero essa afirmação irrefutável. Se você está apostando tudo o que conquistou na tentativa de adiantar-se ao comportamento do mercado e o sujeito que administra a empresa reconhecida por medir o desempenho dos fundos afirma que nunca viu isso funcionar satisfatoriamente, talvez seja melhor ouvir o conselho dele!

O ponto principal é o seguinte: não há evidências de que os gestores de investimentos consigam prever o comportamento do mercado de forma eficaz e continuada. As chances de eles estarem certos ao longo do tempo são extremamente baixas, e apenas os tolos aceitariam participar desse jogo investindo as economias de suas vidas. Pessoas ainda mais tolas pagariam alguém para colocar seu dinheiro em risco dessa maneira. Se você visse um apostador com uma enorme pilha de fichas após uma série de vitórias consecutivas, presumiria que tal pessoa continuaria sempre ganhando? Assim como em Las Vegas, as probabilidades são tão contrárias ao sujeito que tenta prever os passos do mercado que qualquer resultado a longo prazo diferente do fracasso, seja ele modesto ou catastrófico, raramente será evitável (regra nº 1 dos investimentos: evite os fracassos colossais. O fracasso colossal é ruim). Um conselho: se estiver se relacionando com um consultor financeiro que afirma ser capaz de converter dinheiro em caixa antes de uma retração do mercado, é melhor procurar outra pessoa.

Os boletins informativos entendem errado, uma e outra vez

A única maneira de ganhar dinheiro com
um boletim informativo é vendendo-o.

MALCOLM FORBES

Dezenas de milhares de norte-americanos assinam boletins informativos (as newsletters, no original em inglês) que alegam prever o comportamento do mercado. Eles vêm pagando uma taxa e gastando bastante tempo lendo tais atualizações, apenas para aumentar suas chances de apresentar um desempenho inferior ao do mercado.

Em 1994, John Graham e Campbell Harvey, analisando dados fornecidos por Mark Hulbert (ele oferece um serviço que rastreia as previsões e o desempenho dos boletins informativos), conduziram o que muitos consideram ser o estudo mais abrangente sobre a capacidade dos boletins informativos de prever o mercado. Eles analisaram mais de 15 mil previsões do comportamento do mercado, a partir de 237 boletins informativos ao longo de 13 anos. A conclusão foi impressionante: 75% dos boletins informativos produziram retornos anormais *negativos*. Seguir o conselho da maioria daqueles boletins gerou um desempenho negativo! O outrora famoso *Granville Market Letter* produziu um retorno anual negativo médio de -5,4%. O boletim *Elliot Wave Theorist*, um dos favoritos dos adeptos dos cenários apocalípticos, produziu um retorno anual negativo de -14,8% (não é interessante como os adeptos dos cenários apocalípticos acabam perdendo dinheiro, apesar de suas tentativas desesperadas de salvá-lo?). Durante o mesmo período, o S&P 500 ganhou 15,9% por ano, superando por três semestres consecutivos os resultados dos boletins.

Talvez você esteja perguntando: "E quanto aos 25% que acompanharam o mercado ou que o superaram?" O estudo, na verdade, superestima o desempenho desses boletins, porque entrar e sair do mercado é uma coisa cara. Se o estudo contabilizasse taxas, custos de transação e impostos, o desempenho insatisfatório teria sido ainda pior! Por fim, os autores levaram o estudo ainda mais adiante, verificando se os vencedores continuavam vencendo. A conclusão foi clara: "Os vencedores raramente vencem de novo." Os autores são rigorosos e definitivos na conclusão de seu estudo: "Não há evidências de que os boletins informativos possam prever o comportamento do mercado."

A pesquisa de Mark Hulbert mostra que os poucos boletins que superam o mercado em um determinado ano não são os mesmos nos anos seguintes. E dados adicionais mostram que nem um único boletim informativo que tenha tentado prever as tendências e a direção dos mercados financeiros conseguiu superá-los a longo prazo!

O QUE OS INVESTIDORES INTELIGENTES TÊM A DIZER
SOBRE A PREVISÃO DO COMPORTAMENTO DE MERCADO

O Hall da Fama do prognosticador do mercado é um quarto vazio.

JANE BRYANT QUINN

Dos grandes investidores de todos os tempos, nenhum defende a adivinhação do comportamento do mercado. J. P. Morgan, que dominava as finanças no século XIX, foi questionado por um jovem investidor sobre quais seriam os rumos futuros do mercado. Morgan respondeu: "Ele vai flutuar, jovem. Vai flutuar." Benjamin Graham, o pai dos investimentos modernos, condenou a previsão do comportamento do mercado, afirmando, em 1976: "Se eu aprendi alguma coisa nesses 60 anos em Wall Street, é que as pessoas não conseguem prever o que vai acontecer no mercado de ações." John Bogle, fundador da Vanguard, a maior empresa gestora de fundos do mundo, afirmou várias vezes que considerava a tentativa de previsão do comportamento do mercado algo impossível e inútil. Warren Buffett, que é inigualável nos investimentos modernos, zombou repetidamente do desejo de adivinhar o comportamento do mercado, citando-o como a coisa mais estúpida que os investidores podem fazer. Ele tem muitas reflexões sobre o assunto, incluindo "O único valor dos prognosticadores é fazer os videntes parecerem bons", e, mais ao ponto, "*nunca* conheci ninguém que conseguisse prever o comportamento do mercado".

Então, o que um investidor deve fazer? Afinal, economistas, prognosticadores, especialistas em finanças e boletins informativos chamam a atenção da mídia, pois todos querem conquistar uma vantagem que os diferencie dos demais. Se você não pode confiar em nenhum desses gurus para ajudá-lo, como poderá se proteger? A resposta é ter um plano sólido para os seus investimentos, o que o deixará preparado para a volatilidade do mercado antes mesmo que ela apareça. Deixo sempre um guarda-chuva no meu carro, porque sei que, em algum momento, estará chovendo e vou precisar dele. Ao investir nos mercados e montar uma carteira de investimentos, precisamos contar com um pouco de chuva de vez em quando. No caso dos mercados, isso significa tudo, desde as correções (uma "chuvinha de verão") até os mercados em baixa (um "aguaceiro torrencial").

CORREÇÕES DO MERCADO

Haverá recessões, terá declínios no mercado de ações. Se não
entende que isso vai acontecer, então não está preparado.
Você não se sairá bem nos mercados.

PETER LYNCH

Alguém já disse que apenas duas coisas são garantidas neste mundo: a
morte e os impostos. Eu argumentaria que se esqueceram de uma: as *correções do mercado de ações*. Como posso fazer uma previsão tão ousada?
Posso porque as correções do mercado de ações acontecem o tempo todo.
Prever uma correção é como prever que choverá novamente em Seattle.

O que é exatamente uma *correção*? Uma correção é um tombo de 10%
ou mais no mercado. Se o mercado cair 20%, uma correção se torna um
mercado em baixa. Com que frequência ocorre uma correção? Desde 1900,
as correções acontecem, em média, aproximadamente a cada ano. Por isso,
é importante que você as entenda e se sinta à vontade para atravessá-las.
Se tiver 50 anos, talvez ainda passe por outras 35 ou mais!

Alguns podem questionar: "Por que não sair do mercado assim que ele
cair 10%, mas antes de ele se transformar em um mercado em baixa?" O
motivo é que a maioria das correções nunca chega à condição de mercado
em baixa. Historicamente, as correções atingem uma queda média de
13,5%, a maioria dura menos de dois meses e a duração média gira em torno
de apenas 54 dias. Menos de uma em cada cinco correções se transforma,
efetivamente, em um mercado em baixa. Em outras palavras, o mercado
encolhe uma correção 80% das vezes.

Com isso em mente, vender as suas posições e manter o dinheiro em
caixa sempre que ocorrer alguma correção não faz sentido. Na maioria
das vezes, você estaria optando pelo dinheiro momentos antes de uma
baixa vertiginosa do mercado. Você poderia causar danos irreparáveis
à sua carteira de investimentos se resolvesse vender todos os seus ativos,
nem que fosse apenas em algumas correções. Sabemos que as correções
acontecem o tempo todo, sabemos que a maioria das correções não se
transforma em mercados em baixa e também sabemos que os mercados
se recuperaram de todas as correções na história. Parece absurdo entrar
em pânico e converter tudo em dinheiro.

Assim como acontece com a adivinhação do comportamento do mercado, alguns consultores financeiros tentam prever as correções do mesmo. Às vezes, há uma razão pela qual eles se corrigem, e às vezes, não. É divertido, porém, ver especialistas do mercado prestando-se ao ridículo de tentar *prever* uma correção. A Figura 8.5 ilustra o quanto o mercado pode ser resistente e o quanto fracassam.

Figura 8.5

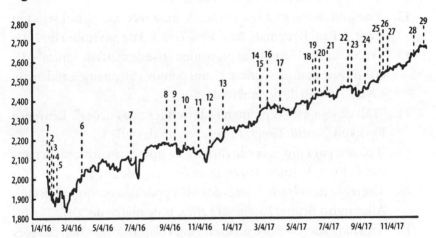

Cada um dos seguintes números corresponde à data da previsão no gráfico:

1. "George Soros: É a crise de 2008 novamente", Matt Clinch, *CNBC*, 7 de janeiro de 2016.
2. "O mundo entrará novamente em uma crise econômica em 2016?", Larry Elliott, *Guardian*, 9 de janeiro de 2016.
3. "Venda tudo antes do colapso do mercado de ações, dizem economistas do RBS", Nick Fletcher, *Guardian*, 12 de janeiro de 2016.
4. "Vem aí a maior crise do mercado de ações em toda uma geração", Chris Matthews, *Fortune*, 13 de janeiro de 2016.
5. "Eis os sinais clássicos de um mercado em baixa", Amanda Diaz, *CNBC*, 20 de janeiro de 2016.
6. "Provavelmente, a primeira grande crise está chegando", Harry Dent, *Economy & Markets*, 14 de março de 2016.
7. "Evidências de que uma nova crise financeira global já começou", Michael T. Snyder, *Seeking Alpha*, 17 de junho de 2016.

8. "Citigroup: Uma vitória de Trump em novembro poderia causar uma recessão global", Luke Kawa, *Bloomberg*, 25 de agosto de 2016.

9. "As ações estão se aproximando lentamente da segunda correção de 2016", Michael A. Gayed, *MarketWatch*, 7 de setembro de 2016 (15).

10. "Razões para uma queda da bolsa em 2016", *Money Morning*, 26 de setembro de 2016.

11. "Economistas: Uma vitória de Trump afundaria os mercados", Ben White, *Politico*, 21 de outubro de 2016.

12. "Provavelmente, estamos diante de uma recessão global sem fim à vista", Paul Krugman, *New York Times*, 8 de novembro de 2016.

13. "O economista Harry Dent prevê uma crise de mercado 'única' e diz que o Dow pode despencar 17 mil pontos", Stephanie Landsman, *CNBC.com*, 10 de dezembro de 2016.

14. "Talvez seja este o momento de vender suas ações", Laurence Kotlikoff, *Seattle Times*, 12 de fevereiro de 2017.

15. "4 passos para proteger sua carteira da iminente correção do mercado", John Persinos, *Street*, 18 de fevereiro de 2017.

16. "Correção da bolsa de valores dos EUA pode desencadear recessão", Alessandro Bruno, *Lombardi Letter*, 1º de março de 2017.

17. "Três indicadores-chave sinalizam que colapso do mercado de ações em 2017 é uma possibilidade real", Michael Lombardi, *Lombardi Letter*, 28 de março de 2017.

18. "Grave alerta do inconveniente economista Harry Dent: 'Este é apenas o começo de um cenário de pesadelo, com o Dow caindo a 6 mil'", Laura Clinton, *Economy & Markets*, 30 de maio de 2017.

19. "Por que uma crise do mercado em 2017 é mais provável do que você pensa", *Money Morning*, 2 de junho de 2017.

20. "A pior queda das nossas vidas está chegando", Jim Rogers, entrevista com Henry Blodget, *Business Insider*, 9 de junho de 2017.

21. "Vai acabar 'muito mal', com as ações despencando 40% ou mais, adverte Marc 'Dr. Catástrofe' Faber", Stephanie Landsman, *CNBC*, 24 de junho de 2017.

22. "Três razões pelas quais uma correção do mercado de ações virá no fim do verão ou no início do outono", Howard Gold, *MarketWatch*, 4 de agosto de 2017.

23. "O mercado de ações está sujeito a uma correção significativa", Mark Zandi, *Fortune*, 10 de agosto de 2017.

24. "Prepare-se para uma correção do mercado em dois meses", Silvia Amaro, *CNBC*, 5 de setembro de 2017.
25. "4 razões pelas quais poderíamos ter outra crise da bolsa em outubro", David Yoe Williams, *Street*, 2 de outubro de 2017.
26. "Aviso de crise no mercado de ações: A segunda-feira sombria está chegando novamente", Lana Clements, *Express*, 7 de outubro de 2017.
27. "Morgan Stanley: Correção do mercado de ações está parecendo 'mais provável'", Joe Ciolli, *Business Insider*, 17 de outubro de 2017.
28. "Chance de correção do mercado de ações nos EUA agora em 70%: Vanguard Group", Eric Rosenbaum, *CNBC*, 29 de novembro de 2017.
29. "A correção do mercado de ações é iminente", Atlas Investor, *Seeking Alpha*, 19 de dezembro de 2017.

Moral da história? As correções acontecem o tempo todo, a maioria não se transforma em mercados em baixa e os mercados se recuperaram de todas as correções na história. Portanto, não entre em pânico e não saia vendendo os seus ativos.

Figura 8.6

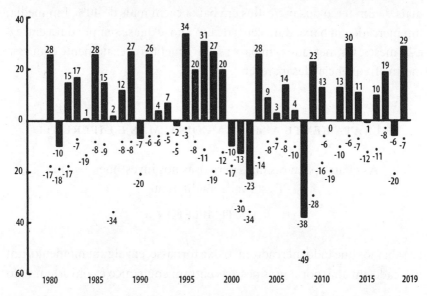

DECLÍNIOS INTRA-ANUAIS DO S&P 500 *VERSUS* RETORNOS ANUAIS
APESAR DAS QUEDAS INTRA-ANUAIS MÉDIAS DE 13,9%,
OS RETORNOS ANUAIS FORAM POSITIVOS EM 29 DE 39 ANOS

MERCADOS EM BAIXA

Se você tem dificuldade em imaginar uma perda de 20%
na bolsa, não deveria estar investindo em ações.

JOHN BOGLE

Os mercados em baixa não acontecem com tanta frequência quanto as correções, mas também acontecem o tempo todo. Um mercado em baixa é definido como uma queda de 20% ou mais e normalmente ocorre em intervalos de cada três a cinco anos. Feitas as contas, houve 35 mercados em baixa desde 1900, sendo que apenas 15 aconteceram de 1946 para cá. (Os que clamam pelos "bons velhos tempos" da estabilidade do mercado não conhecem sua história. São as mesmas pessoas que gostariam de voltar aos bons velhos tempos sem aquecedor, ar-condicionado, água encanada, telefones, internet e avanços nos cuidados da saúde!) Os quatro mercados em baixa mais recentes refletiram uma série de crises, incluindo um evento terrorista, um colapso econômico, uma crise da dívida da zona do euro, a obrigatória crise do petróleo que acontece a cada década mais ou menos (para que todos possam reclamar que o preço do petróleo está muito baixo por algum tempo e, depois, voltar a reclamar que está muito alto), e uma pandemia global. O declínio médio em um mercado em baixa é de 33%, e mais de um terço dos mercados em baixa caem mais de 40%. Em média, um mercado em baixa dura cerca de um ano, e quase sempre dura entre 8 e 24 meses. Os mercados em baixa são frequentes e, exatamente com essa mesma frequência, desaparecem!

É EXATAMENTE A MESMA COISA, MAS É DIFERENTE

As quatro palavras mais perigosas nos investimentos são:
"Desta vez será diferente."

JOHN TEMPLETON

Se sabemos que todo mercado em baixa torna-se, em algum momento, um mercado em alta, por que as pessoas entram em pânico e convertem tudo

O CAMINHO

em dinheiro? A resposta é que, embora os mercados em baixa tendam a ser causados por um evento que produz um impacto imediato e drástico sobre os fundamentos do mercado, os eventos que produzem tais impactos tendem a não ser os mesmos.

O que faz uma economia de mercado livre funcionar é a capacidade dos *fornecedores* de movimentar livremente seus bens e serviços para atender à *demanda* dos que deles precisam. Quando essas duas forças estão em harmonia, diz-se que o mercado está em *equilíbrio* (e aqui termina a palestra de economia mais curta do mundo). Essas mesmas forças ajudam a determinar o preço das ações e praticamente qualquer outra coisa que esteja sendo comprada e vendida em todo o mundo.

Figura 8.7

MERCADOS EM BAIXA: COM QUE FREQUÊNCIA, POR QUANTO TEMPO E QUAL O GRAU DE SEVERIDADE?

ANO(S)	NÚMERO DE DIAS EM DURAÇÃO	% DECLÍNIO NO S&P 500
1946-1947	353	-23,2%
1956-1957	564	-19,4%
1961-1962	195	-27,1%
1966	240	-25,2%
1968-1970	543	-35,9%
1973-1974	694	-45,1%
1976-1978	525	-26,6%
1981-1982	472	-24,1%
1987	101	-33,5%
1990	87	-21,2%
1998	45	-19,3%
2000-2001	546	-36,8%
2002	200	-32,0%
2007-2009	515	-57,6%

Em um mercado em baixa, essas forças normais sofrem um abalo significativo. Por exemplo, após o 11 de Setembro, os mercados despencaram muito abaixo dos níveis de hoje, devido a uma interrupção na demanda. Antes de a retração chegar a seu máximo, o S&P 500 havia afundado 44% e a NASDAQ estava em queda de 78%. Nos dias, semanas e meses após o ataque terrorista, fábricas, empresas e serviços permaneceram abertos e operantes em todo o mundo. A questão, certamente, não era uma falta de suprimentos. O problema era que todos ficavam confinados em suas casas, relutantes em fazer coisas que movimentam a economia, como consumir. Os norte-americanos estavam se perguntando se haveria outros ataques, se o governo poderia implementar medidas para impedir que isso acontecesse e quanto tempo levaria para se sentirem razoavelmente seguros. Com o tempo, as pessoas começaram a voltar à normalidade, a demanda foi retomada e os mercados se recuperaram por completo, passando a atingir novas altas.

Nas crises financeiras de 2008 e 2009, aconteceu o contrário. Todos conhecemos a história: os grandes bancos se mostraram imprudentes com seu próprio dinheiro e o dinheiro de seus investidores e, antes mesmo que ele se esgotasse, o sistema financeiro ficou paralisado por falta de suprimentos. O mundo dos empréstimos congelou. Ninguém conseguia obter ou manter um empréstimo para fazer quase nada. Sem uma oferta de fundos, as empresas começaram a falir, restringindo o suprimento de todos os tipos de coisas. Ao mesmo tempo, os norte-americanos se sentiam mais pobres e se deixaram consumir por uma boa dose de medo. Essa combinação fez com que eles não quisessem comprar nada até que se sentissem seguros. Quando o mercado chegou ao fundo do poço, em 9 de março de 2009, ele havia caído 53% em relação à sua alta. Nesse caso, a crise acabou sendo resolvida pelo apoio do governo federal aos bancos (cuidando do lado da oferta) e pela concessão de isenções fiscais aos consumidores, diminuindo o custo dos empréstimos e propiciando muitos outros incentivos financeiros aos consumidores. Essa combinação, juntamente com outras medidas, estabilizou o sistema e incentivou os indivíduos a gastar dinheiro (cuidando do lado da demanda). Com o tempo, as pessoas começaram a voltar à normalidade e os mercados se recuperaram, passando a atingir novas altas.

O CAMINHO

No início de janeiro de 2020, o mundo foi apresentado a um novo coronavírus, que logo ficaria conhecido como COVID-19, apresentando-se como uma forma de pneumonia que não apenas era contagiosa, como também tinha a capacidade de se tornar rapidamente letal. Dentro de alguns meses, a doença se espalhou pelo planeta, com mais de 400 mil casos confirmados e quase 20 mil mortes em todo o mundo.* As bolsas de valores mundiais caíram mais de 30% em menos de um mês, pois, a cada dia, chegavam notícias de mais infecções, mortes, fechamentos de negócios e quarentenas.

Nesse caso, o mercado reagia a impactos na oferta *e* na demanda. Mesmo antes da decretação das quarentenas, as pessoas começaram a ficar em casa e a evitar grandes aglomerações públicas — como cinemas, shoppings ou eventos esportivos — para reduzir o risco de infecção. A demanda por bens e serviços havia sido interrompida. Ao mesmo tempo, fábricas e lojas começaram a fechar para ajudar a controlar a propagação da doença. As restrições de viagem paralisaram voos, cruzeiros, hotéis e parques temáticos. A oferta de bens e serviços havia sido interrompida. À medida que as semanas se sucediam, quedas adicionais foram impulsionadas pela incerteza sobre quanto tempo tais interrupções durariam e quanto tempo seria necessário para a recuperação.

Ao mesmo tempo, começamos a testemunhar outra coisa. O governo passou a implementar abordagens drásticas e inovadoras para apoiar a economia. Os indivíduos começaram a praticar o distanciamento social, ao mesmo tempo que trabalhavam para manter os serviços essenciais em operação. Médicos e pesquisadores começaram a desenvolver e aprimorar as opções de tratamento e, gradualmente, as perspectivas foram melhorando. Aos poucos, mas com maior segurança, uma "ponte" estava sendo construída entre o precedente mercado em alta e a prosperidade futura.

Mas aqueles que conhecem o histórico de seus mercados compreendem esse ciclo. Já vivenciamos isso com outros mercados em baixa ao longo da história. Quem passou por qualquer uma das principais recessões do mercado

---

* Este livro foi escrito em maio de 2020 e, por isso, o número de casos do COVID-19 aparece desatualizado. No momento da preparação do texto (fevereiro de 2021), há mais de 100 milhões de contaminados e mais de dois milhões de mortes ao redor do mundo segundo os dados da OMS. [*N. da E.*]

recorda o medo e a incerteza iniciais generalizados, que acabaram por dar lugar a uma recuperação completa e a altas ainda maiores.

Pelo fato de cada grande tombo causador de um mercado em baixa ser motivado por uma história diferente, os investidores entram em pânico, acreditando que "desta vez será diferente". Embora a história por trás de cada mercado em baixa possa ser diferente — seja uma pane alimentada por computadores, uma bolha de tecnologia, um evento e uma guerra terrorista, uma crise de liquidez ou o surto mundial de uma doença —, o resultado é sempre o mesmo: a economia encontra uma maneira de avançar.

Da próxima vez em que nos depararmos com um mercado em baixa, lembre-se de tudo o que passamos nos últimos 80 anos: Segunda Guerra Mundial (década de 1940), Guerra do Vietnã (década de 1960/1970), hiperinflação (década de 1970/1980), crise das matérias-primas (década de 1970/1980), o colapso imobiliário e bancário (década de 1980), a crise dos mercados emergentes (década de 1980), o "flash crash" (movimento técnico de queda brusca, 1987), a crise do contágio asiático (década de 1990), a bolha de tecnologia (2000), os ataques de 11 de Setembro e as guerras subsequentes no Afeganistão e Iraque (2001) e a crise de liquidez (2008). [Observe que os Estados Unidos e sua economia também sobreviveram a calças de paraquedas, meias até o joelho (duas vezes), bonés de beisebol de neon e às Kardashian. Literalmente, nada pode atrapalhar o nosso progresso.] Se a economia sobreviveu a tudo isso, também conseguirá atravessar o próximo mercado em baixa. E esses são apenas os exemplos mais expressivos. Inúmeras microcrises surgem de tempos em tempos, incitando os prognosticadores a prever um mercado em baixa, seja por meio de um rebaixamento de crédito dos Estados Unidos, um debate sobre o orçamento, uma eleição ou o que quer que esteja na pauta das principais notícias do dia. Em dezembro de 2018, as ações dos EUA caíram 19,8% em relação a seu valor mais alto, quase adentrando o território do mercado em baixa, devido a preocupações com um entrave nas negociações tarifárias com a China e o aumento das taxas de juros.

Embora um mercado em baixa seja inevitável, ele não é passível de previsões. Assim como acontece nas correções do mercado, ninguém é capaz de prever de forma consistente e continuada o momento em que um mercado em baixa ocorrerá.

O CAMINHO 181

É importante observar que, para tirar proveito dos mercados em baixa, você precisa saber quando sair, quando retornar e, então, fazer isso repetidas vezes. Vai ser preciso sorte para encontrar o sujeito que tenha conseguido essa proeza. Ele não existe. Ele é uma lenda urbana. (Ele mora em La-La Land com a Fada dos Dentes e o Coelhinho da Páscoa. A única diferença é que estamos suficientemente maduros para perceber que os dois últimos não são reais.) Você insiste em acreditar que ele existe e, por algum tempo, acredita mesmo nisso. Então, chega um momento em que adquire conhecimentos suficientes para saber que ele não existe, mas não consegue admitir isso para si mesmo. E, finalmente, talvez você aceite. Não ajuda muito existirem tantas pessoas por aí fingindo ser o sujeito em quem você tanto quer acreditar.

Figura 8.8

DOS MERCADOS EM BAIXA PARA OS MERCADOS EM ALTA

ANO(S)	12 MESES SEGUINTES (S&P 500)
1946-1947	353
1956-1957	564
1961-1962	195
1966	240
1968-1970	543
1973-1974	694
1976-1978	525
1981-1982	472
1987	101
1990	87

Consigo ouvir você perguntando: "Mas e quanto a [inserir o nome do economista/negociante/lunático], que estava outro dia na TV, falando sobre como eles conseguiram prever a queda?" O problema com muitas dessas pessoas é que elas estão sempre prevendo que algo de ruim acontecerá e, em algum momento, elas estarão certas, assim como um relógio quebrado sempre estará certo duas vezes por dia. Infelizmente, você terá mais chances de obter a hora correta de um relógio quebrado do que conseguir que um guru de investimentos na TV lhe dê um aconselhamento correto sobre a previsão do comportamento do mercado.

QUANDO OS MERCADOS EM BAIXA SE RECUPERAM, ELES FAZEM AS PESSOAS QUE ESTÃO À MARGEM PARECEREM IDIOTAS

A ideia de que um sino toca para sinalizar quando os investidores devem entrar ou sair do mercado de ações não é crível. Não conheço ninguém que tenha feito isso com sucesso e de forma consistente. Também não conheço ninguém que conheça alguém que tenha feito isso com sucesso e de forma consistente.

JOHN BOGLE

Espero que, a esta altura, você concorde que não é possível entrar e sair do mercado de ações de forma continuada e bem-sucedida. Porém, talvez esteja pensando: "Pelo menos, vou converter tudo em dinheiro até as coisas se acalmarem e depois retorno, perdendo apenas uma pequena parte da recuperação do mercado." Receio que isso também não funcione! Ninguém recebe um e-mail certa manhã avisando que o mercado em alta está se formando. Ao contrário, os mercados tendem a ter alguns falsos começos e depois se transformam em foguetes, recuperando-se rápida e decisivamente (e deixando aqueles que confiaram na previsão do comportamento do mercado para trás, envoltos em uma nuvem de poeira). A Figura 8.8 ilustra bem isso.

A VOLATILIDADE ACONTECE

Nosso comportamento de imobilidade reflete nossa convicção de que o mercado de ações é como um centro de realocação,

O CAMINHO

> no qual o dinheiro é transferido dos mais ativos
> para os mais pacientes.
>
> WARREN BUFFETT

Às vezes, passa-se um ano sem que o mercado sofra alguma correção e, muito menos, que se transforme em um mercado em baixa. Às vezes, o mercado registra um sólido retorno no fim do ano e, quando se faz um balanço, tudo parece ter sido fácil. No entanto, isso raramente acontece. Desde 1980, o mercado registrou um declínio intra-anual médio de 13,9%, mas, mesmo assim, terminou com um retorno positivo em 29 dos 39 anos anteriores. Trata-se de uma amplitude considerável! Os mercados oscilam bastante, então é melhor você se acostumar. Melhor ainda, aceite, acolha e ame! (Você percebe que se tornou um investidor sofisticado quando começa a apreciar as correções e os mercados em baixa como se fossem oportunidades preparadas pelos deuses, e entregues na porta da sua casa.)

Como já esclarecemos, os mercados em baixa também são muito comuns. Se você estiver com 55 anos de idade, ainda terá cerca de sete ou mais mercados em baixa no seu horizonte. Entrará em pânico todas essas vezes? Tentará prever o momento exato para entrar e sair de cada um dos mercados? Não, você não vai fazer isso, porque é inteligente! Assim como os mercados sempre se recuperam das correções, os mercados em baixa sempre se transformam em mercados em alta. Então, por que tantos investidores entram em pânico? Porque, para a maioria das pessoas, as decisões de investimentos não se baseiam no pensamento racional; elas se baseiam na emoção.

CONFIANÇA DO CONSUMIDOR

> Chegou-se à conclusão de que as pesquisas de
> confiança do consumidor são "inúteis".
>
> DEAN CROUSHORE, Universidade de Richmond

Durante os mercados em baixa, os comentaristas tendem a falar sobre a *confiança do consumidor*, uma vez que grande parte da economia é impulsionada pelo consumo. Consumidores que não se sentem confiantes na economia não gastarão dinheiro. Se eles não gastarem dinheiro, as empresas não poderão ganhar dinheiro. E se as empresas não ganharem dinheiro, os mercados não conseguirão se recuperar. Essa linha de raciocínio faria sentido, não fosse por um fato importante: o mercado não está olhando para o hoje. O mercado *sempre* olha para o amanhã. Sob o ponto de vista dele, o estágio onde a economia está e o modo como os consumidores estão se sentindo hoje têm muito menos importância do que aquilo que o futuro possa reservar. Os mercados em alta tendem a surgir quando os investidores esperam o *pior* do futuro. A Figura 8.9 resume o desempenho do mercado de ações nos 12 meses seguintes à medição da confiança do consumidor em índices inferiores a 60%.

Figura 8.9

QUEM PRECISA DE CONFIANÇA?

CONFIANÇA DO CONSUMIDOR < 60%	12 MESES SEGUINTES (S&P 500)
1974	+37%
1980	+32%
1990	+30%
2008	+60%
2011	+15%

CERTIFIQUE-SE DE QUE VOCÊ É CAPAZ DE CONVIVER COM A SUA ALOCAÇÃO

Conhece-te a ti mesmo.

SÓCRATES

Tenho três filhos e, sempre que vamos ao parque de diversões, eu os vejo examinar as várias montanhas-russas. Algumas são muito entediantes para

O CAMINHO

os dois menores e outras empolgam o mais velho. Quando o primogênito era mais novo, ele me respondia com um olhar "talvez não dessa vez" quando observávamos as montanhas-russas invertidas. É sempre trabalhoso decidir qual o circuito com o qual eles se sentirão mais à vontade.

Antigamente, eu costumava andar em qualquer montanha-russa que eles quisessem. Nos últimos anos, tenho percebido que essa é uma decisão sofrível, principalmente durante a lenta escalada daquelas rampas íngremes e as subsequentes quedas capazes de provocar náuseas. Ainda assim, percebo que tentar descer da montanha-russa no meio do percurso não é uma boa ideia. Na verdade, há muito mais chances de eu sair ileso do outro lado se eu aguentar firme e seguir até o fim.

Com os mercados acontece a mesma coisa.

O mercado de títulos é como a montanha-russa infantil na Legolândia — quase todos conseguem lidar com ele. O mercado de ações é como uma grande montanha-russa no parque Six Flags: é emocionante e tem muitas curvas e reviravoltas. O mercado de bens imobiliários é como a Space Mountain na Disney World: rápido e no escuro. O mercado das matérias-primas é mais parecido com o Detonator: um passeio que o leva para cima e para baixo imprevisivelmente. Todos esses circuitos têm níveis diferentes de velocidade e volatilidade. Algumas pessoas consideram a volatilidade mais empolgante; outros a acham entediante. Mas, em todos os casos, os circuitos chegam a um termo pacífico, até mesmo para passageiros que ficam se perguntando em que acabaram de se meter.

O melhor momento para avaliar a sua montanha-russa preferida é quando você está no chão (ou seja, quando o mercado está relativamente estável). É muito mais fácil tomar tal decisão nessa hora do que depois que o passeio recomeçar e um dia ele recomeçará.

Mas é mais fácil falar do que fazer. Os norte-americanos são ótimos em esquecer as coisas — um mecanismo de enfrentamento útil, que nos permite seguir adiante. Sempre que ando em uma montanha-russa com meu filho, prometo a mim mesmo que não farei isso de novo. Porém, na vez seguinte em que vou ao parque de diversões com ele, concordo com o passeio capaz de embrulhar o estômago, sem me lembrar do quanto, de fato, me senti mal da última vez. Agora eu não esqueço mais e tratamos sempre de levar um amigo dele junto conosco.

Investidores inteligentes customizam sua montanha-russa, participando de vários mercados para elaborar uma carteira de investimentos que atenda às suas necessidades de curto, médio e longo prazo. Uma carteira pode dar voltas e mais voltas, assumindo a volatilidade necessária para satisfazer as metas específicas do investidor, mas deveria estar estruturada dentro dos parâmetros com os quais o investidor esteja preparado para lidar. Para muitos, a melhor carteira é aquela que atinge os objetivos pretendidos com o mínimo de volatilidade. Se a volatilidade estiver fora do seu limite de tolerância, pode ser necessário ajustar a sua meta ou o seu plano de poupança.

SUBESTIMANDO O RISCO DA PREVISÃO DO COMPORTAMENTO DE MERCADO

Eu nunca tento ganhar dinheiro no mercado de ações.
Eu apenas compro, presumindo que eles poderiam fechar
o mercado no dia seguinte, sem reabri-lo por cinco anos.

WARREN BUFFETT

Até agora, estabelecemos que a tentativa de previsão do comportamento do mercado é ineficaz. Talvez você esteja dizendo: "E qual é o grande problema? Posso perder alguns ganhos se, em troca, estiver com o meu dinheiro em segurança, em mãos." Essa é sempre a principal objeção para se manter os recursos investidos durante as desacelerações do mercado. A resposta é simples: o risco de estar fora do mercado é *muito* maior do que o risco de estar dentro. Imagine que você tenha recebido uma grande quantia em dinheiro (como um bônus ou uma herança) e esteja decidindo entre investir agora ou esperar por um evento aleatório, não quantificável, que o fará se sentir mais confiante para colocar o seu dinheiro no mercado. Se investir agora, há três resultados possíveis: o mercado vai subir (o que é sempre uma coisa boa), vai oscilar (nada de errado em providenciar aqueles controles de dividendos) ou vai cair (ei, isso acontece, mas não dura para sempre). Se o mercado cair, há duas coisas a serem lembradas: (1) você ainda estará recebendo receita de dividendos e (2) o mercado voltará a subir. Você não perde nada mantendo o seu dinheiro investido, pois qualquer desvantagem é temporária e irrelevante para um investidor de longo prazo. O que acontecerá se você mantiver o seu dinheiro em caixa? Temos as mesmas três opções, com resultados diferentes:

1. Ele pode subir. (Pense em todo aquele dinheiro que você não ganhou!)
2. Ele pode oscilar. (Como aqueles juros de 0,06% na sua conta poupança estão cuidando de você?)
3. Ele pode cair. (Se você já estava receoso de investir antes, interpretará mesmo um mercado em queda como um sinal para comprar? Sejamos honestos: nós dois sabemos que a resposta é não!)

Eis aqui a parte que a maioria das pessoas negligencia: se você estiver com o dinheiro em mãos quando o mercado subir, talvez tenha perdido *permanentemente* a oportunidade de obter aqueles ganhos. Sim, talvez o mercado ainda volte a cair novamente no futuro, mas será que ele voltará ao mínimo anterior? Talvez. Mas talvez não. Se ele não retornar àquele nível, os investidores que estão sentados em cima do dinheiro nunca mais conseguirão recuperar o retorno perdido. Pergunte a todas as pessoas que adotaram o comportamento de rebanho e preferiram manter dinheiro em caixa em 2008, apenas para ver o mercado disparar nos anos seguintes. Ficar à margem, de modo geral, significa perder *permanentemente* as vantagens. Por outro lado, para o indivíduo que está investindo hoje, a pior coisa que pode acontecer é sofrer *temporariamente* as desvantagens. Há uma grande diferença.

TALVEZ EU SEJA PERFEITO[*]

Somente os mentirosos conseguem "sair" dos mercados
nos momentos ruins e "entrar" nos momentos bons.

BERNARD BARUCH

---

[*] Você não deveria acreditar em *tudo* o que a sua mãe lhe diz.

Apesar de todas as evidências em contrário, algumas pessoas acreditam que são perfeitas. Acreditam que conseguem encontrar uma maneira de prever o comportamento do mercado perfeitamente e que todos os dados que acabei de descrever não se aplicam a elas. A fim de testar aqueles que afirmam poder investir perfeitamente sob tais condições, o Schwab Center for Financial Research avaliou as cinco decisões possíveis para um investidor com US$ 2.000 em dinheiro, para ser investido todos os anos, ao longo de 20 anos:

1. Manter todo o dinheiro em caixa.
2. Investir tudo imediatamente, de uma só vez.
3. Usar a *média-do-custo-do-dólar* para colocar o dinheiro no mercado ao longo do ano, em parcelas mensais iguais (usar a *média-do--custo-do-dólar* significa colocar o dinheiro no mercado ao longo do tempo, em acréscimos idênticos).
4. Investir involuntariamente todo o dinheiro no *pior* dia possível a cada ano (comprando no dia da alta anual do mercado).
5. Ter a sorte de investir todo o dinheiro no *melhor* dia possível a cada ano. (Este é você, Sr. Perfeito, à espera de que o mercado esteja *exatamente* no ponto mais baixo do ano para investir todo o seu dinheiro.)

Os resultados são surpreendentes, para dizer o mínimo. O investidor que previu *perfeitamente* o comportamento do mercado acabou com US$ 87.004, enquanto a pessoa que investiu tudo ficou logo em segundo, com US$ 81.650. Se você concorda que não conseguirá investir todo o seu dinheiro no melhor dia possível todos os anos pelos próximos 20 anos, investir o dinheiro imediatamente parece um meio-termo razoável. A diferença de US$ 6.000 entre a previsão do comportamento do mercado perfeita e o investimento imediato é quase insignificante. E observe que aqueles que investiram no pior dia do ano ainda ganharam US$ 22.000 a mais do que aqueles que permaneceram com o dinheiro em caixa. Mais uma vez, estar dentro do mercado é melhor do que estar fora!

Figura 8.10

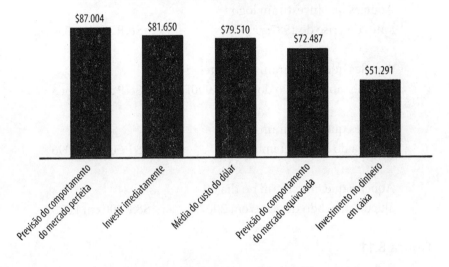

APRENDENDO A VOAR

Estou aprendendo a voar, mas ainda não tenho asas.

TOM PETTY

Chega um momento em que os filhotes precisam sair do ninho, dar aquele salto e sair voando. Muitos investidores já tentaram fazer isso antes, apenas para pousar de cara no chão. De volta ao ninho, eles se debatem até encontrar um momento para saltar novamente.

Fazendo uma análise retrospectiva da história, não existe nenhum exemplo em que o mercado de ações tenha tirado um único dólar de alguém. Uma pessoa sem noção alguma de investimentos que tivesse investido no S&P 500 teria observado grandes lucros nos últimos 10, 20 ou 30 anos. No entanto, caminhões de dinheiro foram perdidos por investidores que cometeram erros em sua carteira de investimentos, ou que se valeram de especialistas em finanças que cometeram erros na previsão do comportamento do mercado ou na seleção de títulos. E, teoricamente, quem manteve dinheiro em caixa sem investi-lo perdeu mais ainda. É provável que um investidor que tivesse investido no mercado a qualquer momento da história, em vez de manter dinheiro em caixa, tivesse mais dinheiro hoje. Vamos dar uma olhada nos assim chamados investidores mais azarados:

Aqueles que investiram logo antes da crise de 1987:	S&P 500 em 334
Aqueles que investiram logo antes da recessão do início dos anos 1990:	S&P 500 em 363
Aqueles que investiram na véspera do 11 de Setembro:	S&P 500 em 1.096
Aqueles que investiram no dia da alta do mercado de ações em 2007:	S&P 500 em 1.526

Figura 8.11

VOLATILIDADE DO MERCADO EM PERSPECTIVA

A volatilidade do mercado de curto prazo pode ser difícil até mesmo para os investidores mais disciplinados. A história coloca tudo em perspectiva, mostrando que a volatilidade é apenas o preço que os investidores pagam pelos retornos de longo prazo das ações.

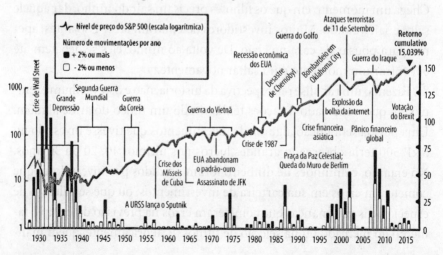

Embora esses indivíduos possam ter investido em momentos "infelizes", eles ainda se saíram muito melhor do que o pássaro que permaneceu no ninho, esperando o momento "certo" para dar o salto. Quando este livro estava sendo escrito, o S&P 500 estava em 2.830, isso sem incluir os dividendos, cuja média foi superior a 2%, equivalendo a mais de 460 pontos adicionais desde 2007. Até mesmo os investidores que entraram no mercado nos piores momentos possíveis estão muito à frente do "investidor" que ficou sentado em cima do dinheiro, esperando que as coisas "se acalmassem".

Muitos se afugentam com manchetes que dizem: "O mercado está na maior alta de todos os tempos". Bem, muitas vezes isso é verdade, *mas acontece o tempo todo*. Se para você soa muito assustador entrar no mercado, há grandes chances de nunca se sentir confortável.

A resposta a esse argumento, logicamente, é que é sempre melhor entrar no mercado depois de uma correção ou de uma crise. No entanto, ninguém sabe quando isso acontecerá ou, mais importante ainda, qual terá sido a alta do mercado antes disso acontecer. Se o Dow passar de 25 mil para 26 mil e depois cair novamente para 25 mil, o que você terá conseguido ficando sentado em cima do dinheiro, a não ser a perda de dividendos? Além disso, ainda não encontrei nenhum investidor que fique ansioso com o Dow a 25 mil, mas se sinta extraordinário investindo com o Dow a 23 mil. Se você fica tenso quando as coisas estão boas demais, não se sentirá melhor investindo quando as coisas não parecerem tão interessantes assim. Seja qual for a crise do dia, esteja certo de que o mercado, provavelmente, encontrará uma maneira de sobreviver e seguir adiante; ele sempre encontra. A Figura 8.11 resume bem isso.

O mercado fará o que o mercado tiver de fazer. Entender que as correções e os mercados em baixa são frequentes e normais, e que nenhum gestor de investimentos, economista ou qualquer outro prognosticador será capaz de prever corretamente o comportamento do mercado, é um passo importante para compreender, de fato, como os mercados funcionam. Para investidores disciplinados, o tempo de investir é sempre o hoje, e isso apenas porque o ontem não é mais uma opção. Você já está pronto para voar com os mercados, agora que tem conhecimentos para lhe servir como asas.

CAPÍTULO NOVE

ESTÁ TUDO NA SUA CABEÇA

A qualidade mais importante para um investidor
é o temperamento, não o intelecto.

WARREN BUFFETT

Os seres humanos não estão preparados para ser grandes investidores. Isso não faz parte da nossa constituição. Tendemos a ser cautelosos em relação às mudanças, mas *também* impulsivos, e, de modo geral, tomamos decisões baseadas em emoções ou na "intuição", e não em fatos. Todos nós temos vieses naturais e construídos, que podem nos fazer optar pelo caminho errado. Antes que você perceba, a sua jornada bem planejada o terá conduzido até a beira de um penhasco! Para permanecer no rumo certo, precisará estar ciente desses vieses e se prevenir contra eles.

A maioria das pessoas entusiasmadas por investimentos se debruça sobre pesquisas, lê boletins sobre a previsão do comportamento do mercado ou a seleção de ações, usa serviços on-line e assiste constantemente ao noticiário financeiro. A ideia é que, quanto mais informações tiverem, mais familiarizadas ficarão, e menor a probabilidade de cometerem um erro. Como você já sabe, não é bem assim que funciona. Se você possuir um nível razoável de inteligência e compreender os princípios básicos deste livro, é provável que apresente um desempenho superior ao da grande maioria dos investidores. O segredo é não estragar as coisas.

Infelizmente, existem muitas maneiras de fazer exatamente isso. Até agora, examinamos estratégias que causam muito mais mal do que bem, como trabalhar com um corretor ou tentar prever o comportamento do mercado, mas nunca vi nada que causasse mais devastação financeira do que os erros provocados pela emoção e cometidos pelos investidores. O segredo é reconhecer os seus impulsos comportamentais, para que você evite esses erros de forma consciente. Vamos nos aprofundar.

O MEDO, A GANÂNCIA E O REBANHO

Tenha medo quando os outros estiverem gananciosos
e ganância quando os outros estiverem temerosos.

WARREN BUFFETT

Em uma entrevista de 2014, o ex-presidente do Banco Central dos EUA, Alan Greenspan, refletiu sobre tudo o que havia aprendido. Curiosamente, em vez de fazer análises econômicas ou históricas, ele compartilhou suas observações sobre o comportamento humano.

Se você se mantiver determinado e ignorar as quedas de curto prazo no mercado ou, até mesmo, as quedas de longo prazo, conseguirá se sair bem. Ou seja, se colocar todo o seu dinheiro em ações, for para casa e nem olhar para a sua carteira de investimentos, terá um desempenho muito melhor do que se tentar negociá-lo. O motivo disso é a assimetria entre o medo e a euforia.* Os agentes mais bem-sucedidos do mercado de ações, os melhores investidores, são aqueles que reconhecem que a polarização assimétrica entre o medo e a euforia é um conceito comercial, e eles são incapazes de fracassar por essa razão. Portanto, existem aqui estabilidades muito importantes, mas junto delas há mais estatísticas de péssima qualidade, mais análises de péssima qualidade e mais boletins do mercado de ações do que deveria ser permitido publicar. É um tanto ridículo.

---

* O Sr. Sofisticado usando a palavra euforia no lugar de *ganância*. A ideia é a mesma.

Figura 9.1

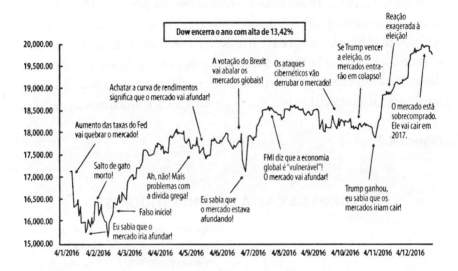

Ao longo de sua carreira, Greenspan aprendeu que quase tudo é ruído e que os melhores investidores nunca se assustam em vender, aproveitando a oportunidade de comprar quando os outros estão temerosos. Ele está, basicamente, endossando um único conceito comercial: controle o seu medo e a sua ganância. Controle as suas emoções, evite o rebanho e é muito provável que as coisas deem certo. Essa é uma visão bastante interessante da pessoa que foi considerada a mais poderosa do mundo durante grande parte de seu mandato.

A Figura 9.1 mostra um ano típico no mercado, juntamente com alguns comentários enérgicos que acompanham cada movimento do mercado. Isso soa familiar? Esses tipos de comentários refletem o medo e a ganância que alimentam muitas das piores decisões do mercado. O medo e a ganância são duas das forças mais poderosas (e de características mais desagradáveis) das nossas vidas. Elas afetam a maneira como vivemos o nosso dia a dia e podem ter consequências desastrosas para os investidores. Embora os nomes lendários do mundo dos investimentos saibam controlar essas emoções, os investidores iniciantes podem se tornar vítimas desses sentimentos, uma vez que a mídia financeira e popular alimenta o frenesi com a ajuda de "gurus"

PETER MALLOUK E TONY ROBBINS

e especialistas no mercado. O medo e a ganância, combinados com a nossa mentalidade instintiva de rebanho, são uma receita para o desastre.

Como seres humanos, nascemos com o instinto de nos movermos em rebanhos, seguir a multidão e buscar a segurança do consenso. Quando os mercados estão em declínio e todas as vozes ao nosso redor, da mídia aos nossos amigos, não param de gritar "Abandone o navio", o nosso instinto de seguir o rebanho (combinado com a força irresistível do *medo*) nos leva a fazer o que os outros estão fazendo. Quando os mercados estão subindo e as vozes nos dizem "Entre de cabeça", o nosso instinto de rebanho (combinado com a força igualmente irresistível da *ganância*) nos encoraja a nos juntarmos ao grupo.

Figura 9.2

FLUXOS DE CAIXA DOS INVESTIDORES

	Data	Ponderação de capital	Fluxos de caixa dos investidores nos dois anos precedentes (em milhões)		Desempenho do mercado de ações (cumulativo)	
			Fundos de ações	Fundos de títulos	2 anos prece-dentes	2 anos subse-quentes
No mercado em alta do início dos anos 1990	31/01/1993	34%	—	—	—	—
Pico do mercado em alta	31/03/2000	62%	$393,225	$5,100	41%	-23%
Menor nível do mercado em baixa	28/02/2003	40%	$71,815	$221,475	-29%	53%
Pico do mercado em alta	31/10/2007	62%	$424,193	$173,907	34%	-29%
Menor nível do mercado em baixa	28/02/2009	37%	-49,942	-83,921	-51%	94%

Embora o nosso instinto de seguir o grupo possa nos ter sido útil quando os nossos ancestrais estavam caçando mastodontes, hoje em dia ele

O CAMINHO

é fatal para as carteiras de investimentos. O medo leva os investidores a abandonar os mercados que apresentam um desempenho aquém do esperado, e a ganância os leva a investir em mercados que apresentam um desempenho superior, comportando-se, assim, como membros de um rebanho que segue na direção *errada* e no momento *errado*. Isso acontece em quase todos os mercados em alta *e* em todos os mercados em baixa, como mostra a Figura 9.2.

Apesar da persistente tendência ascendente dos mercados, os investidores causam danos irreparáveis às suas carteiras, permitindo-se ser vítimas do medo e da ganância. Com frequência, os investidores em mercados em baixa se tornam vendedores líquidos (vendendo mais ações do que comprando); caso não tivessem feito nada, teriam ganhos consideráveis. Por outro lado, investidores sofisticados reconhecem os mercados em baixa como uma oportunidade de comprar mais, o que geralmente é denominado *rebalanceamento oportunístico*. Tombos significativos no mercado oferecem aos investidores a oportunidade de comprar uma quantidade maior daqueles ativos que desejam ter em sua carteira com um desconto substancial, e por isso eles se desfazem de parte de seus títulos durante períodos de retração para comprar ações. Essa é uma estratégia que agrega enorme valor a sua carteira de investimentos durante a inevitável recuperação. É uma abordagem que sempre compensa; a única questão é quanto tempo pode demorar. Ao longo de sua renomada carreira, Warren Buffett manteve suas posições de investimentos durante períodos de pânico dos investidores, enquanto aumentava, simultânea e agressivamente, sua notável carteira de investimentos. Seu comentário de que investidores sofisticados "devem ter medo quando outros estiverem gananciosos e gananciosos quando outros estiverem temerosos" é um sábio conselho para os que procuram evitar as armadilhas do medo, da ganância e do rebanho. (Descobri que é melhor seguir seus conselhos de investimentos do que seus conselhos dietéticos. É sabido que Warren ingere lanches do McDonald's no café da manhã todos os dias, seguidos de várias Coca-Cola Cherry, e, a partir daí, é ladeira abaixo.)

O Dr. Frank Murtha, cofundador da empresa de economia comportamental MarketPsych, afirmou: "Investir é estressante e esse estresse nos leva a tomar decisões emocionais, geralmente baseadas no medo, durante períodos difíceis do mercado." Ele sustenta, ainda, que as decisões baseadas no medo impedem a consecução das metas financeiras, porque elas estão centradas nas necessidades emocionais (e não nas financeiras), especificamente no desejo de "sentir-se no controle de novo". Remover a emoção das suas decisões financeiras é essencial para ser bem-sucedido no mercado. Isso não apenas ajuda a evitar decisões precipitadas tomadas em momentos de pânico, como também permite que você aproveite as oportunidades que a volatilidade do mercado oferece. Em vez de ser uma força destrutiva, a volatilidade deveria ser uma ferramenta para o crescimento futuro.

Viés de confirmação

O viés de confirmação é o nosso inimigo mais estimado.
As nossas opiniões, a nossa perspicácia — todas elas são o resultado de anos de escolha seletiva, prestando atenção apenas nas informações que confirmam o que as nossas mentes limitadas já aceitam como verdade.

INA CATRINESCU

Depois de algumas reuniões com clientes em Nova York, convidei a minha equipe local para jantar. Eles me recomendaram uma churrascaria da região. Expliquei que, sendo de Kansas City, eu estava disposto a ir a qualquer lugar, mas já estava saturado de filés e churrasco. Eles, por sua vez, *insistiram* que Nova York tinha os melhores filés. Deliberamos um pouco e, sem nenhuma surpresa, acabamos na churrascaria. O garçom trouxe um carrinho com todos os cortes de carne, belamente expostos. Ele se demorou um pouco em cada corte, até chegar ao lombo.

O garçom explicou que aquele era o melhor filé da casa e recomendou-o mais do que todos os outros. Então, ele terminou com um floreio, dizendo: "Na verdade, chegou hoje mesmo de Kansas City!" Naquele momento, eu estava ouvindo o que queria ouvir: que Kansas City tem os melhores filés. Meus colegas argumentaram que aquilo também era uma prova de que Nova York tinha o melhor de tudo, o tempo todo! Meus amigos, isso se chama viés de confirmação em ação. (E devo admitir que era um fantástico lombo de Kansas City.)

O CAMINHO

Viés de confirmação é a tendência humana de buscar e valorizar informações que confirmem suas preconcepções e crenças, e de evitar subestimar ou ignorar qualquer informação que seja incompatível com suas crenças. Consideremos a política, por exemplo. Um indivíduo conservador deve ler o *Wall Street Journal*, o *Weekly Standard* ou a *National Review*; acompanhar o Drudge Report on-line; ouvir Rush Limbaugh, Sean Hannity ou Glenn Beck no rádio; e assistir ao FOX News. Por outro lado, um indivíduo liberal deve ler o *New York Times*; acompanhar o *Huffington Post* e o Salon.com online; ouvir a NPR; e assistir a John Oliver, Bill Maher ou MSNBC. Ambos os indivíduos estão procurando fontes de informação que confirmam suas ideias, evitando aquelas com as quais possam entrar em conflito. Com que frequência você busca novos canais, sites ou comentaristas políticos que defendem pontos de vista antagônicos aos seus? Se você for como a maioria das pessoas, passa a maior parte do seu tempo validando aquilo que já acredita ser verdade.

Todo mundo pensa que está certo sobre tudo — desde a política fiscal até a maneira correta de pendurar um rolo de papel higiênico (os "especialistas" afirmam que a posição correta é por cima. Para aqueles que são obsessivo-compulsivos como eu, fiquem à vontade para largar o livro e "corrigir" imediatamente todos os papéis higiênicos não conformes em suas casas) — e busca constantemente a validação dessas crenças. Nossos cérebros têm dificuldade em acreditar em novas ideias que não se encaixem no que já sabemos (ou no que pensamos saber), um fenômeno que os psicólogos chamam de *dissonância cognitiva*. Ao contrário, é muito mais fácil aceitarmos as informações adicionais que já se encontrem alinhadas aos fatos da maneira como os percebemos. Talvez não seja surpreendente que as pessoas altamente inteligentes façam o oposto: elas buscam visões contrárias, desafiam suas próprias ideias e até alteram as próprias convicções. Investidores sofisticados fazem o mesmo.

Há muitas evidências de que o viés de confirmação desempenhe um papel importante na maioria das decisões dos investidores. Por exemplo, é provável que um investidor que aprecie um determinado investimento procure informações (em locais como fóruns on-line) que validem sua seleção de investimentos. Até mesmo um investidor talentoso como

Warren Buffett se assume como vítima do viés de confirmação; ele resolve isso buscando ativamente investidores com opiniões divergentes das suas.

Se você se sente atraído por algum investimento específico, recomendo que o desafie rigorosamente. Como esse investimento pode dar errado? Se esse investimento perdesse dinheiro, como isso aconteceria? E quais os riscos que ele apresenta? Ao se forçar a reconhecer as potenciais falhas de uma estratégia específica, você se abre para explorar ideias e crenças contrárias às suas. E isso faz de você um investidor melhor.

EFEITO DE EXCESSO DE CONFIANÇA

O problema do mundo é que as pessoas inteligentes estão
cheias de dúvidas, enquanto as pessoas idiotas
estão cheias de certezas.

CHARLES BUKOWSKI

Recentemente, membros de uma empresa que administra um fundo de investimentos alternativo estiveram nos nossos escritórios para apresentar suas ideias de investimentos. Eles se expressavam com muita confiança, usando termos como *certeza* e *isento de riscos*. Fiquei preocupado. Um bom consultor financeiro sabe que existem várias incógnitas em jogo e que quase nada no mundo dos investimentos é "certo" ou "isento de riscos". Os representantes daquela empresa nos convenceram de que ou não entendiam nada do mercado e isso os levava àquele excesso de confiança, ou de que entendiam, mas estavam dispostos a mascarar os riscos. De qualquer forma, o nosso interesse diminuiu na hora. O excesso de confiança que eles exibiram foi suficiente para que a minha equipe agradecesse pelo tempo dispensado e desconsiderasse a oferta.

O *efeito de excesso de confiança* estabelece que a confiança *subjetiva* de um indivíduo em seu julgamento é consideravelmente maior do que sua precisão *objetiva*, ainda mais quando a confiança é relativamente alta. Simplificando, as pessoas tendem a pensar que são melhores e mais inteligentes do que realmente são. Isso é diferente de confiar em suas ha-

O CAMINHO 201

bilidades, que seria um parâmetro razoável de confiança: é acreditar que as suas habilidades o tornam melhor do que todos os demais.

Em seu livro *The Psychology of Judgement and Decision Making*, Scott Plous escreveu que "o excesso de confiança foi considerado 'o mais disseminado e potencialmente catastrófico' de todos os vieses cognitivos dos quais os seres humanos se tornam vítimas. Ele foi apontado como a causa de ações judiciais, greves, guerras, bolhas e crises no mercado de ações". Não se trata de um exagero. Inúmeros estudos ilustram o enorme impacto do efeito de excesso de confiança: 93% dos estudantes que dirigem acreditam que são motoristas acima da média; 94% dos professores universitários acreditam que são professores acima da média; e é preciso sorte para encontrar alguém que não se considere um amante acima da média (e quem iria alegar o contrário?). Um estudo relacionado ao caráter dos alunos sempre foi um dos meus favoritos: 79% afirmaram que seu caráter era acima da média, apesar de 27% admitirem ter furtado alguma loja no passado, e impressionantes 60% revelarem ter colado em alguma prova no ano anterior! (As pesquisas mostram que, quando uma pessoa afirma estar 99% confiante, na verdade ela está 80% confiante. Não consigo tirar isso da cabeça, pois muitas pessoas fazem essa afirmação, e eu não tenho mais condições de levá-las a sério!)

O efeito de excesso de confiança também foi examinado no mundo dos investimentos, com resultados reveladores. Os professores de finanças Brad Barber e Terrance Odean compararam o desempenho dos homens nos investimentos com o desempenho das mulheres. Depois de examinar os padrões de negociação de 35 mil famílias durante um período de cinco anos, eles descobriram que o excesso de confiança dos homens em suas habilidades resultara em uma atividade de negociação 45% superior à atividade das mulheres. Contudo, esse excesso de negociação fez com que os homens não apenas apresentassem um desempenho aquém das mulheres, com um retorno anual médio 2,65% inferior ao delas, como também pagassem mais em taxas e impostos sobre transações. Ser excessivamente confiante custa caro.

E quanto aos profissionais? Afinal, eles têm acesso a mais informações sobre as empresas, a sofisticados softwares de análise e a treinamento especializado. Se você não consegue confiar nas suas próprias habilidades, pode, pelo menos, confiar nas habilidades deles. Certo? A pesquisa mostrou que, quando os analistas de investimentos se mostram 80% confiantes de que uma ação subirá, eles estarão corretos em apenas 40% das vezes. Em 2006, James Montier pediu a 300 profissionais gestores de fundos para avaliar seu próprio desempenho; 74% dos gestores acreditavam que seu desempenho no trabalho estava acima da média. Andrew Zacharakis e Dean Shepherd descobriram que, quando os investidores de risco eram questionados sobre sua crença nas chances de sucesso das empresas que compunham sua carteira de investimentos, 96% dos investidores de risco exibiam excesso de confiança! Isso nos leva a um importante estudo sobre o excesso de confiança. Em *Psychology of Intelligence Analysis*, Richards Heuer pesquisou os vieses comportamentais dos analistas da CIA. Uma descoberta importante de sua pesquisa foi que, tão logo um analista possuísse a quantidade *mínima* de informações para fazer um julgamento fundamentado, informações adicionais não aumentavam a *precisão* do julgamento, apenas a *confiança* no julgamento, a ponto de gerar excesso de confiança.

Isso ressalta o que está na base do problema do viés de excesso de confiança: nós, seres humanos, confundimos *informações* adicionais com *inteligência* adicional. Em vez de as informações adicionais nos concederem mais discernimento, geralmente servem para reforçar as nossas crenças e fortalecer as nossas convicções. Na hora de investir, muitas vezes, isso acaba agindo em nosso detrimento. Quanto mais os investidores pesquisam e coletam informações, mais são obrigados a negociar, e quanto mais negociam, mais seu desempenho fica aquém do esperado. Por fim, o investidor com excesso de confiança gera esforço e estresse desnecessários, além de desperdiçar tempo e dinheiro preciosos.

Se você se acha astuto demais para se deixar levar por esse efeito (ironicamente, trata-se de um excesso de confiança da sua parte!), eu deveria lhe chamar a atenção para mais uma pequena informação contida na pesquisa de Plous: "Discrepâncias entre precisão e confiança não estão relacionadas à inteligência do tomador de decisão." E não apenas isso, mas há evidências significativas de que mais inteligência leva a mais excesso de confiança. Talvez a ignorância seja mesmo uma bênção!

ANCORAGEM

A heurística da ancoragem parece prevalecer
nos processos de tomada de decisão dos seres humanos.

TODD MCELROY E KEITH DOWD

Na década de 1970, os psicólogos Daniel Kahneman e Amos Tversky identificaram o efeito de "ancoragem", uma pesquisa que abriu a percepção para um viés humano que afeta todos os tipos de tomada de decisão. *Ancoragem* é um termo usado pelos psicólogos para explicar como o cérebro usa atalhos mentais para chegar a conclusões. Em resumo, temos uma tendência a confiar demais na primeira informação que entra no nosso cérebro. Esta informação é a "âncora". Uma vez fixada a âncora, todas as nossas decisões futuras vão girar em torno dela, contaminando o pensamento racional. Sempre que houver incerteza acerca de uma resposta correta, é provável que você se torne vítima da ancoragem e faça uma suposição com base nas informações mais recentes que ouviu. Por exemplo, se alguém lhe perguntar se a população do Zimbábue é maior ou menor do que 20 milhões de habitantes, você dará uma determinada resposta. Se lhe perguntarem, então, qual você acredita ser a população real, é provável que você responda um número próximo a 20 milhões (em 2019, a população do Zimbábue era de 14,65 milhões de habitantes. Você chegou bem perto!).

Negociadores iniciantes e experientes entendem o que é a ancoragem. De modo geral, o primeiro preço descartado em uma negociação se torna a âncora de todas as discussões futuras. Os profissionais de·marketing também têm se valido do efeito de ancoragem para influenciar os hábitos de consumo dos consumidores. Em um experimento fascinante (me disseram que fico fascinado à toa), Brian Wansink, Robert Kent e Stephen Hoch colocaram a imagem da sopa de Campbell em um mostrador, anunciando que ela estava à venda por 79 centavos e que não havia limite para o número de latas que os compradores poderiam levar. Então, eles prepararam um mostrador diferente, exibindo o mesmo produto pelo mesmo preço, mas com uma placa que dizia "Limite de 12 latas por pessoa". Os compradores que adquiriram a sopa sem nenhuma limitação de quantidade compraram uma média de 3,3 latas. Os compradores que adquiriram a sopa com um "limite" de 12 latas compraram 7 latas. Os compradores se ancoraram no número 12, atribuindo significado a ele (por exemplo, "Uau! Isso deve ser um bom negócio, e o supermercado não quer que eu compre muito, se não eles perderão dinheiro"). Existem muitos, muitos outros estudos sobre o efeito de ancoragem. É real, é nítido e muitos de nós somos vítimas dele há anos!

Aonde pretendo chegar com isso? Nos investimentos, o efeito de ancoragem é, de modo geral, o preço de compra das suas ações. Se você comprar uma ação por US$ 50, e mais tarde ela estiver custando US$ 30, talvez você a mantenha até ela retornar a US$ 50 (é possível ainda que você compre mais, por acreditar que ela valha os US$ 50 pagos originalmente). Se, em vez disso, a ação subir de US$ 50 para US$ 70, talvez você decida vendê-la, acreditando que está supervalorizada, já que o preço agora está mais alto do que os US$ 50 originais que você pagou. Nessas situações, a sua tomada de decisão é ofuscada pela sua âncora. Muitos investidores se tornam vítimas de ancoragem ao comprar uma ação que se afastou bastante de seu ponto mais alto ("Está uma pechincha agora!"), ou deixando de comprar uma ação que atingiu novos máximos históricos ("Está muito cara agora!"). A realidade é que, normalmente, a ação está cotada a um preço bem próximo do que deveria estar, com um número equivalente de compradores de um lado e de vendedores do outro. A única razão pela qual o investidor acredita ser uma "grande pechincha" ou estar "muito cara" é a direção em que ela se moveu em relação ao seu preço anterior de âncora. Ao se conscientizar do efeito de ancoragem, você pode evitar a manutenção das ações perdedoras por muito tempo e a venda das ações vencedores cedo demais. E talvez você também consiga economizar dinheiro no supermercado.

As pessoas gostam de sentir que estão no controle ou, no mínimo, que são responsáveis pelo resultado de suas ações. Se você é um passageiro que fica nervoso dentro de um automóvel, sabe do que estou falando. Você não se importa de entrar no carro, desde que esteja com as mãos no volante e os pés nos pedais. Dirigir o carro faz você *sentir* que está no controle da situação.

ILUSÃO DE CONTROLE

Figura 9.3

A *ilusão de controle* pode ser definida como a nossa tendência a superestimar a nossa capacidade de controlar eventos, assumindo até mesmo a responsabilidade por resultados que não somos nem um pouco capazes de influenciar. Pense na rota que você percorre até chegar ao trabalho ou a algum outro destino frequente. Provavelmente, você acredita que consegue controlar o ritmo do seu deslocamento, prevendo o horário da sua partida e planejando o melhor itinerário. Na verdade, o limite de velocidade, a quantidade de tráfego, a cronometragem dos semáforos, os acidentes de trânsito aleatórios, os cachorros atravessando a rua e a presença de canteiros de obras são fatores determinantes não apenas para a duração da viagem, como também escapam ao alcance da sua influência. Em outras palavras, às vezes podemos exercer influência sobre uma situação, mas não confunda influência com controle.

Esse efeito também é observado em outros domínios da vida (um livro inteiro pode ser escrito sobre o cuidado parental como sendo a suprema ilusão de controle). A psicóloga Ellen Langer, que batizou o efeito, conduziu um experimento envolvendo uma aposta de loteria. Aos participantes foi dada a possibilidade de escolher seus próprios números ou de receber bilhetes com números aleatórios. Em seguida, eles tiveram a oportunidade de trocar seus bilhetes por outros com maior probabilidade de pagar algum prêmio. Langer descobriu que aqueles que haviam escolhido os próprios números se mostraram mais relutantes em abandoná-los. Embora tais loterias fossem aleatórias, os participantes agiram como se sua escolha de números fosse relevante para o resultado.

Muitas pessoas se comportam dessa maneira com seus investimentos. De modo geral, os investidores têm dificuldade em abrir mão das posições que escolheram ou daquelas com as quais estão familiarizados, mesmo que uma carteira de investimentos mais diversificada lhes dê uma maior probabilidade de alcançar seus objetivos. Investidores sofisticados sabem que suas ações não são as grandes responsáveis pelo desempenho de suas carteiras; os mercados, sim, é que são responsáveis.

AVERSÃO À PERDA E EFEITO DE DOTAÇÃO

Vamos experimentar essa aqui.

TODO E QUALQUER VENDEDOR DE JOALHERIA

Daniel Kahneman e Amos Tversky são conhecidos por suas pesquisas sobre *aversão à perda*, o viés que os seres humanos possuem de *evitar* uma perda em vez de *obter* um ganho. Em outras palavras, nós tememos perder mais do que gostamos de ganhar. Uma extensa pesquisa sobre esse viés comprova que as perdas nos causam duas vezes mais sofrimento do que o prazer que sentimos ao ganhar.

Em um de seus estudos, eles dividiram as pessoas em dois grupos: um grupo recebeu canetas com etiquetas de preço de US$ 3,98 e o outro grupo não recebeu canetas. Então, perguntaram ao grupo sem canetas quanto eles pagariam para comprar uma caneta e, ao grupo com canetas, por quanto eles venderiam suas canetas. O grupo sem canetas atribuiu às canetas um preço muito menor do que o atribuído pelo grupo com canetas. E por qual motivo? A resposta é simples: o grupo com canetas não queria se sentir perdendo se tivesse de vendê-las por menos de US$ 3,98 e o grupo sem canetas não queria se sentir perdendo se tivesse de comprá-las por mais de US$ 3,98.

Você esteve em alguma joalheria ultimamente? Os vendedores sempre procuram colocar a joia nas suas mãos ou perguntam se você gostaria de experimentá-la. Eles estão tentando usar a aversão à perda para convencê-lo a comprar o produto que estão oferecendo. Nesta forma de aversão à perda, conhecida como *efeito de dotação* ou *efeito status quo*, depois de ter uma caneta, joia ou qualquer outro item em suas mãos, parece que aquele objeto

O CAMINHO

é seu e você não deseja perdê-lo. ("Vamos ver se esse colar combina com você"; "Aposto que essa blusa ficaria linda em você. Vamos experimentar"; "Que tal levarmos o carro para fazer um test drive?".)

A aversão à perda talvez cause mais danos entre os investidores do que em qualquer outro grupo. É a razão pela qual eles ficam sentados em cima do dinheiro, apesar de saberem muito bem que seu poder de compra está se extinguindo. O rendimento médio do mercado monetário está bem abaixo da inflação há décadas, mas os investidores estão dispostos a perder um pouco de dinheiro todos os dias para evitar a percepção de perdas ainda maiores diante de investimentos reais. Com um plano como esse, o poder de compra do seu dinheiro pode acabar reduzido pela metade em apenas 24 anos!

A aversão à perda é a razão pela qual você não abre mão da calça jeans que não lhe serve mais desde 1994, do suéter que não usa desde 2003 e de todas as coisas que estão paradas, sem uso, na sua garagem. A aversão à perda é a razão pela qual você mantém uma ação por muito tempo depois de ela ter caído. Você não quer reconhecer a perda, o que exigiria admitir que cometeu um erro. É muito melhor esperar até que (talvez) a ação se recupere, certo? Quando converso com clientes que têm um investimento do qual não pretendem se desfazer até que esse investimento se recupere, faço uma pergunta simples: "Se você tivesse dinheiro em vez dessa ação, e tendo ciência do que está tentando conquistar, compraria a mesma ação hoje?" A resposta é quase sempre não e, assim sendo, sabemos que o investidor está mantendo a ação por conta da aversão à perda. Compreender o impacto da aversão à perda na nossa tomada de decisão pode nos ajudar a sermos melhores investidores. (E nos torna menos propensos a entulhar o nosso caminho, como se fôssemos estrelar o próximo episódio de *Acumuladores compulsivos!*)

CONTABILIDADE MENTAL

Considerando-se que a mente consciente só consegue lidar
com apenas alguns pensamentos de cada vez, ela fica tentando
"agrupar" as coisas, a fim de tornar a complexidade da vida um pouco
mais administrável. Em vez de contar cada dólar que gastamos,

parcelamos os nossos dólares em compras específicas. Confiamos em atalhos enganosos porque não temos a capacidade computacional para pensar de outra forma.

JONAH LEHRER

Richard Thaler é conhecido por seu trabalho no campo da economia comportamental, e por identificar e definir a *contabilidade mental*, o processo de dividir os ativos circulantes e futuros de uma pessoa em seções separadas e intransferíveis.

Em um estudo que destacou o impacto da contabilidade mental, os participantes foram convidados a imaginar o seguinte cenário: você decidiu assistir a um filme e pagou US$ 10 pelo ingresso. Ao entrar no cinema, você descobre que perdeu o ingresso! Infelizmente, o ingresso não pode ser recuperado. Você pagaria US$ 10 por outro ingresso? Apenas 46% dos participantes responderam que comprariam outro ingresso. Os participantes foram convidados a imaginar um cenário diferente: você decidiu assistir a um filme em que o ingresso custa US$ 10. Ao entrar no cinema, você descobre que perdeu uma nota de US$ 10. Você ainda pagaria US$ 10 por um ingresso para assistir ao filme? Embora o impacto econômico fosse exatamente o mesmo da primeira pergunta, 88% dos participantes responderam que sim: eles comprariam um ingresso!

Em ambos os cenários, os participantes foram convidados a gastar US$ 10 em um ingresso, apesar de, essencialmente, terem acabado de perder US$ 10. A diferença nas respostas é atribuível ao poderoso efeito de contabilidade mental. Assim que os participantes obtiveram o ingresso, eles o alocaram na coluna "entretenimento" de sua conta mental. Eles já tinham comprometido seu orçamento com o filme, de modo que não iriam ultrapassar o orçamento e comprar outro ingresso. Os que estavam no outro grupo perderam US$ 10; no entanto, eles ainda não haviam atribuído os US$ 10 ao ingresso e, portanto, estavam dispostos a comprá-lo, apesar de sua perda anterior. O estudo mostra que não vemos todos os dólares da mesma forma, mesmo que isso pudesse fazer todo o sentido do ponto de vista financeiro.

A pesquisa do psicólogo Hal Arkes nos mostra que a contabilidade mental é a razão pela qual os reembolsos de impostos e os ganhos na loteria são esbanjados com rapidez. A contabilidade mental coloca esses fundos na coluna "dinheiro grátis". A socióloga Viviana Zelizer, referindo um estudo sobre a indústria de prostituição de Oslo, observa que o princípio se aplica, até mesmo, à maneira como as pessoas que exercem a "profissão mais antiga do mundo" gastam sua renda. As profissionais do sexo, ao que parece, usam seus cheques de assistência social e os benefícios de saúde para pagar o aluguel e outras contas, e usam o dinheiro que adquirem prestando serviços sexuais para comprar drogas e álcool. Parece que a contabilidade mental está arraigada na condição humana.

A contabilidade mental afeta a maneira como tomamos decisões no dia a dia, mas não deveria afetar os investidores sofisticados. Investidores que olham separadamente cada investimento individual criam contas mentais separadas para cada uma de suas posições. Se você possui contas de investimentos separadas, lembre-se de que não deveria avaliá-las individualmente, mas perguntar se elas estão contribuindo de forma adequada para o seu objetivo de longo prazo. Ao levar em conta o panorama geral, você pode avaliar com muito mais facilidade se está no caminho certo para atingir as suas metas de longo prazo. Observar de modo fragmentado cada uma das posições ou subcontas pode desencadear a contabilidade mental e resultar em uma tomada de decisão ruim. Uma maneira de atenuar o impacto da contabilidade mental na hora de investir é agregar o máximo possível os seus investimentos em uma única conta. Isso o ajudará muito a tomar decisões criteriosas, tendo todo o panorama em mente.

VIÉS DE RECÊNCIA

Os investidores projetam para o futuro aquilo que vêm observando mais recentemente. Esse é seu hábito inabalável.

WARREN BUFFETT

O *viés de recência* é a tendência a projetar experiências ou observações recentes para o futuro. Isso nos permite fazer previsões sobre o futuro com base em eventos do passado recente. (Esse viés também é a razão pela qual meu filho de 17 anos está proibido de ficar fora de casa depois da meia-noite em sua próxima festa da escola. É também a razão pela qual ele quer ficar fora de casa depois da meia-noite em sua próxima festa da escola.)

Apesar das muitas capacidades incríveis da mente humana, dependemos da identificação de padrões para ajudar a simplificar o nosso processo de tomada de decisão. Às vezes, os padrões que observamos podem ser úteis. Se você vir um carro-patrulha no mesmo local por vários dias seguidos, vai fazer questão de prestar atenção no seu velocímetro quando passar por aquela área. No entanto, quando se trata de investimentos, o viés de recência pode sair caro e perigoso.

Estudos mostram que os corretores tendem a promover as ações mais faladas, que superaram os índices do mercado no ano anterior, apenas para ver essas recomendações apresentarem um desempenho aquém do esperado no ano seguinte. Os investidores tendem a gravitar em direção a investimentos que vêm apresentando aumento por vários meses consecutivos, esperando que a tendência perdure, apenas para chegar no fim da festa, deixando escapar todos os ganhos e participando, ao contrário, de todas as perdas. Depois que a bolha de tecnologia e o 11 de Setembro suscitaram o aparecimento de sucessivos mercados em baixa, muitos investidores anteviram outros mercados em baixa e deixaram escapar as recuperações subsequentes. Após a crise financeira de 2008-2009, muitos investidores encararam cada recuo como um indicador de uma iminente ruptura do mercado.

Como se o mercado funcionasse desse jeito. Em vez disso, em um determinado ano, há uma probabilidade muito boa de que o mercado termine o ano positivo. Sem que onde tenha terminado no ano anterior faça diferença. Além disso, há grandes chances de haver uma correção, independentemente do que tenha acontecido nas semanas, meses ou ano anteriores. Um investidor pode esperar por cerca de dois mercados em baixa em cada década, independentemente do que tenha acontecido na década anterior. Da mesma forma que tirar cara três vezes consecutivas ao jogar uma moeda para cima não altera as chances de tirar coroa no próximo lançamento, o passado recente não é um indicador confiável daquilo que se deve esperar dos mercados.

Uma maneira de combater os efeitos do viés de recência é impor um sistema disciplinado à gestão do seu dinheiro. Por exemplo, se a sua carteira de investimentos consistir em 60% de ações e 40% de títulos, talvez você

O CAMINHO

se permita fazer um rebalanceamento para voltar à proporção original somente quando a variação da sua alocação superar os 5%. Ao adotar uma abordagem sistemática para as suas decisões de investimentos, você ajuda a impedir que eventos recentes do mercado influenciem o seu modo de agir.

O viés de recência pode ter implicações positivas e negativas na vida real, mas, sem o devido controle, muitas vezes causa muito mais mal do que bem quando se trata de investir.

AVERSÃO MÍOPE À PERDA

Se estivermos suficientemente tranquilos e preparados,
poderemos encontrar compensação em cada decepção.

HENRY DAVID THOREAU

As pessoas mais bem-sucedidas são aquelas que não deixam o fracasso atrapalhar seus objetivos e sonhos. O nosso instinto natural é desistir ou fugir quando uma situação se torna difícil, em vez de tentar novamente ou procurar implementar uma nova estratégia. Temos uma tendência a focar nos resultados a curto prazo e não em nossas metas a longo prazo, principalmente se as coisas não saírem como o esperado no início. Especialistas em finança comportamental chamam isso de *aversão míope à perda*.

Treinamos os nossos filhos para voltarem a subir na bicicleta quando eles caem pela décima vez, mas precisamos que alguém faça o mesmo por nós. Mesmo que entendamos e concordemos com uma estratégia de investimento, pode ser difícil manter o rumo se a estratégia não funcionar imediatamente, ainda que estejamos de acordo sobre seu funcionamento a longo prazo. Muitas vezes, os investidores querem abrir mão de um ativo quando ele não gera retornos imediatos.

Entender os investimentos que você possui e o objetivo de cada um deles na sua carteira é essencial para evitar a aversão míope à perda. Com muita frequência, nos deixamos impressionar pelo desempenho de um investimento hoje, sem considerar sua utilidade na carteira. Estudos descobriram que os investidores estabelecem prazos arbitrários para avaliar a eficácia de um ativo ou de uma estratégia de investimento; normalmente, escolhem reavaliá-los dentro de um ano, mesmo que esse não seja um ponto de referência apropriado para os investimentos (verificar os seus investimentos a todo o momento não é uma maneira eficaz de avaliar a eficácia da sua carteira). Uma carteira inteligente é estruturada para possuir ativos que propiciem valor ao longo do tempo, em algum momento entre hoje e daqui a dez anos (ou mais) no futuro. Se você não precisa vender um ativo hoje, o preço atual desse ativo é irrelevante.

Os investidores com alto patrimônio líquido costumam ter um componente de capital privado em sua carteira, sobre o qual você ficará sabendo mais no próximo capítulo. Espera-se que, nas fases iniciais, alguns desses investimentos comecem com um retorno negativo! Quase todo tipo de investimento possui uma ampla faixa de negociação (grandes flutuações de preço), juntamente com um desempenho imprevisível no curto prazo, e, mesmo assim, essas mesmas classes de ativos têm um desempenho bastante previsível no longo prazo. Se quiser controlar o instinto de aversão míope à perda, esteja ciente disso! Desde que as suas necessidades não tenham mudado e a composição da sua carteira ainda esteja alinhada às suas metas, dê aos seus investimentos o tempo necessário para entregarem seu valor.

VIÉS DE NEGATIVIDADE

> Várias vezes, a mente humana reage com mais rapidez, força
> e persistência às coisas ruins do que às coisas boas equivalentes.

JONATHAN HAIDT

O viés de negatividade se refere à nossa natureza, como seres humanos, de recordar as experiências negativas mais vividamente do que as positivas, bem como às ações conscientes e subconscientes que tomamos para evitar resultados negativos.

Assim como a aversão à perda, o viés de negatividade é uma força poderosa. Teresa Amabile e Steven Kramer descobriram que até mesmo pequenos contratempos negativos durante a jornada de trabalho alteraram duas vezes mais a sensação de felicidade dos profissionais do que alguns avanços positivos. Segundo os pesquisadores, também aprendemos mais rapidamente com o reforço negativo do que com o reforço positivo. Ao analisar a nossa linguagem, os pesquisadores descobriram que 62% das

O CAMINHO

palavras emocionais são negativas e 74% das palavras usadas para descrever traços de personalidade são negativas (as pesquisas sobre viés de negatividade não são a linha de trabalho mais animadora ou inspiradora). Aparentemente, não se trata de uma resposta aprendida, pois a pesquisa mostra que esse viés é reconhecível em crianças pequenas. Quando solicitadas a avaliar se uma expressão facial era boa ou ruim, as crianças percebiam os rostos positivos como bons, mas tanto os rostos negativos quanto os neutros foram identificados como ruins. De acordo com os pesquisadores, até os bebês exibem o viés de negatividade.

Dada a força com que reagimos a eventos negativos, ninguém deveria se surpreender com o fato do nosso feed de notícias estar repleto deles. É muito mais provável que você fique sabendo do mais recente assalto no seu bairro do que da diminuição geral da taxa de criminalidade. E, durante uma campanha política, os comerciais de um candidato são, quase sempre, peças de ataque negativo direcionadas aos oponentes, em vez de focar em suas próprias virtudes. São tentativas flagrantes de explorar o nosso viés de negatividade e de provocar uma resposta emocional mais potente.

O viés de negatividade também é perceptível no mundo dos investimentos. É essa perspectiva negativamente orientada que leva os investidores a querer vender durante as correções de mercado ou nos mercados em baixa. Se desfazer de tudo se torna uma maneira de os investidores evitarem a experiência negativa de testemunhar a derrocada de suas posições. Sucumbir ao viés de negatividade é tentador quando eventos recentes significativos ainda estão frescos na memória, o que os cientistas comportamentais chamam de *vivacidade*. Por exemplo, depois de passar pelas experiências de um severo mercado em baixa, como a crise financeira de 2008 e 2009, ou da pandemia de coronavírus, os investidores podem ser levados, pelo viés de negatividade, a reagir exageradamente ao menor sinal de correção e, em pânico, vender seus ativos para fazer dinheiro, temerosos de que outra crise esteja surgindo.

Como em qualquer outro viés comportamental, o segredo para mitigar o efeito desse viés é saber que ele existe, para que você possa perceber quando está começando a ser absorvido por ele e se deter antes que ele possa prejudicá-lo ou a sua carteira de investimentos. O viés de negatividade é tão forte que todo o Capítulo 1 deste livro foi dedicado a dominá-lo!

VIÉS DO GOL OLÍMPICO

Eu quero tudo e quero agora.

FREDDIE MERCURY, vocalista da banda Queen

Todos nós tendemos a desejar os maiores e melhores resultados o mais rápido possível, em vez de focar em mudanças gradativas que vão aumentando com o tempo. Isso é conhecido como *viés do gol olímpico*, e as dietas da moda são um ótimo exemplo disso. Todos sabemos que a chave para a perda equilibrada de peso é consumir menos calorias em combinação com a prática de exercícios físicos. Ainda assim, milhões de pessoas tentam burlar o sistema por meio de pílulas, sucos desintoxicantes e dietas radicais. (Como o meu amigo que perdeu bastante peso com a dieta da cenoura. Ele, literalmente, não comeu nada além de cenouras durante uma semana inteira. Ele perdeu peso, é fato; infelizmente, também ficou laranja. É sério.) Investir é muito semelhante a isso, com os investidores procurando aquele gol olímpico, em vez de focar em retornos *sustentáveis* a longo prazo.

A desvantagem para os investidores que procuram os gols olímpicos não é diferente dos jogadores de beisebol que procuram as rebatidas perfeitas: você vai errar a bola com mais frequência do que acertar. Ao contrário, os jogadores que tentam girar adequadamente o próprio corpo antes de cada jogada terão um resultado melhor ao longo do tempo (e, talvez, também consigam fazer alguns gols olímpicos nesse processo). A sua filosofia de investimentos deveria adotar a mesma abordagem: possuir os ativos mais adequados aos seus objetivos e aproveitar as oportunidades quando o mercado as oferecer. Você marcará os seus próprios "gols olímpicos" ao longo do caminho, mas também evitará perder a bola quando o "jogo" (neste caso, a sua independência financeira) estiver em risco. (E agora, chega de analogias esportivas. Eu juro!)

O APOSTADOR

Você precisa saber quando segurar suas cartas e
quando soltá-las. Saber quando se afastar,
saber quando sair correndo.

KENNY ROGERS

O CAMINHO

Algumas pessoas são *especuladoras*, tratando o mercado como se ele fosse seu próprio cassino particular, apostando em um punhado de ações, opções de negociação, ou tentando adivinhar o comportamento do mercado com a esperança de faturar alto ou de superar os índices do mercado como um todo. (A última moda dos apostadores é a criptomoeda, que enriqueceu alguns poucos, enquanto a maioria perdia suas fichas.) Quase todas as pessoas preferem ser *investidoras*, seguindo uma estratégia consistente e disciplinada que se concentra em aumentar as probabilidades de atingir suas metas de longo prazo. Mas muitas se enquadram nos dois campos.

O desejo de apostar é inato em todos nós. A indústria de jogos é construída em torno da fisiologia e da psicologia: vencer faz com que o nosso corpo libere endorfinas (o que nos faz experimentar euforia), impelindo os nossos cérebros a querer continuar jogando. Quando estamos perdendo, os nossos cérebros nos pedem para continuar jogando, para que aquelas endorfinas sejam liberadas novamente e, assim, evitar o sofrimento emocional causado por perdas futuras. Os cassinos sabem como explorar isso a seu favor: eles injetam oxigênio extra no ambiente para mantê-lo alerta e distribuem bebidas gratuitas para reduzir o seu grau de inibição. Eles sabem que quanto mais você jogar, mais eles ganharão. (Os cassinos se dão muito bem porque o jogo alimenta muitos dos vieses que abordamos neste capítulo. Além disso, eles oferecem bufês gratuitamente.)

Já discutimos o quanto a negociação ativa funciona contra você, mas ela beneficia, verdadeiramente, a empresa — nesse caso, a empresa de corretagem. A negociação ativa gera taxas, que funcionam como receita para a corretora. Considere os anúncios dessas empresas, que promovem negociações gratuitas ou de baixo custo, incentivam você a passar a selecionar as ações vencedoras e fornecem acesso a ferramentas fantasiosas que lhe trarão "insights" sobre o mercado. Você acha que é mera coincidência o fato de o aspecto da sua plataforma de negociação on-line ser igual ao de um cassino, com as cores verde e vermelho, barras de rolagem eletrônicas, imagens piscantes e tinidos de sinos?

Não é fácil reprimir o apostador que está dentro de nós. A longo prazo, manter todos os seus ativos investidos em conformidade com a sua estratégia global é o que lhe oferecerá a maior probabilidade de sucesso. Mas, se você não conseguir silenciar o seu apostador interno, considere abrir uma conta de negociação separada, com uma pequena quantidade de fundos com os quais você possa "jogar". Dessa forma, você poderá aproveitar a emoção do jogo sem comprometer a sua independência financeira.

VIÉS POLÍTICO

Talvez você tenha ouvido falar que nós, norte-americanos, somos um pouco divididos quando se trata de política. Essa divisão, incentivada pelos meios de comunicação que nos abastecem apenas com o que queremos ouvir, ficou muito pior ao longo dos anos. Na verdade, ficou *tão* pior que, hoje, vejo muitos investidores causarem sérios danos a suas carteiras, baseando importantes decisões de investimentos em opiniões políticas. Em 2008, quando o presidente Obama foi eleito, grande parte da mídia financeira entrou em histeria absoluta, afirmando que o socialismo estava a caminho e que isso destruiria os mercados. Durante sua presidência, porém, o mercado apresentou um de seus melhores exercícios de oito anos da história. Quando o presidente Trump foi eleito, em 2016, a mídia financeira alegou que os mercados não seriam capazes de lidar com sua imprevisibilidade, que a ameaça de guerra causaria um colapso do mercado e que suas políticas acabariam com as corridas ao mercado. No entanto, os mercados acabaram tendo alguns de seus melhores anos de todos os tempos e, pela primeira vez, todos os meses do ano seguinte à sua eleição apresentaram um ganho.

A questão é a seguinte: o mercado não se importa muito com quem está sentado no Salão Oval. O mercado se preocupa apenas com os ganhos futuros (os lucros da empresa). Enquanto uma infinidade de fatores está envolvida nos ganhos futuros, apenas alguns poucos são impactados por quem está ocupando a presidência dos Estados Unidos. Tais fatores são indubitavelmente importantes, mas não são suficientes para compensar a vastidão de outros fatores sobre os quais o presidente não tem controle, como as taxas de juros. Seja você de direita ou de esquerda, terá muita sorte se ficar no meio na hora de investir. Nunca tome decisões acerca da sua carteira de investimentos com base em qual partido político está no poder.

LIBERTE A SUA MENTE

Embora essa pequena digressão dos fundamentos do planejamento e dos investimentos possa ter parecido uma distração, acho que conseguimos deixar bem evidente que não se trata disso. Nenhuma quantidade de planejamento e investimentos pode compensar um grande (e evitável!) erro comportamental ao longo do caminho. Como diz o clássico En Vogue, de 1992: "Liberte a sua mente e o resto se seguirá."

CAPÍTULO DEZ
CLASSES DE ATIVOS

Em média, 90% da variabilidade dos retornos é
explicada pela alocação estratégica de ativos.

ROGER G. IBBOTSON

A esta altura, já cobrimos várias partes importantes do cenário de investimentos. Para começar, agora você compreende o mercado: seus altos e baixos (e como seria o comportamento esperado em ambos os casos), seu crescimento geral e como ele pode ser benéfico aos investidores de longo prazo. Entende o tipo de condicionamento mental que precisa manter para permanecer envolvido durante as instabilidades do mercado: você não pode se deixar distrair pela mídia, pelos corretores ou pelo próprio medo. Com isso, você estará pronto para passar aos investimentos propriamente ditos. Começaremos com um passeio pelas principais classes de ativos, como esses ativos funcionam e qual seu papel na carteira de um investidor.

DINHEIRO: A ILUSÃO DA SEGURANÇA

Uma coisa que eu vou lhe dizer é que o pior investimento
que você pode ter é dinheiro. Todo mundo fala que o "dinheiro é rei"

e esse tipo de coisa. O dinheiro vai valer menos ao longo do tempo. Mas os bons negócios vão valer mais ao longo do tempo.

WARREN BUFFETT

Quando pensamos em classes de ativos arriscadas, talvez o que nos venha à mente sejam matérias-primas (ou seja, ouro e petróleo), bens imóveis, ações e até alguns títulos. É possível que o dinheiro seja o último item da lista. O dinheiro, contudo, tem muitos riscos inerentes. Ele é a principal classe de ativos com pior desempenho da história (um bom começo, não é mesmo?). Durante muitos anos, o dinheiro sempre apresentou um desempenho aquém de todas as outras principais classes de ativos. Quanto mais tempo você passa com uma parcela significativa de suas posições em dinheiro, maior a probabilidade da sua carteira de investimentos apresentar um desempenho aquém do esperado. (Os profissionais gestores de carteiras de investimentos sabem disso e eles ainda têm um termo para esse efeito: *escoamento do dinheiro*. O dinheiro faz escoar os retornos!)

Guardá-lo por longos períodos de tempo garante que você não acompanhará a inflação e perderá poder de compra. Em essência, o seu dinheiro valerá menos a cada ano, à medida que os preços das mercadorias subirem e ele permanecer estático. Imagine que você coloque US$ 100.000 no banco e ganhe cerca de 1% por ano ao longo de dez anos. Quando você resgatar o seu dinheiro, talvez se sinta muito bem. No entanto, aquele 1% ou algo assim não terá acompanhado o custo de um selo, um terno, uma barra de chocolate, cuidados de saúde ou ensino superior. Talvez você pense que ganhou dinheiro, mas, na verdade, perdeu um valioso poder de compra.

Uma razão pela qual muitos "investidores" deixam o dinheiro parado em uma conta está em sua tentativa de prever o comportamento do mercado. Eles desejam ter "pólvora seca" em mãos. Fazem isso apesar de nunca ter havido um estudo documentado e concreto demonstrando que converter repetidamente ações em dinheiro, e vice-versa, funcione. Afinal, você precisa ter certeza sobre quando sair do mercado *e* quando entrar e, então, ser capaz de repetir consistentemente esse processo. Se você se prejudicar uma única vez, o desempenho da sua carteira poderá ser permanentemente afetado. Mas você já sabe disso, pois passamos um capítulo inteiro abordando esse assunto!

O CAMINHO

Finalmente, muitos investidores guardam dinheiro para o caso de um Armagedom financeiro, uma situação em que o mercado de ações chegue a zero, ou próximo a zero, e nunca mais se recupere. Na realidade, se vivermos em um mundo em que a Amazon, a Nike, o McDonald's e o restante das empresas líderes do mundo caírem e nunca mais se recuperarem, é provável que, na sequência, haja uma inadimplência do governo dos Estados Unidos em títulos do Tesouro. Como o governo poderá pagar seus débitos com seus títulos se todas as principais empresas norte-americanas tiverem entrado em colapso? Quem, exatamente, estaria trabalhando e pagando impostos para cobrir os pagamentos da dívida? Nesse caso, a garantia da FDIC (Corporação Federal de Seguros de Depósitos, ou Federal Deposit Insurance Corporation, da sigla em inglês) sobre as suas contas bancárias não significaria essencialmente nada e o dinheiro se tornaria inútil. Se você não acredita que as grandes empresas norte-americanas possam sobreviver, então a conclusão natural é que o próprio sistema econômico dos Estados Unidos não conseguirá sobreviver. Se assim for, o dinheiro talvez seja o pior ativo a se deter (e um bunker, alimentos em pó e kits de sobrevivência pareceriam, subitamente, investimentos geniais). Apesar de tudo isso, os norte-americanos estão sentados em cima de trilhões em dinheiro, o maior valor da história.

Manter reservas de curto prazo em mãos é uma boa ideia; acumular dinheiro como um investimento de longo prazo, não. Desconsidere-o como uma possibilidade para a sua carteira de investimentos.

TÍTULOS

Se pudéssemos chamar todos os títulos
de "empréstimos", todo mundo compreenderia muito melhor.

AFIRMA ALGUÉM QUE SE INCOMODA COM A COMPLEXIDADE
ATINGIDA PELOS ASSUNTOS FINANCEIROS*

---

* Fonte: este que vos fala.

Quando você compra um título, está fazendo um empréstimo a uma empresa, governo ou alguma outra instituição. Títulos são empréstimos. É isso. (Muitas vezes, os títulos são descritos de forma muito mais complexa do que realmente são, em grande parte pelo fato de o setor de serviços financeiros fazer de tudo para confundir as coisas o máximo possível.) Ao emprestar dinheiro ao governo federal, isso se chama *obrigações do tesouro*. Ao emprestar dinheiro a uma cidade, estado ou município, trata-se de um *título municipal*. Ao emprestar dinheiro a uma empresa como a Netflix ou a Microsoft, temos um *título corporativo*. Ao emprestar dinheiro a uma empresa que precisa pagar uma taxa de juros mais alta para atrair investidores, falamos em *obrigações de alto rendimento* (expressão usada pelo setor de serviços financeiros), mais comumente conhecidas como *investimento especulativo* ou *junk* (chamando-o pelo que é de fato).

Os títulos são emitidos quando essas instituições desejam tomar dinheiro emprestado do público, colocando-o no papel de credor quando você adquire um título. Digamos que a Target queira arrecadar US$ 100 milhões. Provavelmente, não existe um indivíduo ou uma instituição que queira correr o risco de emprestar tanto dinheiro assim a uma empresa. Portanto, a Target emitirá títulos suficientes em quantidades menores, digamos em lotes de US$ 25.000, a fim de obter o valor total necessário. Isso permite que mais investidores participem da oferta de empréstimo. Como em qualquer outro empréstimo, haverá uma taxa de juros que deverá ser paga ao investidor por um determinado período de tempo (conhecido como *prazo*). Ao fim do prazo (conhecido como data de *vencimento* do título), o valor emprestado (US$ 25.000, em nosso exemplo) é devolvido ao investidor.

Dependendo da instituição que estiver tomando o empréstimo, a taxa de juros irá variar. Os dois principais fatores que determinam o montante de juros que uma instituição pagará são a qualidade de crédito do empréstimo e o prazo.

Primeiro, vamos ver como a qualidade afeta a taxa. Muitos consideram que emprestar dinheiro ao Tesouro dos EUA é o investimento mais seguro do mundo, e é por isso que você recebe um rendimento menor do que receberia se emprestasse dinheiro a uma corporação. As chances de uma empresa falir e não reembolsar os detentores de seus títulos são maiores do que as chances de o governo dos EUA incorrer no incumprimento de

O CAMINHO

seus empréstimos. (Alguns se apressariam em inserir um tipo de cenário apocalíptico aqui. Para os nossos propósitos, o governo federal é o único emissor de títulos que pode ter a iniciativa de imprimir mais dólares para pagar suas dívidas. Pelo menos, eles são os únicos que podem fazer isso legalmente.) Para persuadi-lo a emprestar dinheiro a uma cidade, estado, país estrangeiro ou corporação, esses mutuários devem oferecer um retorno após impostos mais alto do que o Tesouro dos Estados Unidos. As empresas mais frágeis precisam oferecer uma taxa de retorno ainda mais alta para seduzi-lo a correr o risco de conceder-lhes um empréstimo. Se todos os demais fatores permanecerem inalterados, quanto maior o rendimento que lhe for oferecido, maior o risco que você estará correndo. A isso se dá o nome de *risco de crédito*.

Os títulos são classificados por agências que atribuem uma pontuação em formato de letras (da mesma forma que os norte-americanos recebem uma pontuação FICO para a sua classificação de crédito). Tanto a Fitch quanto a Standard & Poor's usam uma escala idêntica (AAA é a classificação mais alta, seguida de AA+, AA, AA- etc.), e a Moody's usa uma escala diferente para refletir as mesmas informações (Aaa é sua classificação mais alta, seguida por Aa1, Aa2 etc.). Qualquer título classificado como BBB, ou acima disso na escala Fitch/S&P (ou Baa3 e acima disso na escala Moody's), é denominado título de grau de investimento, e qualquer título classificado abaixo disso é um título de *grau especulativo* (ou "junk" — definitivamente, o pessoal das obrigações de alto rendimento precisa contratar uma equipe de marketing melhor).

Vejamos agora o efeito do prazo do empréstimo sobre a taxa. Por exemplo, se você fosse emprestar dinheiro ao governo federal por um período de 10 anos a partir de hoje, o governo lhe pagaria juros a uma taxa muito baixa. No entanto, se você estiver disposto a emprestar a mesma quantidade de dinheiro ao governo por um período de 30 anos, o governo lhe pagará uma taxa mais alta. Esse princípio também se aplica aos títulos municipais e corporativos: quanto mais tempo você estiver disposto a emprestar o seu dinheiro, maior será a taxa que eles lhe pagarão. A razão é clara: você corre mais *risco de taxa de juros* quanto mais tempo emprestar o dinheiro (em um breve comentário: por vezes os operadores de mercado pagam menos pelos títulos de longo prazo; nesse caso, diz-se que a curva de rendimentos está "invertida". De modo geral, isso é um sinal de [1] uma potencial e iminente recessão, já que os investidores estão dizendo, basicamente, que estão dispostos a imobilizar o dinheiro de longo prazo por um valor menor do que o dinheiro de curto prazo, o que significa que o futuro não parece tão bom e [2] histeria coletiva na mídia financeira). É verdade que, se você mantiver a obrigação que comprou até o vencimento, receberá todo o seu dinheiro de volta, com todos os pagamentos de juros pelo caminho. No entanto, há duas coisas a se considerar.

Primeiro, se você emprestar dinheiro ao governo federal por 30 anos a uma taxa de 2,6%, é altamente provável que, nesse intervalo de tempo, as taxas de juros subam. Vamos supor que a economia se fortaleça um pouco e o Banco Central dos EUA aumente as taxas de juros, oferecendo, por fim, obrigações de 10 anos a 4%. Se em algum momento ao longo do caminho você desejar vender a sua obrigação de 30 anos, terá de vendê-la com desconto. Digamos que, depois de 20 anos, você decida vendê-la. Por que alguém iria querer pagar o preço total pela sua obrigação, que agora é de 10 anos, com uma taxa de juros de 2,6%, quando é possível comprar obrigações de 10 anos com uma taxa de juros de 4%? E se você mantiver a sua obrigação até o vencimento, perderá o rendimento mais alto que poderia ter recebido se conseguisse ter investido em obrigações lançadas posteriormente e com maior rendimento.

Depois de entender os riscos de crédito e os riscos de taxa de juros, fica mais fácil entender o preço das obrigações. Não é incomum pensar que uma obrigação é melhor porque está pagando um rendimento mais alto, quando, na verdade, ela é apenas mais arriscada, pois pertence a uma empresa com classificação mais baixa ou possui um prazo mais longo.

Os títulos são muito menos arriscados do que as ações, já que seus pagamentos são garantidos. Os pagamentos dos títulos são uma obrigação contratual, o que significa que a empresa deve reembolsá-lo, ao passo que os dividendos das ações (que são distribuições de lucros) são discricionários, o que significa que a empresa pode parar de pagar os dividendos sempre que lhe aprouver. Por esse motivo, se você mantiver um título até o vencimento e o emissor do título não tiver ido à falência, você receberá o seu empréstimo original de volta, mais os pagamentos de juros. Como classe de ativos, os títulos oferecem retornos positivos dentro do ano civil

O CAMINHO   225

em aproximadamente 85% das vezes. Observe, no entanto, que os títulos são uma classe de ativos muito ampla, com uma gama muito vasta de retornos esperados. Sendo assim, onde os títulos fazem sentido em uma carteira de investimentos? Títulos de curto a médio prazo, de alta qualidade e diversificados fazem sentido para as necessidades de um investidor nos próximos dois a sete anos. Os títulos também fornecem "pólvora seca" para investidores que gostam de manter fundos disponíveis para aquisições quando o mercado de ações entrar em liquidação; possuir uma carteira de títulos com alta liquidez permite que você levante dinheiro rapidamente para a compra oportunística de ações. Uma carteira diversificada de títulos também pode atender à maioria das necessidades de investidores conservadores que não conseguem tolerar a volatilidade do mercado e têm uma carteira de investimentos ampla, de modo que apenas os rendimentos dos títulos, por si, bastam para satisfazer todas as suas necessidades.

AÇÕES

Por trás de cada ação, há uma empresa.

PETER LYNCH

Quando compra uma ação, você está adquirindo participações reais de uma empresa real. Você também deixa de ser consumidor para ser acionista, o que é uma importante mudança de mentalidade. Muitas vezes, a mídia financeira dá a impressão de que as ações são como bilhetes de loteria ou uma ida a um cassino. Não é disso que se trata. Entenda que, ao comprar uma participação de uma empresa de capital aberto, *na verdade você se torna proprietário de parte de uma atividade operacional*. Pensar nisso pode ajudá-lo a tomar melhores decisões sobre o que deseja comprar (e por quê). Como acionista, as suas participações aumentarão ou diminuirão de valor com base na percepção das perspectivas futuras da empresa. Muitas ações também pagam *dividendos*, ou distribuições trimestrais de lucros a seus acionistas.

Historicamente, as ações obtêm um retorno médio de aproximadamente 9% a 10% ao ano, embora muitos especialistas acreditem que, em um futuro próximo, haja mais probabilidades de apresentarem um retorno médio significativamente inferior. De qualquer forma, elas estão entre os investimentos com a mais alta taxa de retorno esperada. Também são voláteis e não é incomum que caiam de 20% a 50%, ou mais, de tantos em tantos anos. Investir no mercado de ações não é para os fracos.

As ações têm uma taxa de retorno de longo prazo esperada mais alta do que os títulos por causa do conceito de *prêmio de risco*, o que significa que, quanto mais risco você correr, mais recompensa deve esperar em troca. Se as ações não tivessem uma taxa de retorno esperada mais alta do que os títulos, ninguém as compraria. Você consegue imaginar alguém ligando para seu especialista em finanças e dizendo: "Eu gostaria de obter um retorno semelhante ao de um título, mas, em vez disso, compre algo cujo valor possa flutuar até uma margem de 50%. Não seria preferível assim?"

Portanto, onde as ações se inserem em uma carteira de investimentos? A longo prazo, nada reflete melhor a expansão econômica do que o mercado de ações. Se você acredita que a economia e os negócios apresentarão um desempenho melhor do que o atual daqui a dez anos, o mercado de ações é um bom lugar para alocar alguns dos seus investimentos. No entanto, a curto prazo, elas são imprevisíveis. Na verdade, tendem a cair cerca de um ano a cada intervalo de quatro anos. É comum que sofram um tombo drástico, às vezes por motivos legítimos, mas às vezes sem nenhum motivo aparente. Por isso, todo o dinheiro de que você precisar para atingir as metas de curto prazo *não* deveria ser investido em ações. Este é o tipo de investimento que o ajuda a alcançar objetivos de longo prazo, como a aposentadoria.

BENS IMÓVEIS

Não espere para investir em imóveis: invista em imóveis e espere.

WILL ROGERS

Os investidores também podem recorrer a bens imobiliários negociados em bolsa. De forma geral, isso é feito por meio de REITs (fundos de investimentos imobiliários, ou *real estate investment trusts*) negociados publicamente. Os REITs possuem imóveis comerciais (edificações industriais,

O CAMINHO 227

complexos de apartamentos e shoppings, por exemplo, ao contrário da sua casa) e outras propriedades geradoras de renda.

Os investidores gostam de bens imobiliários negociados em bolsa porque eles não se comportam exatamente da mesma maneira que as ações, embora seja importante observar que ainda são muito sincronizados com o mercado, e, às vezes, se correlacionam com ele, principalmente durante uma crise financeira. Pelo fato de os REITs se comportarem de maneira um pouco diferente das ações, eles ajudam a diversificar a carteira de investimentos. Eles também podem proporcionar excelente diversificação dentro do próprio mercado imobiliário. Digamos que você tenha US$ 100.000 para investir em imóveis: uma opção é comprar uma pequena propriedade de aluguel em uma cidade pequena, e outra é comprar participações em um REIT negociado publicamente e, assim, possuir uma pequena parte de milhares de propriedades comerciais em diferentes segmentos de mercado (residencial, industrial, armazenamento etc.) por todo o país.

De modo geral, os REITs produzem mais receitas de dividendos do que as ações, quase sempre o dobro ou até mais, já que os rendimentos líquidos provenientes dos aluguéis são repassados de forma direta aos investidores. E quem não gostaria de receber cheques de aluguel sem o aborrecimento de ser um senhorio? Os aluguéis também tendem a subir com a inflação. Por isso, os REITs podem fornecer alguma proteção contra ela. Finalmente, os REITs negociados publicamente são líquidos, o que significa que podem ser negociados como se fossem ações. No geral, esses REITs podem ser um investimento inteligente, como parte de uma carteira bem diversificada. (Aviso: os REITs privados "não cotados" tornaram-se incrivelmente populares entre os corretores, pois pagam vultosas comissões. O problema é que eles NÃO são líquidos, e você não tem, nem de longe, o mesmo nível de transparência. Evite-os!)

COMMODITIES

Uma *commodity* é uma matéria-prima ou um produto agrícola que pode ser comprado ou vendido, seja na forma de energia, como o petróleo; comida, como o café, o milho e o trigo; ou metais preciosos, como o ouro, a prata e o cobre. Tais mercadorias não produzem renda intrinsecamente, são voláteis e, geralmente, tributadas a taxas mais altas do que outros investimentos (até agora, não parecem tão impressionantes assim). A título de exemplo, vejamos um dos mais populares investimentos em matérias-primas: o ouro.

> O que motiva a maioria dos compradores de ouro é sua convicção de que a quantidade de medrosos aumentará. Durante a última década, essa convicção se provou correta. Além disso, o mero aumento do preço gerou um entusiasmo adicional, atraindo compradores que enxergam a ascensão como validação de uma tese de investimento. Quando os investidores que "pegaram carona" entram em uma festa, eles criam sua própria verdade — por algum tempo.
>
> WARREN BUFFETT*

Muitos investidores temem que a economia global entre em colapso e o ouro se torne a única moeda verdadeira (embora, ultimamente, as criptomoedas estejam roubando um pouco essa narrativa). Outros o consideram o investimento mais seguro, caso observemos uma inflação elevada que diminua o valor da moeda.

Ao contrário das empresas, imóveis e energia, o valor intrínseco do ouro é praticamente nulo. Empresas e imóveis têm potencial para gerar renda, e empresas de energia têm potencial para gerar renda e fornecer um dos recursos mais fundamentais da economia global. Mas o ouro não produz nenhuma renda e não é um recurso fundamental. Historicamente, o ouro apresentou um desempenho inferior aos das ações, imóveis, energia e títulos, mal conseguindo acompanhar a inflação. Todas as vezes na história em que se saiu extremamente bem e subiu de preço, acabou desmoronando. E, embora tenha demonstrado um desempenho dramaticamente aquém das ações, e até mesmo dos títulos, ele ainda é uma das classes de ativos mais voláteis no longo prazo. O ouro está presente

---

* Também de Buffett, e mais divertido: "O ouro é escavado na África, ou em algum outro lugar. Depois, nós o derretemos, cavamos outro buraco para enterrá-lo de novo e pagamos a alguém para guardá-lo em um local seguro. Não tem a menor utilidade. Qualquer um que estivesse assistindo isso de Marte não entenderia nada."

apenas nas carteiras de investimentos dos propagadores do medo e dos especuladores. Se você possui ouro na sua carteira, prepare-se para não receber nenhuma renda, pagar impostos mais altos sobre os seus retornos, experimentar mais volatilidade do que no mercado de ações e obter um retorno de longo prazo inferior ao dos títulos. Eu passo adiante.

Figura 10.1

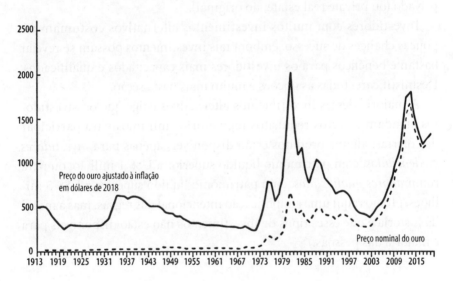

PREÇOS MÉDIOS ANUAIS DO OURO (1914-2018) AJUSTADOS À INFLAÇÃO EM DÓLARES DE MARÇO DE 2018

INVESTIMENTOS ALTERNATIVOS

Peça a cem pessoas para definir "investimentos alternativos" e você receberá cem respostas diferentes. Aqui, vamos analisá-los sob dois prismas que nos permitirão divisar grande parte do mercado. Um *investimento alternativo*, na maioria das vezes, significa "uma maneira alternativa de investir nos mercados públicos" ou, mais frequentemente, "um investimento que serve como meio de obter retornos sem precisar investir nos mercados públicos". Os fundos de cobertura são o investimento mais comum dentro da primeira categoria (alerta de spoiler, não sou fã deles).

As alternativas mais comuns às negociações em mercados públicos são as versões privadas de ações, títulos e bens imóveis. Existe, também, um mercado privado para empresas que não são negociadas publicamente. A maioria dessas empresas é de propriedade de empreendedores individuais, mas outras pertencem a algumas das milhares de empresas de capital privado que procuram adquirir empresas em expansão, que, segundo sua avaliação, aumentarão de valor mediante seu apoio e seu capital. Existem, também, fundos imobiliários privados. Alguém já tentou convencê-lo a comprar um empreendimento local, um shopping ou um conjunto de apartamentos por meio desses fundos? É o que se chama de setor imobiliário privado (ou private real estate, no original).

Investidores com muitos investimentos alternativos costumam ter poucas chances de sucesso, embora tais investimentos possam se revelar bastante benéficos para os investidores mais capacitados e qualificados. Desmistificarei todas as opções e muito mais nesta seção.

A maioria desses investimentos alternativos exige que os investidores atendam a certos requisitos regulatórios mínimos para participar das ofertas: alguns produtos estão disponíveis apenas para *investidores credenciados*, com patrimônio líquido superior a US$ 1 milhão, ou para *compradores qualificados*, com patrimônio líquido superior a US$ 5 milhões. (Temos aqui uma simplificação intencional das regras, mas a moral da história é que esses tipos de investimentos não estão disponíveis para a maioria das pessoas.)

Fundos de cobertura: a pior maneira de comprar ações

Quero gastar mais em taxas, gastar mais em impostos,
desistir de acessar os meus investimentos, não saber
exatamente o que está se passando com o meu dinheiro
e obter retornos abaixo da média.

NINGUÉM JAMAIS DISSE ISSO

Existem diversos tipos de fundos de cobertura, mas os mais comuns são os que investem em ações. Em 2008, Warren Buffett fez uma aposta de um milhão de dólares com Ted Seides, um dos sócios da empresa de fundos de cobertura Protégé Partners (uma aposta e tanto, considerando-se que já fico ligeiramente tenso com US$ 25 sobre uma mesa de vinte-e-um). Warren e Ted combinaram que quem perdesse a aposta deveria doar o valor à instituição beneficente favorita do outro. Warren defendia que, no espaço de dez anos, os fundos de cobertura não conseguiriam superar o mercado nem justificar suas taxas, enquanto Ted alegava que conseguiriam, inclusive correndo menos riscos. Warren estava tão confiante que permitiu, inclusive, que Ted escolhesse os fundos de cobertura, em vez de comparar o desempenho geral do mercado de ações com o desempenho geral do mercado de fundos de cobertura. Em outras palavras, era uma aposta entre possuir o S&P 500, uma cesta de ações não cotadas, e cinco fundos pertencentes à elite dos fundos de cobertura, criteriosamente selecionados por Seides. Em um minuto, descobriremos como ambos se saíram.

Acredito no uso de várias classes de ativos, incluindo ações, títulos, bens imóveis e investimentos alternativos. No entanto, não costumo reservar lugar em uma carteira para fundos de cobertura que invistam no mercado de ações. Há muitas razões para isso, mas a principal é simples: *investir em fundos de cobertura é uma ótima maneira de aumentar as chances de ter um desempenho aquém do esperado.* Isso contraria grande parte das coisas que você ouvirá sobre esses veículos de investimento; portanto, vamos aos fatos.

Os fundos de cobertura são fundos de investimento privado disponíveis para investidores elegíveis, engajados em uma ampla gama de atividades. Alguns fundos de cobertura são "controlados por eventos", o que significa que tentam obter vantagem nos mercados com base em grandes eventos, como guerras, escassez de petróleo, ocorrências econômicas, e assim por diante. Alguns são fundos longos/curtos, o que significa que apostam na ascensão de algumas ações e na queda de outras. Alguns usam derivativos e opções, e muitos usam a *alavancagem*, o que significa que pegam emprestado um dinheiro adicional para investir. Isso tudo é uma maneira muito superficial de descrever as possibilidades de operação dos fundos de cobertura. O principal objetivo de muitos desses fundos é oferecer um retorno idêntico ao do mercado de ações ou um retorno ainda melhor, com menos volatilidade. Em tempos de desempenhos insatisfatórios, como vem ocorrendo nos últimos dez anos, os gestores dos fundos de cobertura alegarão que seu trabalho é reduzir a volatilidade, em troca de um retorno menor. Na minha experiência, essa parte do "retorno menor", geralmente, é novidade (depois do fato consumado) para (a maioria das) instituições sem fins lucrativos e fundos de dotação que neles investem.

Na Creative Planning, nunca usamos fundos de cobertura de capital, porque estou ciente do que impulsiona o desempenho futuro, e os fundos de cobertura apresentam uma grande desvantagem inicial *em todas as principais categorias*: impostos, taxas, gestão de riscos, transparência e liquidez.

Primeiro, no caso de indivíduos com alto patrimônio líquido, o principal indicador de desempenho futuro após a alocação de ativos são os impostos. Deveríamos sempre trabalhar ativamente para reduzir os impostos. Os fundos de cobertura fazem o oposto (sim, eu sei, a maioria das instituições não paga impostos. Mas você, provavelmente, não é uma instituição). Ao negociar ativamente, quase todos os gestores de fundos de cobertura geram um imposto muito mais alto do que um investimento puro e simples em um fundo que apenas acompanhe o índice de mercado. Primeira bola fora.

Segundo, a maioria dos fundos de cobertura possui tabelas de honorários ridiculamente altos, sendo que o honorário típico é uma taxa de gestão anual de 1,5% a 2%, independentemente de a carteira de investimentos estar em alta ou em baixa, além de 20% dos lucros sobre um determinado retorno (se houver lucro. E este é um grande "se". A taxa de fracasso dos fundos de cobertura é muito alta. Aprofundaremos esse assunto mais adiante). Considerando-se que as taxas são um importante indicador de desempenho futuro, vamos chamar isso de segunda bola fora. (Se você for um investidor institucional, observe que esta e as outras bolas foras se aplicam, sim, à sua organização e são, provavelmente, o motivo pelo qual as reuniões da sua comissão de investimentos comecem com o especialista em finanças tentando argumentar que, de alguma forma, os retornos medíocres são uma coisa favorável.)

Terceiro, já que estamos discutindo como os gestores de fundos de cobertura são remunerados, é interessante observar que o gestor é altamente incentivado a assumir enormes riscos usando o seu dinheiro. Se, independentemente do que acontecer, o gestor recebe 2% e mais um bom percentual dos lucros, por que não tentar logo uma jogada de mestre? Não é

O CAMINHO 233

incomum que um fundo de cobertura suba 30%, deixe o gestor milionário ou bilionário, e se desmanche um ano depois, sem nenhuma consequência negativa para o gestor, exceto por um pouco de constrangimento, o que ele provavelmente irá superar (navegar pela costa amalfitana em seu iate de US$ 100 milhões tende a ter esse efeito sobre as pessoas, pelo que ouvi dizer). Terceira bola fora.

Quarto, os fundos de cobertura não divulgam regularmente o que possuem nem quais estratégias usam; portanto, muitas vezes os investidores não têm nenhuma ideia do que possuem nem dos riscos a que estão expostos em um determinado período. Na maioria dos fundos de cobertura, você fica esperando pelo demonstrativo para saber o que aconteceu. Eu acredito muito na transparência; em qualquer ocasião, você deve saber o que possui e como está a situação dos seus investimentos. (Os fundos de cobertura já estão eliminados como possibilidade de investimentos, por isso não é mais preciso continuar contando as bolas fora.)

Finalmente, eles não têm liquidez. Em geral, os investidores de fundos de cobertura precisam aguardar a abertura de "janelas" de resgate em determinados dias do ano, para que possam resgatar seus fundos. Isso contrasta fortemente com os fundos de índice, que são líquidos, permitindo abandonar as posições a qualquer momento. Existem alguns investimentos em que faz sentido abrir mão da liquidez, como o setor imobiliário privado, mas não há necessidade de pegar um investimento intrinsecamente líquido, como as ações negociadas em bolsa, e imobilizá-lo em um veículo de investimento sem liquidez.

Por que razão alguém investiria em fundos de cobertura quando sabe que deverá pagar mais impostos, pagar taxas entre 100% e 500% mais altas, ter menos controle sobre seus riscos, perder transparência e perder a capacidade de abandonar o investimento sempre que desejar?

A resposta é bastante simples: os investidores acreditam que os fundos de cobertura apresentarão um desempenho superior aos demais. (E também pelo direito de se vangloriar dos coquetéis, já que muitos fundos têm a mesma exclusividade forjada das boates de acesso restrito.)

Há apenas um problema: seu desempenho está longe de ser tão bom quanto os investidores pensam!

Os fundos de cobertura não são raros e não são especiais. Talvez você se surpreenda ao saber que existem mais de 10 mil fundos de cobertura, mais que o dobro do número de ações nos EUA! O índice Credit Suisse Hedge Fund rastreia o desempenho dos fundos de cobertura, e seus dados comparativos são reveladores: desde o lançamento do índice, em 1994, um intervalo de tempo em que estão incluídos mercados em alta e em baixa, o S&P 500 teve um desempenho cerca de 2,5% superior ao das principais estratégias dos fundos de cobertura, em uma base anual. Além disso, a maioria dos fundos de cobertura tem um desempenho tão sofrível que é incapaz de sobreviver. Um estudo recente examinou 6.169 fundos de cobertura exclusivos (eliminando os que não estavam em moeda norte--americana e aqueles que eram fundos de fundos — um fundo de fundos tem uma camada adicional de taxas. São fundos de cobertura pagos para investir o seu dinheiro em outros fundos de cobertura), de 1995 até 2009. Daqueles 6.169 que existiam em 1995, apenas 37% (2.252) ainda continua- vam existindo ao fim do estudo, em 2009.

Talvez você esteja pensando: "E quais seriam os melhores fundos de cobertura? Existem alguns unicórnios que se saíram extraordinariamen- te bem por longos períodos de tempo?" Sim, mas diante de milhares de gestores de fundos de cobertura, presume-se que, estatisticamente, um ou dois tenham um bom desempenho. Mas eis aqui um fato assustador: os melhores fundos de cobertura, de modo geral, são os que apresentam os tombos mais espetaculares. Em 1998, o Long-Term Capital Manage- ment, administrado por vencedores do prêmio Nobel e considerado o maior fundo de cobertura de sua época, entrou em colapso de um dia para o outro e quase derrubou consigo os mercados. Warren Buffett, que afirmara repetidas vezes considerar os fundos de cobertura investimentos ridículos, declarou o seguinte sobre o fiasco do Long-Term Capital Mana- gement: "Eles provavelmente terão um QI médio tão alto quanto quaisquer dezesseis pessoas trabalhando juntas em qualquer empresa do país, (...) uma quantidade incrível de intelecto naquele grupo. Agora combine isso com o fato de que aquelas dezesseis pessoas tinham experiências vastas no campo onde operavam, (...) talvez um agregado de 350 a 400 anos de experiência, fazendo exatamente o que estavam fazendo. E aí você adiciona o terceiro fator: o de que a maioria delas tinha praticamente todos os seus patrimônios líquidos substanciais no negócio. (...) E elas foram à falência. (...) Isso, para mim, é fascinante." ("Fascinante" pode ser o termo empregado por Warren, mas tenho certeza de que aqueles que investiram no fundo usariam expressões impublicáveis para descrevê-lo.)

O mais recente astro dos fundos de cobertura, John Paulson, previu a crise das hipotecas e usou seu fundo de cobertura para fazer uma aposta certeira. Seus investidores obtiveram retornos expressivos e ele lucrou bilhões, tudo isso no espaço de um ano. Para a infelicidade de seus investidores, ele perdeu 52% em 2011, quando o mercado estava em alta e, desde 2011, já perdeu mais de US$ 29 bilhões do capital que estava em seus fundos. Mas Paulson não está sozinho: desde 2015, mais fundos de cobertura vêm fechando do que abrindo a cada ano.

Os defensores dos fundos de cobertura (normalmente, as pessoas que os administram ou os vendem) dirão que, embora o propósito desses fundos costumasse ser a superação do desempenho do mercado, o objetivo agora é reduzir a volatilidade da carteira e evitar os solavancos. No entanto, um estudo que se estendeu entre 2002 e 2013 analisou o desempenho dos fundos de cobertura que tentaram reduzir sistematicamente a volatilidade, e comparou os resultados com a detenção de uma mera carteira de investimentos, com 60% em índice de ações e 40% em índice de títulos. A mera carteira indexada não apenas superou o desempenho dos fundos de cobertura, *como também o fez com menos volatilidade.*

Bem, de volta à aposta entre Warren Buffett e Ted Seides. Ao fim do período de dez anos, o S&P 500 terminou em alta de 99%, com média de 7,1% ao ano. Os fundos de cobertura terminaram com um ganho de 24%, uma média de apenas 2,2% ao ano.

Sim, os fundos de cobertura farão com que alguém fique rico. Provavelmente não será você, mas os gestores dos fundos de cobertura continuarão rindo a valer, com os bolsos cheios de dinheiro. Eles devem achar que todos nós somos muito idiotas. E lhes demos muitas razões para pensarem assim.

Capital privado

Os fundos de capital privado investem capital, normalmente por anos, em empresas privadas, em troca de uma participação acionária que não é negociável nos mercados públicos. (Os fundos de capital privado também podem investir em uma entidade pública, mas, mesmo assim, a participação do fundo não será negociável publicamente.) Existem três categorias principais de capital privado: capital de risco, que muitos consideram uma classe de ativos separada em si mesma; expansão de ativos; e fundos de aquisição. Os *fundos de capital de risco* investem em empresas em estágio inicial: pense em uma empresa sem lucros, às vezes sem receita, e, às vezes, sem produto. Não é incomum que os fundos de capital de risco invistam em uma ideia. Trata-se de um jogo de alto risco, que não é adequado à maioria dos investidores, mas ele será examinado mais detidamente nesta seção.

Quando a maioria das pessoas pensa em capital privado, na verdade, está pensando em uma subcategoria comum da classe de ativos conhecida como *expansão de ativos*. Os fundos de expansão de ativos investem em empresas que já se mostraram promissoras na forma de um produto comprovado, capaz de gerar não apenas receitas, mas, de modo geral, lucros. Por fim, os *fundos de aquisições* são conhecidos por comprar uma participação majoritária em um negócio, quase sempre usando a alavancagem (o que as pessoas ricas costumam chamar de "dívida").

Vamos analisá-los detalhadamente.

Capital de risco

Nós encontramos o inimigo: somos nós mesmos.

POGO*

O ano é 2017. Estou sentado em um café no centro de São Francisco, esperando conhecer um ilustre multibilionário. Ele é um sujeito da área de tecnologia e chega com uma hora de atraso, com a barba por fazer e com um agasalho de moletom com capuz. Neste momento, fico em dúvida se é a vida real ou um episódio de *Silicon Valley*. Ele também é mais simpático e inteligente do que eu imaginava, passando de um tópico a outro com brilhante desenvoltura. Ele faz o pedido ao garçom e, depois de uma breve

---

* Pogo não é filósofo nem gestor financeiro. Ele é o personagem principal de uma história em quadrinhos da década de 1940, que se manteve popular até a década de 1980. Para os leitores com menos de 30 anos, uma história em quadrinhos é uma sequência de desenhos organizados em tiras bem-humoradas, normalmente impressas em um jornal. Para os menores de 20 anos, um jornal é uma publicação impressa que consiste em folhas dobradas contendo notícias, artigos, editoriais, anúncios e, às vezes, histórias em quadrinhos.

O CAMINHO 237

descrição de suas últimas férias em família a bordo de um iate, vai direto ao assunto. Ele me conta que tem vários bilhões de dólares em ações de sua empresa e que adora investir em startups: ele já havia investido em mais de cem empreendimentos do tipo. O diretor financeiro contratado apenas para prestar consultoria em patrimônio familiar havia me procurado e marcado a reunião, com o intuito de que eu encorajasse seu cliente a diversificar suas posições. Mostrei-lhe as razões pelas quais ele poderia ter um melhor desempenho com uma carteira diversificada e sugeri que deveria considerar tais possibilidades em alguns de seus fundos. Ele explicou que "estava plenamente convencido" de que a grande maioria de seus investimentos em capital de risco fracassaria, que os poucos a alcançar o sucesso deveriam compensar os demais (um desses investimentos, o Uber, era, obviamente, um bom exemplo dos bem-sucedidos), e que, se todos fracassassem, ele não se importaria, pois tinha bilhões de dólares.

E sabe de uma coisa? *Ele tinha razão.* Se você tem dinheiro sobrando, deveria fazer aquilo que bem entendesse: doar tudo, investir no futuro, investir em startups ou, ora bolas!, construir a sua própria piscina cheia de dinheiro e mergulhar nela como se fosse o Tio Patinhas. Se não for desse jeito, é bem provável que o capital de risco não seja para o seu bico.

Os investimentos em capital de risco parecem bastante sedutores. Muitas das maiores empresas norte-americanas nasceram de fundos de capital de risco, incluindo Google, Facebook, Twitter, Dropbox, Uber, e quase todos os outros investimentos unicórnios dos quais você já ouviu falar. No entanto, muitos investidores, e até mesmo algumas instituições, têm uma concepção errônea de que os fundos de capital de risco produzem retornos extraordinários.

A Fundação Kauffman (um alô de Kansas City!), com seu fundo de US$ 2 bilhões, é uma das maiores dotações do país. Em 2012, ela lançou um documento inovador sobre sua experiência com 100 fundos de capital de risco ao longo de 20 anos, convenientemente intitulado: "Nós encontramos o inimigo... Somos nós mesmos". Eu também adoro o subtítulo: "Lições de vinte anos de investimentos da Fundação Kauffman em fundos de capital de risco e o triunfo da esperança sobre a experiência". Eles descobriram que a maioria dos fundos de capital de risco apresentara desempenho inferior ao do índice das pequenas empresas publicamente divulgado (apenas 4 dos

30 fundos de capital de risco haviam superado o índice) e que, em média, o fundo de capital de risco "falhara em restituir o capital investido após as taxas". Isso é especialmente preocupante, pois, embora as empresas escolhidas pelos fundos de capital de risco para receber investimentos sejam pequenas, elas são muito, muito menores do que as pequenas empresas que compõem o índice publicamente divulgado. Isso coloca em perspectiva o quão arriscados são os fundos de capital de risco. Esses fundos não apenas tiveram um desempenho aquém do esperado; eles o fizeram com muito mais riscos, taxas mais altas (2% mais 20% dos lucros, como norma), menos liquidez (investimentos trancados, em geral, por até uma década ou mais) e menos transparência (afinal, o que sabemos, efetivamente, sobre o que está acontecendo em uma empresa startup privada?).

A conclusão do relatório é inequívoca: tudo indica que é melhor os investidores deterem um fundo de índice das pequenas empresas do que um fundo de capital de risco. Os pesquisadores escreveram: "Investidores como nós sucumbem repetidamente a falácias narrativas, um bem estudado viés de finanças comportamentais." Em outras palavras, os investimentos em fundos de capital de risco se baseiam, em larga medida, na fascinante história das apelativas promessas de alta rentabilidade.

Supondo que você ainda tenha interesse em investir em capital de risco e esteja confiante de que o seu fundo fará o que os fundos de capital de risco da Fundação Kauffman deixaram de fazer, tenha em mente que, diferentemente da fundação, que é uma organização sem fins lucrativos, você ficará devendo impostos sobre quaisquer ganhos. Portanto, se por algum acaso você conseguir superar as probabilidades de retorno sobre os investimentos, os deuses dos impostos se encarregarão de fazê-lo desacelerar. A resposta para a maioria das pessoas interessadas em investir em uma classe de ativos com grandes chances de superar o desempenho das ações das grandes empresas por dez anos ou mais é investir no índice das pequenas empresas, e não em capital de risco.

Expansão de ativos e fundos de aquisições

O capital privado investe em retrospecção.
O capital de risco investe em prospecção.

GEORGES VAN HOEGAERDEN

Figura 10.2

NÚMERO DE EMPRESAS LISTADAS NA BOLSA DOS EUA, 1991-2018

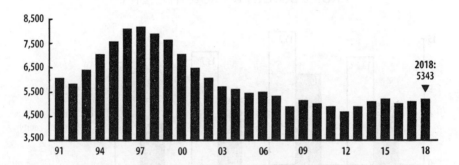

Os *fundos de expansão de ativos* fazem o que seu nome indica: eles reúnem capital de investidores para investir em um negócio pequeno e lucrativo, e usam a experiência dos gestores de fundos para transformá-lo em um negócio maior e ainda mais lucrativo. A expectativa é a de que os investidores do fundo possam obter lucros quando, futuramente, os negócios forem vendidos por um valor muito maior, ou quando a empresa promover a abertura de seu capital na bolsa. Além de empregar o capital de seus investidores, os fundos de expansão de ativos usam, com frequência, a alavancagem, principalmente se se tratar de um fundo de aquisição. Ao pegar dinheiro emprestado para comprar empresas, os gestores de fundos podem maximizar o uso de seu capital e obter melhores retornos, caso as perspectivas futuras da empresa venham a se concretizar. Essa classe de ativos está se expandindo rapidamente e hoje existem muito mais fundos de capital privado, quase oito mil, do que empresas de capital aberto.

Figura 10.3

RETORNOS DOS FUNDOS PÚBLICOS *VERSUS* FUNDOS PRIVADOS
ÍNDICE MCSI AC DE RETORNO TOTAL MUNDIAL E
ÍNDICE BUYOUT & GROWTH EQUITY

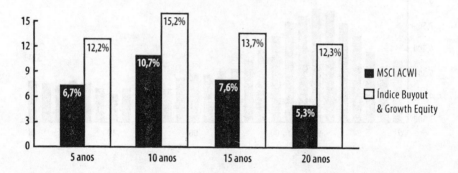

O dinheiro vem sendo investido em capital privado desde os anos 1980. Considerando-se a proliferação de fundos de capital privado nos últimos 20 anos, o desempenho acumulado de várias décadas nos conta uma história evidente: a expansão de ativos superou consistentemente os mercados públicos.

No mesmo período, instituições como universidades e instituições beneficentes começaram a reavaliar o desempenho histórico de seus investimentos alternativos, ainda mais em fundos de cobertura e fundos de capital privado. Os resultados são reveladores: os fundos de cobertura tiveram um desempenho substancialmente aquém do mercado de ações, e as empresas de capital privado tiveram um desempenho significativamente superior. Com esses dados em mãos, as instituições vêm reduzindo ou eliminando suas alocações em fundos de cobertura e inundando de dinheiro os fundos de capital privado.

Para colocar todo esse dinheiro em circulação, as empresas de capital privado buscam empresas privadas nas quais seu capital e sua experiência possam gerar lucros. Enquanto algumas empresas de capital privado se contentam em investir dinheiro e monitorar seus próprios investimentos, muitas assumem um papel ativo, prestando aconselhamento e ajudando os negócios a crescer. Em geral, as empresas de capital privado se mostram muito empenhadas em auxiliar, e, às vezes, até em selecionar, os principais

O CAMINHO 241

gestores de uma empresa na qual estejam investindo. Essa configuração econômica alinha os interesses de todos; a empresa de capital privado tendo uma participação nos lucros acima de certo limiar de retorno; a gestão sendo incentivada a crescer; e os investidores comumente trancando seu dinheiro por um período de 7 a 12 anos, em troca do crescimento esperado.

O desempenho superior dos fundos de capital privado se conecta à minha experiência pessoal. Na Creative Planning, temos um setor bastante próspero que se concentra em um pequeno grupo de clientes que dispõem de algo entre US$ 10 milhões e US$ 500 milhões, ou mais, para investir. Antes de mais nada, como eles conseguiram conquistar suas riquezas? Muitos criaram negócios que cresceram rapidamente, ou que tinham potencial para isso, e depois venderam suas empresas, em parte ou no todo, a um fundo de capital privado.

Muitas vezes, os empresários de sucesso conseguem ter uma ótima ideia, contratar algumas pessoas e começar a tocar suas empresas, mas não dispõem do capital ou das habilidades necessárias para dimensionar o negócio. Por *dimensionamento*, quero dizer desenvolvê-lo de forma a gerar receitas radicalmente mais altas e (finalmente) lucros. As empresas de capital privado são excelentes em dimensionamento e podem oferecer um recurso valioso para aqueles empresários bem-sucedidos. É comum que os clientes da Creative Planning vendam uma participação substancial de seus negócios para um fundo de capital privado em um determinado ano e se desfaçam de todas as participações acionárias restantes, entre três e dez anos depois, pelo dobro do valor recebido na primeira rodada, devido à eficácia dos gestores de fundos no dimensionamento do negócio. As empresas de capital privado também são hábeis em maximizar o preço de venda de uma empresa: elas têm experiência em vender para todos os tipos de compradores, incluindo parcerias estratégicas (outra empresa que pode dimensionar imediatamente o negócio — pense no Facebook comprando o Instagram), patrocinadores (como outro fundo de capital privado) ou concluir uma oferta pública inicial (vide Google ou Lyft).

As principais empresas de capital privado oferecem conhecimento especializado no dimensionamento de negócios, financiamento de expansões, investimento em talentos experientes e imposição de disciplina. Ainda assim, como investimento, essa classe de ativos tem as suas desvantagens. Os investidores devem trancar seu dinheiro por muitos anos, pois as participações não são negociadas publicamente. Ninguém que precise de seu dinheiro de volta no curto prazo deveria investir em capital privado. É quase certo que a sua declaração de impostos precise ser adiada, enquanto você aguarda outro Schedule K-1 (formulário de impostos). E, claro, não há garantias de que o desempenho estimado seja alcançado, e tampouco perdure. Nesse mesmo sentido, também não há garantias de que as ações apresentem um desempenho superior ao dos títulos. Dito tudo isso, as evidências sugerem que o capital privado pode continuar oferecendo retornos diferenciados ao investidor paciente, de longo prazo e com alto patrimônio líquido.

CRÉDITOS PRIVADOS

Um banqueiro é um homem que lhe empresta uma camisa de mangas curtas e em troca exige uma camisa de mangas longas.

JAROD KINTZ

Se você não for um banco, pode ganhar dinheiro na categoria de créditos privados, investindo em um fundo de créditos privados. Existem muitos tipos de fundos de créditos privados, incluindo os que incluem:

- Créditos a consumidores
- Créditos garantidos por bens imóveis
- Créditos a empresas
- Créditos para financiar praticamente qualquer coisa que você possa imaginar, de longas-metragens a pilotos de carros de corrida

Aqui, estamos focados em fundos de créditos do mercado intermediário. Se fosse possível comparar o investimento em capital privado com uma versão privada do mercado de ações, os créditos ao mercado intermediário seriam a versão privada do mercado de títulos. Empresas com receita entre US$ 25 milhões e centenas de milhões de dólares encontram-se em uma posição em que são grandes demais para pleitear créditos a pequenas empresas e pequenas demais para pleitear grandes empréstimos bancários. E, por serem empresas privadas, estão impossibilitadas de acessar o mercado de

O CAMINHO

títulos públicos para angariar fundos. A fim de obter o capital necessário ao seu crescimento, sobram, essencialmente, duas opções: elas podem vender uma parte da empresa a um fundo de capital privado ou pegar dinheiro emprestado de um fundo de créditos do mercado intermediário.

Os fundos de créditos do mercado intermediário são administrados de maneira semelhante aos fundos de capital privado — no sentido de que investidores profissionais levantam fundos e avaliam empresas —, mas, em vez de assumirem uma participação acionária no negócio, eles simplesmente emprestam dinheiro. Os créditos podem ou não ser *garantidos*, o que significa que utilizam algum tipo de ativo, como um imóvel ou um equipamento, como garantia, ou podem oferecer a opção de o fundo converter o crédito em ações. Como os bancos não operam nessa área, esses fundos podem cobrar das empresas uma taxa de juros mais alta. Assim como acontece nos fundos de capital privado, os investidores devem atender a certas qualificações para investir, estar dispostos a trancar seu dinheiro por um período de tempo e lidar com formulários de impostos adicionais e uma preparação de impostos mais demorada. Embora não haja garantias de que um fundo de crédito privado supere o desempenho dos títulos negociados em bolsa, especialmente devido ao reduzido histórico nessa área, se tomarmos por base o perfil de risco dos créditos que estão sendo concedidos, parece haver boas chances de que, ao longo do tempo, os créditos do mercado intermediário ofereçam melhores retornos ajustados ao risco. Esses fundos variam em termos de experiência de gestão e perfil de risco. Portanto, até mesmo os investidores mais sofisticados devem proceder com muita cautela.

SETOR IMOBILIÁRIO PRIVADO

Um homem que não possui um pedaço de terra
não é um homem completo.

PROVÉRBIO HEBRAICO

O setor imobiliário privado abrange um amplo espectro. Se você possui imóveis de investimento para além dos REITs negociados publicamente, então possui bens imóveis privados. Isso significa que, se você é dono de terras cultiváveis e as arrenda, possui um investimento alternativo. A mesma coisa se você for dono de uma moradia colocada para locação ou compartilhar a posse de um conjunto de apartamentos. Existem vários outros tipos de propriedades no setor imobiliário privado. Temos, por exemplo, a sua residência pessoal (más notícias: é bom que você tenha uma casa, mas não se trata, na verdade, de um investimento. Aprofundaremos esse assunto mais adiante). Também pode ter uma segunda casa ou propriedade de veraneio (desculpe, ainda não se trata, de fato, de um investimento, mesmo que você diga a si mesmo que foi por isso que a comprou). Ou pode possuir uma propriedade da qual obtenha renda ou que tenha potencial para gerar renda (essa, sim, você pode chamar de investimento). Também pode investir em um fundo imobiliário privado, mecanismo pelo qual você repassa o seu dinheiro a um profissional que o utilizará para investir em algum tipo de bem imóvel.

Vamos examinar detalhadamente todos esses itens.

Sua casa

No verão de 2000, a minha esposa e eu compramos a nossa primeira casa e ficamos muito felizes! Aquele era o maior ativo no qual já havíamos "investido". Na atualização seguinte do nosso plano financeiro, listamos a casa na nossa declaração de patrimônio líquido da mesma maneira que todo mundo faz: como um ativo. A hipoteca foi listada como um passivo. Na realidade, tanto a casa quanto a hipoteca são "passivos" para fins do fluxo de caixa. Em relação ao crédito, pagamos juros todos os meses. Quanto à casa em si, pagamos impostos sobre a propriedade todos os anos, custos de manutenção e seguros. Mesmo depois que a hipoteca estiver liquidada, todas essas despesas referentes à propriedade continuarão existindo e, provavelmente, aumentarão com o passar do tempo.

Para a maioria de nós, a compra de uma casa representa o nosso maior patrimônio. E, para muitos, as "economias" compulsórias para liquidar a hipoteca todos os meses simbolizam a construção de um patrimônio ao longo do tempo, que poderá ser desfrutado em algum momento no futuro, quando nos recolhermos e os recursos em caixa puderem ajudar a custear a nossa aposentadoria. Nesse sentido, possuir uma casa é benéfico, porque, de certa maneira, nos obriga a economizar. Mas não se engane: uma casa não é um grande investimento. Investir a mesma quantidade de dinheiro em uma carteira maçante e diversificada provavelmente produzirá resultados 100% melhores no mesmo prazo necessário para liquidar uma hipoteca. Mas você precisa morar em algum lugar, e, para muitos, possuir uma casa é melhor do que alugar, do que ser obrigado a poupar e do que não construir nenhum patrimônio.

Em última análise, a escolha da sua casa deveria ser uma decisão emocional. Se a questão estivesse relacionada apenas ao dinheiro, todos escolheríamos viver em um quarto com quatro paredes e investir a diferença. Mas não se trata apenas de dinheiro: uma casa é onde passamos a maior parte do nosso tempo e construímos muitas memórias. Ao procurar uma casa, escolha uma em que você se sinta bem e consiga pagar, e aloque a diferença em investimentos melhores.

Sua segunda casa

Uma das perguntas mais frequentes que ouço os clientes fazerem ao gestor de patrimônio da Creative Planning é: "Uma segunda casa é um bom investimento?" Pessoalmente, aprecio as conversas em torno desse assunto, porque ele é o cerne da verdadeira gestão de patrimônio. Na maioria das vezes, trata-se de uma questão parcialmente financeira, isto é, como maximizar a riqueza, mas também de uma questão emocional, ou seja, qual é a finalidade de se ter riqueza. Do ponto de vista financeiro, a resposta objetiva à pergunta "eu deveria gastar o meu dinheiro em uma segunda casa?" é, quase sempre, "não". Raramente uma segunda casa (ou uma primeira casa, para todos os efeitos) representa um bom investimento. Isso ocorre por razões do valor do ativo, mas também por razões do fluxo de caixa.

Primeiro, vamos abordar o ganho ou a perda do valor do ativo em uma segunda casa. Se comprar um imóvel, digamos, uma residência em um condomínio na Flórida ou um chalé no Colorado, pode ter a sorte de vendê-lo com algum ganho daqui a uma ou duas décadas. No entanto, quando leva em consideração o fluxo de caixa negativo, a situação parece muito pior do que você pensa.

Os meus sogros têm uma propriedade em um condomínio na Flórida, no Golfo do México, e, todos os anos, a nossa família de cinco pessoas passava as férias com eles. Tornou-se uma tradição, e os nossos filhos esperavam ansiosamente por isso a cada ano. À medida que a nossa família crescia, o espaço no condomínio ia ficando cada vez mais apertado. Em meio à crise financeira, outra unidade na mesma construção foi colocada à venda. Após uma longa deliberação, a minha esposa e eu decidimos criar coragem e comprar a unidade extra para a nossa família. Pouco mais de uma década depois, unidades em condomínios semelhantes estão sendo vendidas por quase o dobro do que pagamos. Dá a impressão de que agimos como trapaceiros, não é mesmo? Na verdade, não foi isso. Naquele mesmo período, tivemos os mesmos tipos de despesas e custos no condomínio do que teríamos com qualquer outra casa, o que totalizava mais do que sua avaliação em valor de mercado. Compramos quando o mercado estava em baixa; o preço atual está bem próximo à sua máxima histórica; e, depois de pagar os custos permanentes, ainda não obtivemos lucro. Se tivéssemos usado o mesmo dinheiro e, em vez disso, adquirido um índice do mercado de ações, o nosso dinheiro teria mais do que dobrado ao longo do mesmo período!

Por definição, bons investimentos geram fluxo de caixa positivo. Por exemplo, se você possuir ações, é provável que receba dividendos. Se possuir títulos, deve receber os pagamentos dos cupons. Se possuir imóveis de investimento, como um fundo imobiliário negociado em bolsa ou um imóvel destinado à locação, receberá as distribuições ou os aluguéis. Isso é benéfico porque, mesmo que o valor do ativo flutue, *o dinheiro está fluindo na sua direção*. Se você possuir uma segunda casa, *o dinheiro estará fluindo em direção contrária à sua*. Por regra, seria muito melhor escolhermos um lugar qualquer do mundo para tirar férias e nos hospedarmos no Ritz Carlton do que comprar uma segunda casa.

Mas esse é apenas o lado financeiro da história. Muitos de nós poupamos e investimos dinheiro para servir a um propósito nas nossas vidas; não o acumulamos apenas para ter ainda mais. *O único valor do dinheiro é o que ele pode fazer por nós*. Ele pode nos propiciar ser o esteio da família, garantindo que todos ao nosso redor sejam atendidos. Ele nos permite fazer doações beneficentes, causar um impacto na nossa comunidade e nos ajudar a focar no propósito, e não no sucesso. Também nos permite

O CAMINHO   247

comprar um automóvel só porque o achamos interessante ou comprar uma segunda casa onde possamos construir memórias com a nossa família. Portanto, embora uma segunda casa nunca devesse ser encarada como um bom investimento financeiro, pode ser um investimento emocional compensador.

É assim que enxergo a propriedade da minha família em um condomínio na Flórida. Propositadamente, estou sacrificando qualquer esperança de ganho econômico em prol da construção de memórias familiares inestimáveis. É simples assim. Se você estiver considerando comprar uma segunda casa por motivos emocionais e puder adquiri-la sem perder o rumo das suas metas financeiras pessoais, vá em frente!

Setor imobiliário privado

Expor-se a bens imóveis como parte de uma carteira de investimentos bem diversificada pode definitivamente agregar valor, mas, na minha opinião, os bens imobiliários são superestimados como classe de ativos. Existe uma lenda de que, de algum modo, eles constituem uma maneira melhor ou mais segura de ganhar dinheiro do que possuir ações. Parece muito com aquela repetitiva história do seu amigo que fez uma viagem bem-sucedida a Las Vegas: costuma-se ouvir apenas relatos sobre os "vencedores" que ganharam milhões no jogo imobiliário, e não sobre aqueles que fracassaram. Todo investimento traz riscos e, só porque os riscos de possuir bens imóveis são diferentes dos riscos do mercado de ações, isso não faz com que eles se tornem um investimento intrinsecamente isento de riscos.

Um dos aspectos que alimentam essa narrativa é o uso da alavancagem no setor imobiliário. Como você deve se lembrar, a alavancagem no ramo de investimentos se refere ao uso de dívida para gerar capital de investimento. No caso dos bens imóveis, é praticamente impossível utilizar 100% de dinheiro para realizar a maioria dos investimentos. Em vez de fazer isso, os investidores costumam pegar dinheiro emprestado com base no valor da propriedade para poder comprá-la. Digamos que você queira comprar um dúplex de US$ 100.000. Provavelmente, investirá US$ 20.000 dos seus próprios recursos e pegará emprestados do banco os US$ 80.000 restantes. Um ano depois, a mesma propriedade estará valendo US$ 120.000 e aí você decidirá vendê-la. Depois de saldar o empréstimo de US$ 80.000, você embolsa US$ 40.000. Portanto, embora o aumento do valor da propriedade tenha sido de 20%, o seu lucro foi de 100%. Esse é o poder da alavancagem: ela amplifica os retornos de um investidor.

O problema é que ela também funciona no sentido inverso. Se, por outro lado, o valor da propriedade tiver caído para US$ 80.000 e você se vir forçado a vendê-la, não lhe restará mais nada após a quitação do empréstimo. Em vez de perder apenas 20% do seu investimento, você terá perdido 100%. Esta é a razão pela qual observamos um gigantesco número de falências no setor imobiliário: os investidores podem abusar da alavancagem e perder mais do que o valor da propriedade, caso esse valor caia de forma substancial. E, quando as coisas correm mal, podem correr muito mal e com muita rapidez. Isso ficou bastante evidente durante a crise financeira de 2008, quando as famílias submergiram em suas hipotecas; os valores dos bens imobiliários despencaram tanto em tantos lugares que, mesmo vendendo suas casas, as pessoas não conseguiriam ter o suficiente para cobrir tudo o que deviam.

Obviamente, a alavancagem pode ser usada em quase todos os investimentos. Se eu tivesse uma conta de investimentos de US$ 100.000, poderia pegar US$ 50.000 emprestados e comprar mais ações. A maioria das pessoas considera isso *extremamente arriscado*, mas elas não têm escrúpulos na hora de pedir dinheiro emprestado para adquirir bens imóveis, quando, essencialmente, trata-se da mesma coisa. Alguns acreditam que o poder inflacionário dos bens imóveis está, de alguma forma, imune às mesmas regras que governam outras classes de ativos, principalmente se a pessoa morar em uma área onde se tende a observar uma ascensão de preços ao longo do tempo. No entanto, essa visão míope ignora as partes da cidade antes consideradas atraentes, mas que agora tiveram seu valor reduzido em função de uma degradação da infraestrutura, de alguma mudança nos centros de produção econômica ou de alterações nas preferências dos consumidores.

Para aqueles que acreditam que uma alocação no setor imobiliário privado faça sentido na carteira de investimentos, existem alguns benefícios. Um deles é que você pode escolher os tipos de propriedades em que deseja investir — sejam prédios de escritórios ou propriedades de aluguel unifamiliares. Investimentos em empreendimentos em certas áreas economicamente desfavorecidas, conhecidas como *zonas de oportunidade*, podem qualificar um investidor para oportunas isenções fiscais. Em muitos casos, tais investimentos são oferecidos por meio de um fundo imobiliário privado, em que o dinheiro é angariado junto a vários investidores para financiar determinados projetos, incluindo lojas varejistas, hospitais e prédios de apartamentos. O objetivo do gestor do fundo é construir essas propriedades, locá-las normalmente para um inquilino e depois vendê-las para alguma outra pessoa, por volta de sete anos depois. Esses investimentos ainda estão sujeitos às mesmas limitações de outros investimentos privados: eles podem representar mais custos e mais complexidade na hora de preencher as suas declarações de impostos, e o seu capital de investimento pode ficar, em grande medida, inacessível por um período de alguns anos. Habitualmente, esses tipos de fundos têm janelas específicas nas quais você pode solicitar um resgate, mas, na maioria das vezes, o seu dinheiro ficará trancado até que a propriedade seja vendida.

O "negócio" imobiliário

E, agora, uma observação rápida para aqueles que estão no setor imobiliário e se sentem incomodados com isso. Nada do que abordamos até agora sobre os bens imóveis deveria ser confundido com o fato de estar no negócio imobiliário em si mesmo. Vamos considerar os empreiteiros, por exemplo: sua meta não é comprar propriedades geradoras de renda e mantê-las como parte de um conjunto diversificado de investimentos. Pelo contrário, este é o trabalho deles. Eles estão investindo capital, criando algo de valor e colocando isso à venda. Os retornos que podem ser obtidos quando bens imóveis são transformados em um trabalho podem chegar a 30% ou mais; eles precisam ser dessa monta ou ninguém aceitaria os grandes riscos que os empreiteiros assumem. Assim como existe uma diferença entre possuir ações de uma empresa de capital aberto e possuir uma pequena empresa, o mesmo pode ser dito sobre o investimento em bens imóveis quando comparado a estar no negócio imobiliário. Trata-se de um investimento, da mesma maneira que abrir uma pequena empresa é um investimento (ou seja, é arriscado) e não deveria ser confundido com as classes de ativos tradicionais.

Acredito que a melhor maneira de pensar no setor imobiliário privado é: se você pudesse escolher apenas entre possuir ações de qualquer uma das maiores empresas do mundo ou possuir o edifício a partir do qual elas operam, o que você escolheria? Investidores sofisticados sempre escolheriam as ações.

CRIPTOMOEDAS

Posso dizer quase com certeza que as criptomoedas
terão um final ruim.

WARREN BUFFETT

A *criptomoeda* é dinheiro eletrônico que usa criptografia para assegurar as transações financeiras, impedir a criação não autorizada de unidades adicionais e verificar a transferência de divisas de uma pessoa para outra. "Investir" nisso está na moda. Embora existam, literalmente, milhares de criptomoedas no mundo, o Bitcoin tem se disseminado bastante na mídia e na internet nos últimos tempos, de modo que, primeiro, focaremos nele. Vamos começar com algumas informações básicas.

Assim como o dólar, o iene e o euro são exemplos de moedas tradicionais, o Bitcoin é um tipo de criptomoeda, inventada por Satoshi Nakamoto. Entenda: ninguém sabe quem é Satoshi Nakamoto, nem se é uma pessoa ou um grupo de pessoas. Satoshi não gosta dos governos nem confia neles, e afirmou que sua missão é eliminá-los e criar um sistema monetário descentralizado, que os governos não possam atacar facilmente. Ele criou o Bitcoin como a primeira moeda digital descentralizada. E ela é mesmo descentralizada, pois Satoshi também inventou a blockchain (o chassi essencial que serve como "livro-razão") para garantir que cada Bitcoin possa ser verificado como legítimo e irreplicável.

Essencialmente, a *blockchain* permite que alguém confie em uma transação feita através da internet. Antes dela, seria necessário um intermediário para realizar a mesma transação. Um exemplo usual seria uma transação imobiliária. Digamos que você decida vender a sua casa. Muito provavelmente, um estranho irá comprá-la, e ele dependerá do governo local para fornecer um livro-razão ou um banco de dados de títulos e escrituras centralizados para se certificar de que você é o verdadeiro proprietário. Isso permite que o comprador e seu credor (se houver) comprem a casa com confiança. Neste exemplo, o banco de dados centralizado é essencial para facilitar a transação.

O objetivo da blockchain é eliminar a necessidade de um banco de dados centralizado. Com essa tecnologia, cada grupo de pessoas tem uma cópia do livro-razão para acompanhar as transações. Usando o nosso exemplo de venda de imóveis com blockchain, quando você vende a sua casa para Mary Sue, todas as partes concordam que a venda aconteceu e atualizam seus livros-razão. Quando Mary Sue estiver disposta a vender, o próximo comprador poderá confirmar imediatamente que ela possui todos os direitos sobre o imóvel, porque estará registrado como tal em toda a blockchain. Isso dá conta de duas coisas. Primeiro, a necessidade de um intermediário, neste caso o governo local, é eliminada. Segundo, a transação pode acontecer instantaneamente. Não há necessidade de envolver um advogado, solicitar arquivos ou validar sua autenticidade. Essa é uma tecnologia muito real, que já vem mudando a maneira como muitas indústrias e grandes corporações operam.

A IBM investiu pesadamente em blockchain. Sua ex-diretora executiva, Ginni Rometty, escreveu aos acionistas: "A blockchain reúne livros-razão compartilhados com contratos inteligentes para permitir a transferência segura de qualquer ativo — seja um ativo físico como um contêiner marítimo, um ativo financeiro como um título ou um ativo digital como música — em qualquer rede de negócios. A blockchain fará pelas transações confiáveis o que a internet fez pelas informações." A IBM está trabalhando com o Walmart para usar a blockchain no controle dos estoques. O Walmart declarou que os testes com a blockchain ajudaram a reduzir de sete dias para dois segundos o tempo necessário para rastrear a movimentação das frutas. A blockchain ainda está engatinhando, mas veio para ficar.

Com ela, em breve poderemos viver em um mundo onde será comum manter registros financeiros no acervo de livros-razão de uma rede blockchain, permitindo que novas transações sejam instantaneamente validadas. É semelhante ao que acontece hoje quando nós, assim como outros países, contamos com o governo federal para respaldar o dólar e controlar a moeda por meio dos bancos centrais, enquanto os bancos locais atuam como intermediários nas transações financeiras. Com a invenção da blockchain, Satoshi criou uma plataforma que torna irrelevante o papel dos governos e dos bancos nas transações em criptomoeda.

No momento, mais de mil criptomoedas utilizam a tecnologia blockchain. Considerando-se que não há nenhum custo para lançar uma criptomoeda, em um piscar de olhos podem aparecer outras mil. Além do Bitcoin, temos outras criptomoedas populares, como Ethereum, Litecoin, EOS, Ripple e Tron (e não confunda com o filme da Disney de 1982, *Tron — Uma odisseia eletrônica*. Ninguém disse que os entusiastas das criptomoedas eram originais). Essa tecnologia é uma ótima ideia e mudará a maneira como lidamos com muitos registros, contratos e transações. Porém, muito embora as criptomoedas sejam algo definitivo, é possível que mais de 99% delas percam seu valor rapidamente.

Isso nos leva de volta ao Bitcoin, que disparou de US$ 0 em 2009 para mais de US$ 20.000 em 2017, e depois recuou para algo em torno de US$ 5.000 enquanto este livro estava sendo escrito, em 2020. Algumas pessoas dizem que o Bitcoin é inútil, porque não tem valor intrínseco. Ao contrário dos bens imóveis que podem gerar renda, dos títulos que derivam lucros e das ações que pagam dividendos, o Bitcoin não produz nada. No entanto, inúmeros investimentos não produzem nada. Investidores e colecionadores compram pinturas, que também não geram nenhuma receita, mas podem aumentar em valor apenas porque alguém estará disposto a pagar mais. O Bitcoin, contudo, me faz lembrar dos condomínios de Las Vegas em 2008 ou das ações da internet em 1999: as pessoas estavam comprando ambos a preços altos, sem a menor conexão com a realidade, com base no pressuposto de que alguma outra pessoa pagaria mais por aquilo mais tarde, pois isso havia acontecido várias vezes em meses e anos anteriores. É improvável que o Bitcoin surja como uma solução monetária viável a longo prazo. Porém, é bastante provável que, daqui a uma ou duas décadas, acabe figurando nos livros de finanças como um intrigante episódio em uma discussão sobre como as bolhas de investimento se formam e, finalmente, entram em colapso, trazendo ruína financeira para muitos.

Além disso, vamos esclarecer algumas coisas. Primeiro, alguns dizem que não é possível hackear o Bitcoin, uma vez que ele está na blockchain. Na verdade, a blockchain pode ser invadida: os investidores já foram rou-

O CAMINHO

bados em mais de US$ 1 bilhão em criptomoedas. Segundo, o Bitcoin não precisa ser invadido por pessoas que queiram usá-lo para perder dinheiro (a ascensão e a queda do mercado se encarregarão disso). Terceiro, alguns argumentam que os governos não interferirão nas criptomoedas. Trata--se, provavelmente, de um pensamento enganoso, pois todos os governos gostam de regulamentação, controle e impostos (e não abrirão mão de seu supremo mecanismo de controle: a moeda).

Ainda assim, apenas porque é improvável que o Bitcoin sobreviva, não significa que seja impossível e é esse fio de esperança que estimula os especuladores. O Bitcoin é atraente para muitos por causa da eliminação da interferência de terceiros (o governo não pode manipulá-lo criando mais, por exemplo) e por causa do anonimato que lhe é inerente. Esses mesmos benefícios se aplicam a mais de mil outras criptomoedas. A realidade, porém, é que quase todas as pessoas que as compram não têm planos de usá-las. Elas estão comprando apenas para especular.

Em última análise, é isso que está despertando interesse pelo Bitcoin. Define-se *especulação* como "suposições sobre algo que não é conhecido; atividade na qual alguém compra e vende coisas na esperança de obter um grande lucro, mas com o risco de uma grande perda". Isso contrasta com o investimento, que é definido como "empregar dinheiro com a expectativa de alcançar lucro ou resultado material, aplicando-o em estratégias financeiras, ações ou bens imóveis". Adquirir um conjunto de apartamentos com 90% de ocupação é investir; adquirir terras na lua porque você acha que ela será habitada um dia é especular. O Bitcoin já caiu mais de 80% em três ocasiões, mas disparou novamente a cada vez, até atingir novos máximos. No ano passado, "comprar Bitcoin com cartão de crédito" se tornou uma das frases mais procuradas no Google. As pessoas estão se amontoando no convés em busca da terra prometida.

Como em todas as outras bolhas anteriores, provavelmente o navio abrigará o maior número possível de pessoas antes de afundar. Pois foi isso que aconteceu com a bolha da internet. Lembra-se do Lycos, Excite e AOL? Você chegou a fazer alguma busca no Ask Jeeves? Todos foram derrotados pela concorrência quando um rei definitivo, o Google, surgiu. O mesmo pode acontecer aqui e qualquer dinheiro introduzido no campo das criptomoedas deveria ser considerado especulativo.

E CONTINUA INDEFINIDAMENTE

Um livro inteiro poderia ser escrito sobre os diferentes tipos de investimentos alternativos. Embora tenhamos abordado as principais classes de ativos alternativos, existem muitos outros tipos. Para lhe dar uma ideia do quão variada essa área pode ser, eis aqui apenas alguns exemplos:

- *Resseguro:* Quando você adquire uma apólice de seguro, como um seguro residencial, a empresa que lhe vendeu a apólice pode transferir o risco para outra companhia de seguros. Isso permite reduzir os riscos e subscrever mais apólices. Pense nisso como se fosse um seguro para as companhias de seguros. Alguns fundos investem nesses agregados de resseguros.
- *Fundos de royalties:* Nos anos 1990, David Bowie e sua equipe financeira venderam os direitos de parte da renda de seu catálogo de músicas. Esses investimentos foram apelidados de "Títulos Bowie" e inauguraram uma maneira de os artistas liberarem valor imediatamente de suas fontes de renda musicais. Desde então, têm surgido os fundos de royalties de música (e de outras formas de entretenimento), comprando os direitos aos catálogos de artistas que variam de Mary J. Blige a Eminem, Iron Maiden a Elton John.
- *Acordo de antecipação do seguro de vida:* A maioria das pessoas que adquire apólices de seguro de vida permanente acaba restituindo-as às companhias de seguros por apenas uma fração do benefício por morte. Os fundos de acordo de antecipação do seguro de vida adquirem as apólices de seus proprietários por muito mais, dando ao segurado a chance de obter um valor justo por sua apólice. Quando a apólice vence, os lucros são distribuídos aos investidores do fundo.

Poderíamos continuar indefinidamente: fundos que investem em ações judiciais, em troca de parte do valor potencial da sentença; fundos que investem apenas em arte, automóveis ou violinos; fundos que apostam no beisebol...

Os investimentos alternativos não são para qualquer pessoa. Mesmo que você atenda aos requisitos legais de patrimônio líquido para investir em muitos deles, ainda assim eles não são adequados à maioria dos in-

O CAMINHO

vestidores. Certos investimentos alternativos podem melhorar o retorno estimado a longo prazo de uma carteira de investimentos diversificada, mas apenas para aqueles investidores que tenham um plano de longo prazo; uma equipe sólida para realizar a revisão exaustiva de cada investimento; acesso a investimentos de primeira linha com mínimas mais baixas e a preços razoáveis; e disposição para lidar com uma complexidade adicional em sua gestão financeira.

Para quase todos os demais, porém, é provável que uma simples carteira de investimentos com ações negociadas em bolsa, títulos e bens imóveis baste para atingir seus objetivos financeiros.

PARTE IV

A ESCALADA

CAPÍTULO ONZE

ELABORANDO E GERENCIANDO UM PORTFÓLIO INTELIGENTE

Lembre-se, os diamantes nada mais são do que pedaços de carvão que fizeram seu trabalho com competência.

B. C. FORBES

Montar uma carteira de investimentos sólida é parte arte, parte ciência e nunca será uma tarefa perfeita, mas um plano que faça sentido para a sua situação específica deveria ser seguido. Escolher o que e quando investir pode parecer assustador, mas, quando você está munido de algumas estratégias úteis, deveria ficar muito mais fácil enfrentar.

Primeiro, a *alocação de ativos* é apenas uma expressão requintada para definir quantos dólares da sua carteira de investimentos estão destinados a cada tipo de classe de ativos, como ações, títulos e bens imóveis. Em qual classe de ativos deveria investir? À primeira vista, ao analisar as rentabilidades pregressas, talvez você se sinta tentado a apostar tudo e investir apenas no mercado de ações, pois, como se pode observar na Figura 11.1, investir 100% em ações tem gerado, historicamente, os retornos mais altos. Mas nada é tão simples assim. Quanto mais você investe apenas em ações, mais volatilidade é introduzida na carteira, o que poderia lhe causar um estresse desnecessário. Uma carteira de investimentos com

100% de ações tem apresentado uma variação de seu melhor retorno anual, de 54,2%, a seu pior, de -43,1%. É um trajeto com altos e baixos. Mas se você equilibrar a carteira com 60% de ações e 40% de títulos, conseguirá suavizar significativamente o percurso, limitando a faixa de desempenho entre um melhor retorno anual de 36,7% e um pior retorno anual de -26,6%.

Figura 11.1

OS DESEMPENHOS DE VÁRIAS COMBINAÇÕES DE AÇÕES E TÍTULOS DOS EUA (1926-2018)

ALOCAÇÃO DE ATIVOS	RETORNO ANUAL MÉDIO
100% títulos	5,3%
10% ações–90% títulos	5,9%
20% ações–80% títulos	6,6%
30% ações–70% títulos	7,1%
40% ações–60% títulos	7,7%
50% ações–50% títulos	8,2%
60% ações–40% títulos	8,6%
70% ações–30% títulos	9,1%
80% ações–20% títulos	9,4%
90% ações–10% títulos	9,8%
100% ações	10,1%

A maioria dos consultores e manuais de finanças sugere o uso da sua idade para determinar a sua alocação de ativos. Se você tiver 60 anos, a sua carteira de investimentos deveria conter 60% de títulos e 40% de ações, ou, se você tiver 70 anos, deveria conter 70% de títulos e 30% de ações. Mas essa generalização é ampla demais.

Outros consultores e manuais dizem que a sua alocação deveria se basear na sua tolerância ao risco. Se você não se sente à vontade com uma queda de 10% na sua carteira, não deveria possuir nenhuma ação, ou então fazer uma alocação consideravelmente baixa em ações. Esse conselho, no entanto, é infeliz e falacioso, além de impedi-lo, potencialmente, de alcançar os seus objetivos. Por exemplo, uma investidora que tenha baixa tolerância ao risco, mas que não tenha muito dinheiro poupado para a aposentadoria, precisará correr mais riscos em sua carteira para conseguir se aposentar com tranquilidade. Caso contrário, quando estiver pronta para se aposentar, suas economias serão insuficientes.

Figura 11.2

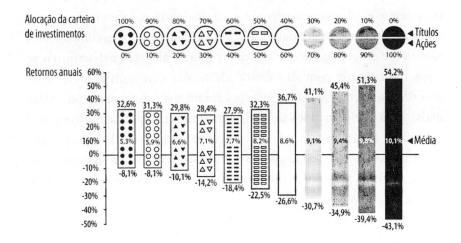

Todas as alocações dos investidores devem ser determinadas com base em suas necessidades. Portanto, você precisa de um plano personalizado, alinhado ao que deseja alcançar. Se precisar obter uma taxa de retorno específica nos próximos 15 anos para atingir uma meta específica, deveria investir na combinação de classes de ativos com maior probabilidade de que isso aconteça. E você sabe quais serão as suas necessidades, pois tem um plano financeiro! Use este roteiro. O seu plano financeiro revela onde você está hoje e quais os objetivos que deseja alcançar, além de mostrar o quanto pode economizar e quaisquer fontes externas de renda. Junte tudo isso e poderá voltar à taxa de retorno necessária para cumprir os seus objetivos. Um investidor que esteja tentando obter um retorno anual médio de 6% a 7% nos próximos 15 anos pode investir aproximadamente 70% em ações e 30% em títulos (e, potencialmente, outros investimentos alternativos abordados no capítulo anterior). Não importa se esse investidor estiver começando aos 50 ou 60 anos de idade: a necessidade, e não a idade, determina a alocação. (A idade, no entanto, deveria ser um fator preponderante na escolha do comprimento da sua bermuda, na determinação de que tipo de gíria é aceitável e, de acordo com os meus filhos, na reavaliação das minhas danças, consideradas "maneiras" no Fortnite.)

Estudos revelam que de 88% a 91% da variância da sua carteira de investimentos é determinada pela sua alocação de ativos. Sabendo disso, você deveria examinar a volatilidade subjacente (o quanto todos os componentes vão subir e descer) assim que se decidir sobre a alocação e determinar se é possível conviver com tal volatilidade. Se não conseguir conviver com isso, precisará, então, ajustar a meta (gastar menos) ou o plano (economizar mais), para que uma alocação mais conservadora ainda se mostre capaz de garantir algum sucesso. O ponto principal é que a sua alocação pessoal deveria estar *sempre* voltada para os seus objetivos, com a sua tolerância ao risco agindo mais como um posto de controle e a sua idade não tendo nada a ver com nada.

O PANORAMA GERAL

O setor financeiro gasta muito tempo discutindo quais classes de ativos são "boas" ou "ruins", quando, na realidade, as metas do investidor, e não os vários mercados, deveriam ser aquilo que motiva a exposição (outra palavra extravagante da área de investimentos, que significa apenas "quantidade") a qualquer classe de ativos. Para a maioria dos investidores, promover a

O CAMINHO

diversificação em diferentes classes de ativos para atingir múltiplos objetivos é o que faz mais sentido. Como diz o ditado, não coloque todos os seus ovos em uma única cesta.

É bem comum os gestores de dinheiro mais bem classificados em determinado ano decidam investir na mesma classe de ativos que seus pares, e que os gestores de dinheiro com pior desempenho também invistam na mesma classe de ativos que seus semelhantes (mas em uma classe de ativos diferente da dos gestores com melhor desempenho). Você pode achar que é pelo fato de eles serem todos gênios ou idiotas, mas considere os mercados emergentes, por exemplo. Os fundos de mercados emergentes foram os fundos mútuos com melhor desempenho em 2017 e, no ano seguinte, os fundos de mercados emergentes foram os fundos mútuos com pior desempenho. O gestor não tem muita influência sobre os retornos — a própria classe de ativos é que gera a maior parte do retorno. Na verdade, apenas de 9% a 12% do retorno em um determinado fundo é atribuível ao gestor. Portanto, se você possuía um fundo que subiu 8% em um determinado ano, apenas de 0,072% a 0,96% do seu retorno, em média, se deveu à genialidade do seu gestor. É por isso que a primeira decisão importante na construção de uma carteira de investimentos é a alocação de ativos.

Conforme já discutimos, o dinheiro é um péssimo investimento. Realmente, não faz o menor sentido incluí-lo em uma carteira de investimentos. Considere uma investidora que tenha uma carteira de US$ 1 milhão, com 10% investidos em dinheiro. Ela deveria esperar que US$ 100.000 não rendessem praticamente nada, além de perder terreno para a inflação nas décadas restantes de sua vida. Compare isso com os títulos, que nunca tiveram um retorno negativo em cinco anos consecutivos — *nunca*. Se, em vez de dinheiro, aquela investidora tivesse escolhido títulos, cujo rendimento anual é um pouco superior ao do dinheiro, provavelmente eles teriam lhe rendido dezenas de milhares a mais ao longo de sua vida útil. O risco de uma queda no mercado de títulos é o mesmo risco ao qual o dinheiro está sujeito: se todo o mercado de títulos for a zero, significa que uma série de eventos deverá ter ocorrido, o que também levaria à desvalorização total do seu dinheiro. Esses cenários extremos, perpetuados por reality shows como *Preparados para o fim*, fazem o ridículo parecer normal. O dinheiro faz sentido apenas para gerenciar o seu lar, ir a um restaurante, comprar um automóvel e ter algumas reservas em caso de um período potencial de desemprego ou de despesas inesperadas de curto prazo. Não há espaço para ele em uma carteira de investimentos.

Quer dizer que os títulos nunca perdem dinheiro? Claro que não. Os títulos oferecem retornos negativos dentro do ano civil cerca de uma vez a cada cinco anos. Contudo, desde que a instituição para a qual emprestou dinheiro continue existindo, você será restituído com juros. Por outro lado, um acionista nunca sabe exatamente o que acontecerá, já que as ações podem flutuar de modo descontrolado. *Na Creative Planning, nunca recomendamos ou possuímos títulos com base na expectativa de que eles apresentem um desempenho superior ao das ações a longo prazo.*

Mas, se a expectativa é a de que os títulos apresentem um desempenho inferior ao das ações, por que deveríamos comprá-los? Basicamente, porque os títulos são equivalentes a seguro. *Você abre mão do retorno estimado em troca de aumentar drasticamente a probabilidade de que as suas necessidades sejam atendidas no curto e no longo prazo.* Embora seja provável que as ações apresentem um bom desempenho no prazo de dez anos, há muitos precedentes de prolongados períodos tenebrosos (vide o 11 de Setembro, a crise de 2008-2009 ou, mais recentemente, a pandemia de coronavírus). Não é nada aconselhável que você fique à mercê das oscilações aleatórias do mercado de ações e seja forçado a vendê-las quando caírem para atender às suas necessidades de renda. Em vez de fazer isso, some a quantidade de dinheiro que você precisaria retirar da carteira de investimentos durante um mercado em baixa prolongado, desconte os rendimentos projetados da carteira e determine o percentual de exposição apropriada aos títulos.

A BOLA DE CRISTAL

As ações são objeto de incessantes previsões, quando, na realidade, são a classe de ativos mais imprevisível e previsível que existe (sim, ambas as coisas). Primeiro, vamos deixar claro como encaramos essa questão na Creative Planning. Ninguém, absolutamente ninguém, é capaz de prever os movimentos de curto prazo dos preços das ações, e quem lhe disser o contrário será um tolo ou um mentiroso. Sim, são palavras fortes, mas com todo esse estardalhaço, é importante entender o impacto desse ponto de vista sobre o seu futuro financeiro, e o quanto você escolherá alocar nessa relevante classe de ativos. No longo prazo, espera-se que as ações tenham um desempenho melhor do que qualquer outra classe de ativos negociados em bolsa. O segredo para lucrar com as ações é manter integralmente os seus investimentos durante todas as aparentemente constantes correções, crises e oscilações diárias, que fazem com que os medrosos abandonem o navio no pior momento possível. De preferência, você deve adotar a abordagem oposta e aproveitar esses tempos tumultuados como oportunidades de compra!

O segredo para suportar a volatilidade das ações é ter uma parte suficiente das suas necessidades de renda atendidas pelos próximos cinco anos, de modo que você não precise se preocupar com os altos e baixos do mercado. Se não estiver à mercê do mercado nos próximos anos — e sabemos que, a longo prazo, ele nada mais fará do que subir —, atravessar essa montanha-russa ficará muito mais fácil. Um investidor que disponha de algo entre 10 e 20 anos sem precisar de receitas provenientes dessa parte da carteira poderá investir em subcategorias do mercado que apresentam maior volatilidade, mas também um histórico contínuo e igualmente comprovado de recompensar os investidores por sua paciência. Isso inclui ações de média capitalização, ações de baixa capitalização, ações de microcapitalização e ações de mercados emergentes. [Capitalização de mercado (abreviada como "cap") significa o preço da ação multiplicado pelo número de ações em circulação. Normalmente, as ações de alta capitalização são definidas como as que têm uma capitalização de mercado de US$ 10 bilhões ou mais; as ações de média capitalização têm uma capitalização entre US$ 2 bilhões e US$ 10 bilhões; e as ações de baixa capitalização ficam abaixo de US$ 2 bilhões. Até as ações de baixa capitalização são bastante grandes!] A maior volatilidade deveria recompensar os investidores com um retorno maior.

Os investimentos alternativos podem permitir que aqueles com um horizonte mais amplo e um patrimônio líquido elevado vislumbrem um desempenho superior de longo prazo. Em uma carteira de US$ 5 milhões, US$ 10 milhões ou ainda mais alta, é comum a alocação de algo entre 10% e 30%, ou até mais, em investimentos alternativos, incluindo subcategorias de classes de ativos, como capital privado, créditos privados e setor imobiliário privado. Muitos dos meus clientes têm um patrimônio que nunca será gasto, ou partes da carteira nas quais nunca tocarão, mas gostariam que a geração seguinte pudesse se beneficiar disso. Nessas situações, até mesmo pessoas de 75 anos de idade poderiam ter uma parcela significativa de sua carteira de investimentos em ações de baixa capitalização, ações de mercados emergentes ou investimentos alternativos.

Embora essa estratégia funcione bem no papel e no decorrer do tempo, ela não é recomendável para os mais temerosos. Essas subcategorias de classes de ativos podem oscilar rapidamente, tanto para cima quanto para baixo, e podem ter um desempenho abaixo do esperado por longos períodos de tempo. *Uma boa maneira de saber se essas subcategorias de classes de ativos fazem sentido para você é a sua reação a uma queda nos mercados.* Se você se entusiasma diante da oportunidade de vender alguns dos seus títulos e de comprar mais ações de baixa capitalização e ações de mercados emergentes enquanto elas estiverem sendo marteladas, tais subcategorias de classes de ativos podem funcionar bem para você. Mas se você se apavora com os tombos, não conseguirá se manter na posição por tempo suficiente para que ela funcione e isso causará danos desnecessários à sua carteira. Em tempos de turbulência, vale a pena conhecer a si mesmo.

OS TOQUES FINAIS

Você deveria pensar em uma combinação estratégica
na alocação de ativos, pressupondo que você não sabe
o que o futuro reserva.

RAY DALIO

Agora que determinou a sua alocação em ações e títulos, e avaliou o seu nível de conforto diante da inclusão de outros investimentos com maior volatilidade estimada, é hora de analisar com atenção a alocação desejável. A sua alocação desejável é a sua receita ideal, a sua mescla ideal de investimentos definidos pelo seu plano *e* pela sua capacidade emocional de lidar com os altos e baixos.

O CAMINHO

Adote uma abordagem global

Considere o seguinte fato: a Suécia representa aproximadamente
1% da economia mundial. Um investidor racional dos Estados Unidos
ou do Japão investiria cerca de 1% de seus ativos em ações suecas.
Faz algum sentido que investidores suecos tenham investido
48 vezes mais do que isso? Não. Isso reflete a conhecida tendência
dos investidores de comprar ações de seus países de origem,
algo que os economistas chamam de viés doméstico.

RICHARD H. THALER E CASS R. SUNSTEIN

Tendemos a preferir opções próximas à nossa base doméstica, em vez de
buscar opções fora da nossa zona de conforto pessoal, o que também é
conhecido como *viés doméstico*. É provável que você experimente isso todos
os dias quando frequenta a mercearia, o posto de gasolina ou a cafeteria
mais convenientes e mais próximos da sua casa ou escritório. No fim de
semana, é mais provável que você saia para jantar em um local perto
de casa do que em um restaurante que adora, mas que fica um pouco mais
longe. Ao selecionar as carteiras de ações, a maioria dos investidores norte-
-americanos foca nas ações das grandes empresas dos Estados Unidos,
simplesmente porque reconhece aqueles nomes.

Independentemente do setor, quase todas as empresas nacionais têm
uma contrapartida global com potencial de desempenho equivalente, se
não maior. Na verdade, de acordo com um prognóstico recente da Standard Chartered, até 2030, a China e a Índia deverão se tornar as duas
maiores economias do mundo, por uma margem significativa. Portanto,
as participações internacionais deveriam fazer parte da sua carteira de
investimentos. Embora possa se sentir mais confortável diante de nomes
familiares na sua carteira, o fato é que você está aumentando os riscos ao
concentrar demais os ativos em uma única região do planeta. Vivemos em
uma economia global e as empresas de todos os lugares do mundo estão
aptas a ganhar dinheiro, e é o que elas fazem. Porém, de modo geral as
participações internacionais se comportam de maneira ligeiramente diferente das participações dos Estados Unidos. O mercado norte-americano
costuma "se revezar" com o de outros países, superando um ao outro por
curtos e, às vezes, longos períodos de tempo. Considere o que aconteceu
com os mercados dos Estados Unidos durante a "década perdida" de

2000-2009, quando o S&P 500 gerou um retorno de pouco menos de 0%, mesmo depois de contabilizar dividendos. Os investidores que haviam alocado estritamente em ações de alta capitalização dos Estados Unidos padeceram, enquanto os investidores globalmente diversificados obtiveram sólidos retornos nos mercados internacionais e emergentes. Agir assim ajuda a reduzir a volatilidade da sua carteira e, ao mesmo tempo, melhora o desempenho a longo prazo, já que muitas economias, especialmente as emergentes, têm taxas de crescimento previstas muito mais altas do que as dos Estados Unidos.

Como mostra a Figura 11.3, o viés doméstico é um fenômeno mundial. Investidores imparciais, cidadãos globais, por assim dizer, deveriam possuir títulos seguindo a mesma proporção de sua capitalização no mercado global. Por exemplo, em 2010, o mercado norte-americano representava 43% do mercado global total. Portanto, investidores imparciais deveriam ter 43% de sua carteira alocados em ações dos EUA. O investidor médio dos Estados Unidos, porém, tem uma carteira com um peso excessivo em ações do próprio país. O mesmo é válido em outros países: os investidores médios do Reino Unido, por exemplo, favorecem 42% mais as ações do Reino Unido, e os suecos têm quase metade de seu dinheiro em ações suecas! Esse plano equivale, basicamente, a investir tudo aquilo que você se esforçou baseado na localização, e não na lógica.

Figura 11.3

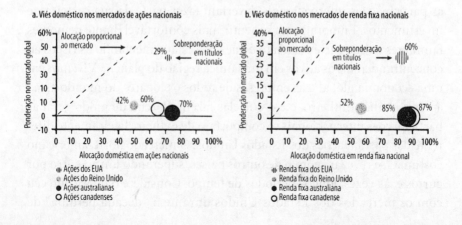

A capitalização no mercado global não é a única maneira de determinar o quanto da sua carteira deveria ser alocado em investimentos internacionais, pois isso depende muito das suas metas de investimentos e da sua tolerância ao risco. Porém, não caia na armadilha de negligenciar o valor do investimento global apenas porque os nomes das empresas não são familiares. Não precisa viajar para o exterior nem abrir uma conta no estrangeiro para criar uma carteira global. Pela mera aquisição de um fundo de índice, um investidor poderá acrescentar, instantaneamente, uma exposição global. Por exemplo, se o seu plano sugerir uma alocação de 60% em ações, você poderá destinar, facilmente, um terço dessa alocação a ações globais, adquirindo um ETF internacional.

Diversifique!

A única constante da vida é a mudança.

HERÁCLITO

Mesmo sendo um filósofo grego, Heráclito daria um excelente consultor de investimentos. Ele entendeu a realidade de que a vida está em constante estado de movimento, e em nenhum lugar isso é mais aplicável do que no mercado de ações.

Quando você investe em uma empresa específica, tudo pode acontecer. A empresa pode ter um desempenho excepcionalmente bom, um evento negativo pode prejudicá-la, ou ela pode até ir à falência, como a Enron, a Sears e a Toys "R" Us. Esse risco, muitas vezes, é subestimado, pois toda empresa tem um ciclo de vida antes que o capitalismo a destrua e a substitua por algo melhor. O fundador da Amazon, Jeff Bezos, sabe muito bem que nenhuma empresa dura para sempre. Ele disse a seus funcionários: "Prevejo que a Amazon vai falir um dia. Vai declarar falência. Se olharmos para as grandes empresas, a sua expectativa média de vida tende a ser de trinta e poucos anos, não de cento e poucos anos."

Figura 11.4

EMPRESAS INTEGRANTES DO ÍNDICE INDUSTRIAL DOW JONES

1979		
3M	Eastman Kodak	Johns-Manville
Allied Chemicals	Esmark	Owens-Illinois
Aluminium Company of America (Alcoa)	Exxon	Proctor & Gamble
American Can Company	General Electric	Sears
AT&T	General Foods	Texaco
American Tobacco Company (B shares)	General Motors	Union Carbide
Bethlehem Steel Corporation	Goodyear	US Steel
Chevron	Inco Ltd.	United Technologies
Chrysler	International Harvester Company	Westinghouse
Dupont	International Paper	Woolworth's

2019		
3M	Exxon Mobil	Nike
American Express	Goldman Sachs	Pfizer
Apple	The Home Depot	Proctor & Gamble
Boeing	IBM	Travelers
Carterpilar	Intel	UnitedHealth
Chevron	Johnson & Johnson	United Technologies
Cisco	JP Morgan Chase	Verizon
Coca-Cola	McDonald's	Visa
Disney	Merck	Walmart
Dow-Dupont	Microsoft	Walgreens

O CAMINHO 271

Perceba o quanto o Dow 30 está diferente hoje em comparação à realidade de quarenta anos atrás! Como a Figura 11.4 ilustra, enquanto um punhado de empresas robustas sobreviveu ao longo dos anos, muitas empresas outrora proeminentes fecharam suas portas, foram consumidas por outras empresas ou vieram perdendo suas posições de destaque desde 1979. Em 2018, a última empresa restante do índice inaugural de 1896, a General Electric, foi substituída pela Walgreens. Muitas empresas que integram a lista de 2019, como Apple, Microsoft e Intel, estavam engatinhando em 1979, e outras, como Cisco e Verizon, são hoje as principais fornecedoras de tecnologias que nem sequer existiam há quarenta anos.

Pense nisso usando como exemplo o ramo de restaurantes. Você fica se perguntando se alguns restaurantes ainda existirão daqui a alguns meses e há outros que você espera que sobrevivam por décadas, mas pouquíssimos passarão de geração para geração nos tempos atuais. Porém, independentemente do que acontecer com qualquer restaurante específico, sempre haverá restaurantes. As ações funcionam da mesma forma. Ao possuir um grande número de ações, você não está apostando em uma determinada empresa, mas diversificando através de muitas empresas. Se possuir um fundo de índice S&P 500, poderá esperar que algumas empresas ali presentes declarem falência ou se deteriorem substancialmente a cada ano, mas aquilo que vier a acontecer com qualquer uma daquelas empresas não o fará desaparecer nem o impedirá de atingir os seus objetivos financeiros. A longo prazo, os ganhos das empresas que se tornarem bem-sucedidas mais do que compensarão as eventuais perdas.

Outro risco que os investidores assumem quando investem no mercado de ações é o *risco setorial*. Assim como você não gostaria de apostar em um único tipo de restaurante, esse risco aponta para a possibilidade de que todo um setor venha a sofrer bastante ou seja eliminado. Muitas crises financeiras começam com um derretimento em determinado setor, como vivenciamos em crises recentes, desde a bolha de tecnologia e a crise imobiliária até a crise financeira e, mais recentemente, a crise energética. Se você possuir 100 ações em um mesmo setor e esse setor entrar em colapso, talvez comece a se perguntar se a diversificação não lhe teria sido mais útil. Você deve diversificar para se precaver dos riscos da própria empresa *e* do risco setorial, detendo diversas ações em diversos setores.

Descontinuar ou morrer

Quando consideramos o ritmo de mudanças tecnológicas no mundo de hoje — a rapidez com que passamos de LPs para MP3s, de locadoras de vídeo de bairro para streaming on-line —, constatamos a ascensão e a queda de vários setores, ainda mais rapidamente do que antes. A descontinuidade está aumentando em todos os ramos industriais: basta perguntar à Kodak, à K-Mart, à Blockbuster, à Yellow Cab e ao BlackBerry. A Figura 11.5, mostrando a expectativa de vida média das empresas no índice S&P 500, oferece uma ilustração poderosa de como o ritmo de mudança se acelerou: *a quantidade média de tempo que uma empresa permanece listada no índice caiu quase quatro vezes nos últimos cinquenta anos.* Essa mudança significa que, como investidor, você pode se posicionar de modo a se beneficiar do crescimento das novas tecnologias por meio da diversificação adequada ou sofrer com a decadência da velha guarda. Um benefício adicional de possuir um índice é não precisar se preocupar com quais das empresas integrantes serão descontinuadas, pois as recém-chegadas se destacarão no índice e, *voilà!*, você será, automaticamente, um de seus proprietários.

Figura 11.5

EXPECTATIVA DE VIDA MÉDIA DAS EMPRESAS NO ÍNDICE S&P

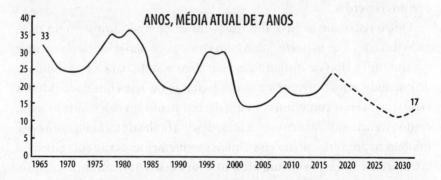

Fonte: Análise da Innosight baseada em dados públicos S&P 500.

O CAMINHO

Por fim, o principal risco que um investidor assume é o *risco de mercado* ou o *risco sistêmico*: às vezes, um mercado inteiro pode disparar ou despencar. Nunca conseguiremos eliminar o risco de mercado, razão pela qual a diversificação é essencial. Por exemplo, você pode colocar todo o seu dinheiro em um apartamento duplex, alugá-lo e esperar por um lucro de 10%. Obviamente, há um risco considerável de possuir apenas um duplex: se algo der errado com esse investimento, as coisas podem se deteriorar rapidamente. Digamos, ao contrário, que encontre quatro apartamentos duplex, com os quais espere lucrar 10%, mas não tenha condições de comprar todos eles. Em vez de fazer isso, você estabelece uma parceria com outras três pessoas para formar uma empresa, criar um conjunto de fundos e comprar todos os quatro duplex. Agora você tem a mesma quantia de dólares alocada nos duplex e o seu retorno esperado é o mesmo, mas o seu risco de perda foi reduzido. Se algo der errado com um duplex, não será o fim do mundo. Embora a compra de vários duplex reduza o risco associado à posse de uma única unidade, você não reduziu o risco de possuir apartamentos duplex em geral. E se todos os locatários trabalharem para a mesma empresa, essa empresa declarar falência e eles se mudarem de cidade? Pode reduzir o risco de mercado estando em vários mercados distintos (ou, neste caso, em várias localizações geográficas distintas). A diversificação adequada é possuir uma combinação de ativos em que os desempenhos das respectivas posições não estejam estreitamente correlacionados. Possuir aqueles duplex em cidades ao redor do país reduzirá o seu risco.

Em poucas palavras, a sua intenção deverá ser possuir ativos que respondam de forma diferente a várias condições econômicas. Esse movimento independente — com alguns ativos aumentando mais ou diminuindo menos do que outros a qualquer momento — ajuda a reduzir o risco da sua carteira de investimentos. Quando o valor das ações cai, por exemplo, o valor dos títulos de alta qualidade tende a aumentar. Embora quase todos os mercados de ações estejam correlacionados, eles não se comportam da mesma maneira e é por isso que investidores sofisticados incluem uma combinação de ativos globais em suas carteiras, assim como uma combinação de empresas de diferentes tamanhos — ações de baixa, média e alta capitalização —, tanto dos Estados Unidos quando do exterior.

A alteração de fatores econômicos pode fazer com que o valor relativo de cada uma das classes de ativos suba ou caia. Portanto, você deveria apostar em coisas diferentes, de modo a reduzir o risco da carteira e aumentar a probabilidade de alcançar seus objetivos a longo prazo. Diversificar com outras classes de ativos, como bens imóveis, pode reduzir ainda mais o risco de mercado.

NÃO SE APAIXONE PELOS SEUS INVESTIMENTOS

A diversificação parece bem inteligente, não é mesmo? Mas perdi a conta da quantidade de clientes que observei, ao longo da minha carreira, vendo seu patrimônio ruir porque se recusaram a diversificar para além do risco setorial e do risco intrínseco da empresa. Muitos de nossos clientes com patrimônio líquido mais elevado ficaram ricos quando trabalhavam para empresas de capital aberto que lhes concederam participações acionárias da empresa, cujo valor, na sequência, subiu de forma exponencial. Esses clientes costumam se mostrar relutantes diante da diversificação, em parte porque as ações de uma única empresa foram a razão pela qual eles enriqueceram. Além disso, eles trabalharam para a empresa e a conhecem bem, e estão plenos de boas lembranças e de lealdade à marca. Mas lembre-se do que Jeff Bezos sinalizou: toda empresa acabará morrendo; é só uma questão de tempo.

De forma similar ao viés doméstico, descobri que muitos investidores tendem a concentrar sua seleção de ações em empresas com as quais estão familiarizados, e isso, geralmente, conduz a riscos setoriais específicos. Muitas das grandes empresas canadenses estão envolvidas em insumos e finanças; como consequência, vários investidores canadenses têm carteiras concentradas em ações nesses setores, e eles acabam se descobrindo vulneráveis às oscilações de preços em tais indústrias. De forma geral, os clientes recém-chegados à Creative Planning possuem investimentos em setores relevantes em suas regiões de origem: é provável que um texano possua diversas participações em energia, um cliente do nordeste dos Estados Unidos em finanças, um do norte da Califórnia em tecnologia e um do alto centro-oeste em produtos industrializados. A Figura 11.6 ilustra o quanto somos suscetíveis a uma superexposição a segmentos que nos são familiares.

Figura 11.6

ALOCAÇÃO DOS INVESTIDORES POR REGIÃO
PROBABILIDADES DE POSSUIR AÇÕES EM UM SETOR
VERSUS MÉDIA NACIONAL

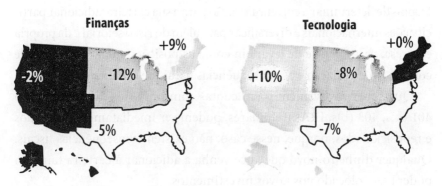

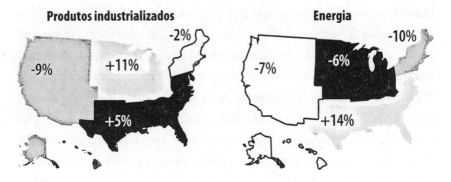

De qualquer forma, é provável que você trabalhe para alguma dessas empresas e conheça bem o setor, mas isso também significa que já estará superexposto. Se estiver em uma posição em que o seu plano de aposentadoria dependa do sucesso do seu setor e o valor da sua casa possa ser afetado pelos movimentos cíclicos que lhe são inerentes, observe atentamente a sua carteira de investimentos para garantir que você não fique ainda mais vulnerável caso esse setor venha a fraquejar.

Os impostos importam

Não se desfaça das suas posições atuais.
Saiba o que você tem e saiba por que você tem.
PETER LYNCH

Depois de determinar a correta alocação para a sua carteira, adicionar participações internacionais e diversificar para além do risco setorial e da própria empresa, certifique-se de levar em conta as posições atuais que pretende colocar em circulação e as consequências fiscais de eventuais alterações.

Quaisquer investimentos em contas com impostos diferidos, como 401 (k)s, 403 (b)s, IRAs e similares, podem ser imediatamente vendidos e reposicionados, porque, nesse caso, não existem consequências fiscais. Qualquer dinheiro novo que você venha a adicionar à carteira também poderá ser colocado nos novos investimentos.

Resista, porém, à tentação de vender todos os ativos em sua conta tributável. Se a liquidação das suas posições atuais pode lhe trazer significativos ganhos tributáveis, saiba que você criará um rombo para si mesmo, já que, provavelmente, precisará de vários anos de retornos consistentes nos mercados apenas para voltar ao local onde estava antes de vendê-las. Da mesma forma, tenha muito cuidado com os consultores financeiros que o aconselham a vender tudo, independentemente das consequências fiscais. É quase certo que eles estejam causando sérios danos à sua situação financeira, apenas para simplificar a gestão da sua carteira. Também é um sinal revelador de que estão investindo o seu dinheiro em uma carteira de modelos pré-fabricados, sem atentar para quaisquer consequências fiscais, o que deveria lhe propiciar a clareza suficiente para considerar a contratação de outro consultor. Embora os impostos não devessem ser a cauda que abana o cachorro, na Creative Planning sempre consideramos os resultados fiscais ao projetarmos uma carteira de investimentos. Afinal, não é o que os nossos clientes ganham que importa, mas o que lhes sobrará após a incidência de impostos e taxas.

O CAMINHO

Pensões vitalícias e Hotel Califórnia

Você pode desocupar o quarto quando quiser, mas nunca poderá ir embora. Não, não é o "Hotel Califórnia": é o maravilhoso mundo das pensões vitalícias. Muitas pensões vitalícias têm despesas bastante altas e opções de investimento limitadas, além de estarem sujeitas a *taxas de rendição* (o resgate que você paga se não quiser mais continuar como refém), caso a opção seja rescindir o contrato antes de uma determinada data.

Se essas taxas forem substanciosas, talvez faça sentido esperar para fechar a conta após a expiração da taxa de rendição ou, se forem suficientemente baixas, elas podem ser compensadas pelas economias provenientes de uma nova oportunidade de investimento. Uma notável exceção seria se você estivesse gravemente doente. Nesse caso, rescindir uma pensão vitalícia com um "benefício por morte" pode não fazer sentido, pois o benefício acabaria se assemelhando ao de uma apólice de seguro de vida. Em resumo, mesmo que outros investimentos possam ser melhores, se você já adquiriu uma pensão vitalícia, há muitos fatores a serem levados em consideração antes de rescindir o contrato.

Muito em uma única ação

Em determinadas ocasiões, já aconselhei clientes a manter uma posição razoável em uma única ação, cuja manutenção não faria o menor sentido sob a perspectiva pura e simples de uma carteira de investimentos ideal. Por exemplo, um casal de novos clientes, cujo patrimônio líquido era de US$ 3,5 milhões, estava com US$ 3 milhões alocados em uma única ação. Eles contrataram a Creative Planning porque o marido estava à beira da morte e ele queria ajuda para escolher um especialista em finanças que prestasse assistência à esposa quando ele partisse. Aconselhei o casal a manter os títulos em nome do marido até sua morte. Depois que ele faleceu, as ações receberam uma base intensificada, o que significa que a esposa poderia vender todas as ações imediatamente após se tornar viúva, sem impostos devidos, dando-nos a oportunidade de reposicionar a carteira de investimentos em algo apropriado às necessidades dela e de maneira eficaz em termos de custos. Se o casal tivesse trabalhado com um especialista que sugerisse vender tudo, teria perdido centenas de milhares de dólares. Em vez de fazer isso, ela ficou em situação muito melhor e conseguiu permanecer financeiramente independente.

Às vezes, a implementação de um bom plano de investimentos pode causar mais mal do que bem, devido a consequências fiscais ou de planejamento imobiliário imprevistas. Conclusão: esteja ciente de todas as implicações do reposicionamento da sua carteira antes de fazer alterações. Com a customização, é bastante comum que a sua carteira gere um resultado após impostos muito melhor do que mudar a carteira inteira para novas posições.

A localização dos ativos importa

A esta altura, espero que você esteja compreendendo que os impostos importam. E muito. Os especialistas em finanças não comentam nada sobre isso, porque, se ficasse sabendo da apuração dos impostos que eles geraram com todas as negociações efetuadas, você os demitiria (o mesmo se aplica aos fundos mútuos, aos fundos de cobertura e similares). A maioria dos investidores não percebe a existência dos impostos porque eles não saem diretamente da conta. Digamos que você tenha um gestor de investimentos que negocie ativamente a sua conta de US$ 1 milhão. No fim do ano, você recebe um relatório informando que o seu ganho foi de 7%, ou US$ 70.000. Você é um veranista de sorte. Alguns meses depois, chega um formulário 1099 para ser usado na sua preparação de impostos. Se você for como a maioria das outras pessoas, jogará o formulário dentro de uma pasta e, quando toda a sua papelada estiver reunida, entregará tudo ao seu contador público certificado sem prestar muita atenção. Mas digamos que o formulário 1099 mostre que você deve US$ 30.000 de impostos. Isso será somado ao restante dos seus impostos e, se o seu contador solicitar que você faça um cheque para pagar a Receita Federal, você o fará. Os US$ 30.000 não serão descontados da sua conta de investimentos e, mesmo que sejam, o relatório de desempenho preparado pelo gestor sempre mostrará que a sua taxa de retorno foi de 7%, quando, na verdade, foi de apenas 4% após impostos. A Figura 11.7 mostra o impacto dos impostos sobre os re-

O CAMINHO 279

tornos reais e o poder da composição com o dólar dobrando 20 vezes. Ela também revela o impacto dos impostos caso os ganhos sejam tributados em 33% a cada vez.

Se você possuir uma combinação de contas tributáveis e contas com impostos diferidos, a localização dos ativos pode atenuar grande parte dos danos potenciais. E o que é *localização de ativos*? É determinar qual conta deveria abrigar cada um dos seus investimentos específicos.

Figura 11.7

IMPACTO DOS IMPOSTOS NO CRESCIMENTO DOS INVESTIMENTOS

ANO	ISENTOS DE IMPOSTOS	33% DE IMPOSTOS SOBRE RENDIMENTOS
	$1,00	$1,00
1	$2,00	$1,67
2	$4,00	$2,79
3	$8,00	$4,66
4	$16,00	$7,78
5	$32,00	$12,99
6	$64,00	$21,69
7	$128,00	$36,23
8	$256,00	$60,50
9	$512,00	$101,03
10	$1.024,00	$168,72
11	$2.048,00	$281,76
12	$4.096,00	$470,54
13	$8.192,00	$785,80
14	$16.384,00	$1.312,29
15	$32.768,00	$2.191,53
16	$65.536,00	$3.659,85

17	$131.072,00	$6.111,95
18	$262.144,00	$10.206,96
19	$524.288,00	$17.045,63
20	$1.048.576,00	$28.466,20

Ao montar a sua carteira de investimentos, resista à tentação de fazer com que todas as contas se pareçam. Ao contrário, coloque os investimentos que geram impostos substanciais nas suas contas com impostos diferidos; isto é, investimentos como títulos e bens imóveis tributáveis devem ser alocados na IRA ou na 401 (k). Coloque os investimentos que não geram muitos impostos, como ações de grandes empresas, na sua conta tributável. Com a simples aquisição de ativos na localização mais eficaz possível em termos fiscais, você reduzirá de modo substancial a sua apuração de impostos e melhorará o seu retorno após impostos.

Faça o rebalanceamento, colete impostos e monitore

Muitos especialistas em finanças discutem o rebalanceamento, mas dificilmente lhe dirão que o *rebalanceamento* pode prejudicar os seus retornos a longo prazo. Mas o que é, exatamente, o rebalanceamento? Digamos que você tenha uma carteira de investimentos composta por 60% de ações e 40% de títulos. Se as ações valorizarem mais do que os títulos, você terá um percentual maior de ações na sua carteira do que quando começou. Embora isso seja hipoteticamente perfeito sob a perspectiva do retorno potencial, a sua carteira, agora, está muito mais arriscada do que o inicialmente pretendido. É hora de rebalancear para voltar à divisão 60/40 almejada, vendendo algumas das suas ações e comprando mais títulos. Se não fizer nenhum rebalanceamento, poderá acordar daqui a 20 anos com uma carteira com 85% de ações e 15% de títulos. Ora, talvez até exista um cenário, daqui a 20 anos, em que faça sentido você ter uma alocação mais agressiva do que tem hoje, mas isso é improvável. Ao fazer o rebalanceamento, você mantém a carteira voltada exclusivamente para o alvo, aumentando as suas chances de atingir o seu objetivo.

O CAMINHO

Alguns investidores fazem rebalanceamento periodicamente, a cada trimestre ou a cada ano. Acho que isso é um exagero, pois acarreta custos desnecessários, que podem limitar a eficácia da estratégia da sua carteira. Se uma negociação de rebalanceamento resultar em impostos ou em inúmeros custos de transação, considere ignorá-la até que a sua alocação fique totalmente desajustada. Mas, se o mercado sofrer algum tombo, não espere! Aproveite a oportunidade para rebalancear em tal momento, aumentando de modo deliberado a sua exposição à classe de ativos mais fraca, em geral, ações, quando elas estiverem em baixa. Se continuarem caindo, faça mais um rebalanceamento. Isso se chama *rebalanceamento oportunístico* e gera uma melhor taxa de retorno ao longo do tempo do que o rebalanceamento periódico. Se considerar difícil demais lidar emocionalmente com isso, confirme se os seus objetivos não mudaram, faça um rebalanceamento de uma a quatro vezes por ano e siga em frente.

Coletando impostos

Se você possuir um investimento em uma conta tributável, digamos um fundo de índice S&P 500, e o mercado cair de repente, como aconteceu no fim de 2018, existem várias opções. Primeira: você pode entrar em desespero e vender tudo, jogar o seu computador pela janela, bater com os pés no chão e abrir o berreiro. Mas já chegamos até aqui e você é inteligente demais para fazer isso. Segunda opção: você não pode fazer nada. A boa notícia é que o fundo de índice que você possui provavelmente se recuperará, como sempre acontece, e alcançará novos máximos históricos. Nenhum prejuízo, mas uma oportunidade perdida. Ou a terceira opção: você pode vender o fundo enquanto ele estiver em baixa e substituí-lo por um investimento semelhante, mas não idêntico, como um fundo de índice S&P 100. Quando o mercado se recuperar, o fundo substituto se recuperará da mesma maneira que o investimento anterior, mas você estará em uma situação muito melhor, pois a perda oriunda da venda anterior ficará embutida na sua declaração de impostos e será diferida por toda a vida, até que possa ser usada para compensar ganhos futuros, o que tornará a sua carteira muito mais eficiente! Agora, sim, você está, de fato, gerenciando bem o seu dinheiro. (Vamos propor uma pausa aqui para uma batida de punhos imaginária!)

Por fim, monitore as suas posições. Alguns investimentos não vão funcionar, por mais que você os planeje. Às vezes, uma opção de investimento de baixo custo pode ficar disponível, dando-lhe a oportunidade de economizar algum dinheiro. Novos investimentos podem surgir para melhor atender às suas metas. O mais importante é que suas necessidades e seus objetivos mudarão com o tempo. Portanto, certifique-se de revisar o seu plano financeiro e de fazer os ajustes na carteira conforme necessário, para não perder de vista os seus objetivos. Ou certifique-se de contar com um especialista em finanças que possa se encarregar do trabalho pesado por você e faça uma avaliação anual com ele. Os tempos mudam, você muda, os seus objetivos mudam e a sua carteira de investimentos deveria estar sempre focada em ajudá-lo a cumprir o que você planejou.

AQUI VAMOS NÓS!

A seguir, vamos recapitular as etapas para garantir que você esteja no caminho para a liberdade financeira:

1. Crie um plano financeiro definindo os seus objetivos.
2. Determine a alocação de ativos com maior probabilidade de propiciar-lhe o retorno necessário para atingir os seus objetivos.
3. Adote uma abordagem global na sua carteira de investimentos.
4. Diversifique para evitar os riscos da empresa e do setor.
5. Considere contornar as suas posições atuais que apresentem significativos ganhos tributáveis.
6. Determine quais investimentos adquirir em contas tributáveis e não tributáveis.
7. Faça um rebalanceamento, colete impostos e monitore a sua carteira.
8. Revise o seu plano financeiro todos os anos e faça ajustes na sua carteira, conforme necessário.

Se tivermos feito o nosso trabalho corretamente, você nunca deveria ficar à mercê de nenhuma classe de ativos em nenhum momento, e todas as classes deveriam ter espaço suficiente para tomar fôlego e seguir seu caminho — fazer o que se supõe que elas façam. Você também deveria preparar uma alocação que lhe concedesse a liberdade de coletar impostos, de rebalancear diante de grandes quedas e, ainda mais importante, de aumentar a probabilidade de atingir os seus objetivos. No fim das contas, a riqueza que tiver acumulado será um meio para um fim: a liberdade e a paz de espírito. Tais ingredientes lhe darão as melhores chances de alcançar o que planejou, incorporando classes de ativos e subcategorias de ativos que deveriam estar sempre o mais perto possível das suas metas.

PARTE V
O TOPO

CAPÍTULO DOZE

A DECISÃO MAIS IMPORTANTE DA SUA VIDA

por Tony Robbins

A maioria das pessoas sabe, intuitivamente, que dinheiro
não compra felicidade, mas elas querem ter a chance
de aprender essa lição por si mesmas!

Bo Shao, um dos empresários de tecnologia mais bem-sucedidos da China, tem uma história de vida incrível. Em 2019, pedi a Bo para compartilhar sua trajetória no meu evento Platinum Partners, em Whistler, Canadá. Enquanto estávamos ali esperando ouvir os muitos êxitos de Bo, ele desviou um pouco do assunto para abrir corajosamente seu coração. Ele nos contou a história *por trás* da história e fiquei comovido por sua transparência e sinceridade. Tenho certeza de que você também ficará.

Bo foi criado em meio à extrema pobreza, em Shanghai, China. Motivado por um típico pai chinês, Bo aprendeu que o desempenho e a vitória eram essenciais para o sucesso (ao mesmo tempo que a emoção deveria ser um fator inexistente). Seu pai usava um baralho para ensiná-lo a fazer rápidos cálculos matemáticos mentalmente. Quando terminou o ensino médio, Bo já havia vencido mais de uma dúzia de competições de matemática, consideradas o parâmetro para crianças matematicamente superdotadas.

Em 1990, ele recebeu uma bolsa de estudos integral em Harvard — a primeira bolsa integral concedida a um cidadão da China continental desde 1949. Ele caminhou a passos largos em Harvard e, enquanto estava trabalhando em seu primeiro emprego, no Boston Consulting Group, retornou à universidade e conquistou seu MBA pela Harvard Business School. Na época, a efervescência do setor de tecnologia estava relativamente no início. Bo decidiu voltar à China e abrir sua primeira empresa, a EachNet, a autodenominada versão "pirata" chinesa do eBay. Seu investimento valeu a pena. Em 2003, ele vendeu sua empresa ao eBay por US$ 225 milhões. Ele tinha 29 anos de idade.

Bo "se aposentou" por um breve período, mas o tédio logo bateu à porta, e ele decidiu colocar o pé no acelerador novamente. Ele se tornou cofundador de uma das empresas de capital de risco mais bem-sucedidas da China, com uma extensa lista de vencedores na área de investimentos. Ele viajou pelo mundo todo com sua família, morou no sul da França, adquiriu uma bela casa no endereço mais caro da Califórnia e "comprou uma Ferrari com dinheiro vivo". Reconhecidamente, ele se adaptara à sua vida como um magnata.

Porém, com tudo o que havia conquistado, tendo mais dinheiro do que ele ou seus filhos jamais poderiam gastar, Bo estava infeliz. Ele havia se tornado vítima da ilusão de que dinheiro, realização e sucesso são gratificantes por si mesmos. Ele não pertencia a nenhuma comunidade, não tinha nenhum amigo em quem pudesse confiar, seu relacionamento com os filhos pequenos era distante, e sua conta bancária chegava a nove dígitos. Havia um vazio de propósito em sua vida. Em vez de aproveitar tudo o que havia conseguido, ele tinha uma ansiedade imensa, pois acreditava que poderia perder toda a fortuna que havia acumulado. "Eu me sentia mais seguro quando ganhava US$ 50 mil por ano logo depois de sair da universidade!", declarou.

Se formos honestos conosco mesmos, acho que todos conseguiremos nos identificar com Bo. É claro que talvez não tenhamos vendido um negócio de nove dígitos, mas tenho certeza de que você deve se lembrar de algum momento em sua vida em que ficou obcecado por alcançar um

O CAMINHO   289

objetivo nobre. Talvez tenha sido um volume de vendas na sua empresa, um novo cargo no trabalho ou uma Bimmer novinha em folha. E, quando você conseguiu, deve ter se sentido ótimo por um tempo. Mas, rapidamente, você se acostumou e a alegria começou a se dissipar. A conquista havia perdido seu brilho. E aí você subiu ainda mais o sarrafo e estabeleceu a próxima meta. Posso dizer, com 100% de certeza, que já vi esse filme mil vezes antes. Faz parte, simplesmente, da condição humana — faz parte do nosso sistema operacional que parece ficar piscando "erro" todas as vezes que obtemos o que queremos e começamos a perceber a sensação de satisfação escapar por entre os nossos dedos como se fosse areia.

Tive o privilégio de trabalhar com empresários, atores, atletas e políticos de muito sucesso. Depois de se esforçarem por toda a vida, muitos chegam ao topo, apenas para descobrir que o ar é rarefeito. Muitos acabam se perguntando: "Isso é tudo o que existe?" Odeio lhe dizer isso, mas acontece a mesma coisa com a liberdade financeira. Você pode implementar todas as ferramentas e estratégias deste livro, acabar chegando aonde deseja chegar e, ainda assim, se sentir vazio — isto é, a menos que domine o que eu chamo de a **arte da satisfação**.

SUCESSO SEM SATISFAÇÃO É O PIOR DOS FRACASSOS

Acho que todos concordamos que, quando afirmamos que buscamos liberdade financeira, não queremos acumular pedaços de papel com efígies de presidentes mortos. Em última análise, o que queremos é sentir as emoções que associamos ao dinheiro: liberdade, segurança, conforto, alegria, satisfação e paz de espírito. Poder fazer o que quiser, quando quiser e compartilhar esses momentos com quem você ama. Trabalhar e causar impacto porque você deseja, e não porque precisa. Isso é liberdade financeira.

Mas a riqueza real, a riqueza duradoura, é muito mais do que o dinheiro. Precisamos ser emocional, física e espiritualmente ricos. Pense em um momento da sua vida em que você sentiu uma alegria inimaginável, quando se sentiu plenamente realizado. Talvez tenha sido o instante em que o seu filho nasceu, ou quando a sua esposa veio andando pelo corredor da igreja e disse: "Sim!" Talvez tenha sido uma viagem com amigos. Talvez tenha sido ao assistir a um pôr do sol belo e se sentir conectado ao seu Criador. Estes são momentos de verdadeira liberdade. Sabemos intuitivamente que, em geral, tais momentos de profunda satisfação não têm nada a ver com o dinheiro e acontecem muito raramente. Mas não é preciso ser desse jeito! Você não precisa se contentar com alguns poucos momentos de satisfação espalhados ao longo do ano. Não precisa esperar que as suas circunstâncias mudem para se sentir conectado. Como aprendeu ao longo deste livro, as ferramentas para se tornar financeiramente livre não são tão complexas assim. Você deve conhecer as regras do jogo, entender como os mercados funcionam, evitar tomar decisões emocionais ruins, aproveitar o poder da composição e, se possível, trabalhar com um especialista em finanças que tenha como prioridade defender os seus melhores interesses, e o oriente ao longo do caminho.

Quando existem leis imutáveis para se obter um determinado resultado (por exemplo, ficar em ótima forma física ou dominar a sua vida financeira), dou a isso o nome de **ciência da realização**. Bo era um mestre na ciência da realização. Ele conhecia os ingredientes para o sucesso e, tal qual um chef habilidoso, sabia como usá-los. Mas, apesar do histórico de resultados triunfantes na dianteira dos negócios, ele não havia conseguido alcançar uma qualidade de vida extraordinária. Por quê? Porque **só é possível encontrar uma qualidade de vida extraordinária ao dominar a arte da satisfação!** Eu gostaria de repetir: você deve dominar a arte da satisfação, porque *sucesso sem satisfação é o pior dos fracassos*!

Eis aqui ótimas notícias: você não precisa escolher entre o sucesso e a satisfação. É possível ter os dois, mas será necessário um comprometimento com o trabalho mental exigido. Faço votos de que, após este capítulo, você decida ter a liberdade financeira e a paz de espírito que merece, juntamente com a plenitude, o amor e a conectividade de um coração livre de sofrimentos.

A DOR É INEVITÁVEL; O SOFRIMENTO É OPCIONAL

Porque, como o homem imaginou na sua alma, assim é.

PROVÉRBIOS 23:7

Alguns anos atrás, decidi jogar golfe. Eu tenho 2 metros de altura e 118 quilos, então me ver jogar golfe é como ver um gorila balançando um palito de dente. Como quase tudo na minha vida, pensei que, quanto mais esforço fizesse e quanto mais rápido fosse, melhor seria. Quando arranquei a cabeça do taco na primeira vez em que entrei no campo de treinamento, virei-me para o instrutor e disse: "Se continuar nesse ritmo, vou precisar de mais três ou quatro tacos!" Gentilmente, ele me explicou que, ao contrário dos tacos de madeira de beisebol, no golfe não era normal quebrar rotineiramente os tacos.

Para quem nunca jogou golfe, pode ser um esporte frustrante. Mais esforço e mais rapidez *nem sempre* são a melhor coisa. É um jogo de nuances. Um grau pode fazer a diferença entre conseguir uma boa tacada e lançar a bola para fora dos limites do campo ou para dentro do lago. É um jogo que nunca poderá ser dominado e requer uma paciência de Jó. Depois de algumas aulas, percebi que não era para mim. Não tenho tempo para me dedicar até me tornar minimamente decente, e me aventurar no esporte apenas me deixou frustrado. Eu poderia gastar o meu tempo com coisas melhores!

Então, em uma viagem ao México, um grande amigo meu, Bert, me perguntou se eu queria jogar. Comecei a lhe contar a minha história — o meu relato do que o golfe significava para mim (lento, frustrante etc.) — e ele me deteve. *"Tony, sei que você não tem muito tempo, então vamos acertar uns quatro ou cinco buracos?"* Eu nem sabia que jogar apenas alguns buracos era uma opção, mas o que eu queria mesmo era ir à praia e relaxar durante o pequeno intervalo na minha agenda. *"Tony, que tal acertarmos nos quatro ou cinco buracos que ficam à beira-mar? É lindo!"* Estava parecendo melhor, mas então me dei conta do quanto eu jogava mal. *"Tony, nem vamos marcar os pontos."* Não vamos marcar os pontos?! Mas qual é o sentido, então?!

Com relutância, acabei concordando, e Bert e eu embarcamos no carrinho de golfe. Paramos no primeiro buraco à beira-mar e era de tirar o fôlego. As ondas batiam contra as rochas, a poucos passos da bandeirinha no gramado. Lancei quantas bolas e o fato é que acabei conseguindo fazer algumas belas tacadas. Finalizei com uma tacada longa, e foi incrível. Algo estava mudando dentro de mim. Ao fim daquela hora, tínhamos jogado em todos os quatro buracos à beira-mar e nos divertido demais. Rimos, apreciamos a companhia um do outro, experimentamos a incrível beleza da natureza e sentimos o cheiro da maresia.

A partir daquele dia, tomei uma decisão. Uma decisão de não sofrer mais. Uma decisão de que, quando eu jogar golfe, desfrutarei de todos os buracos. Desfrutarei das pessoas com quem eu estiver, da natureza e da beleza que estiver vivenciando, e das minhas belas tacadas, que só aparecem uma vez na vida, outra na morte. A lenda do golfe, Ben Hogan, acertou em cheio quando disse: *"O golfe é jogado em um campo de dez centímetros — a distância entre as nossas duas orelhas!"* Hoje em dia, o golfe é um dos meus passatempos prediletos e eu continuo não marcando os pontos.

Conto essa história porque o golfe foi um treinador inesperado na minha jornada de escolher viver no que eu chamo de "estado de beleza". O jogo de golfe não mudou; eu mudei. Decidi viver em um estado de espírito que, naquele dia, criou uma qualidade de vida extraordinária para mim. Por que não fazer isso todos os dias?

UM ESTADO DE BELEZA

Visito a Índia quase todos os anos. Na minha última viagem, tive uma excelente conversa com um amigo que tem dedicado sua vida ao crescimento espiritual, de si mesmo e dos outros. Ele me contou que acredita existirem apenas dois estados mentais em que as pessoas podem estar em qualquer momento. Ou você está em um estado negativo, de baixa energia, que ele chama de **estado de sofrimento** (tristeza, raiva, depressão, frustração, raiva, medo) ou em um estado positivo, de alta energia, chamado de **estado de beleza** (alegria, amor, gratidão, criatividade, generosidade, compaixão).

O CAMINHO 293

Essa conversa foi o começo de uma profunda mudança na minha vida. Sempre acreditei que a única coisa que podemos controlar nas nossas vidas é o nosso estado interno. É o que tenho ensinado há décadas. Não podemos controlar o mercado de ações, a chuva, ou se os nossos filhos ou cônjuge se comportam da maneira que queremos. O que *podemos* controlar é o propósito que damos a esses eventos. E o propósito que criamos é o que iremos sentir — a nossa experiência emocional é, de fato, a nossa realidade. O modo como nos sentimos diariamente está 100% sob o nosso controle. Ao deixar a Índia, fiquei pensando se eu estava agindo daquela maneira. Eu estava escolhendo viver em um estado de beleza o tempo TODO? Isso seria mesmo possível?

CORRENDO SEM PARAR

Provavelmente, não é de surpreender que eu me descreva como um empreendedor. Estou envolvido ou tenho investimentos em mais de 50 empresas ao redor do mundo e visito mais de 100 cidades todos os anos. A minha vida e o meu cronograma têm tantos componentes móveis quanto um Boeing 747. Com centenas de funcionários em uma infinidade de setores e uma agenda de viagens mais lotada do que a do Presidente dos Estados Unidos, quais são as chances de as coisas sempre saírem como planejadas? Resposta: zero.

Com toda a honestidade, não era incomum eu ficar chateado, abalado, irritado ou frustrado quando as coisas desandavam. Mas se você me perguntasse se eu estava sofrendo, eu teria respondido com uma risada: "Eu não sofro! Encontro um caminho e sigo em frente!" Na realidade, se eu estava vivenciando aquelas emoções regularmente, é porque estava escolhendo viver em um estado de sofrimento. Eu justificava tais emoções intensas como um combustível para o meu entusiasmo (como a maioria dos empreendedores faz), mas, na verdade, elas estavam me privando da alegria e limitando muito a minha satisfação na vida.

O VÍRUS DO QUE ESTÁ ERRADO

Eu estava sofrendo porque a minha mente sem comando havia sequestrado as minhas emoções. Ela estava tomando conta de tudo e, tal qual uma rolha no oceano, eu estava à mercê de suas ondas. Mas agora sei que a verdade é uma só: você e eu temos um cérebro de dois milhões de anos que está sempre procurando o que está errado. Ele foi projetado para um propósito: nos manter vivos. Sobrevivência é o nome do jogo. O software do cérebro não foi programado para fazer você feliz — essa responsabilidade é sua! É o *seu* trabalho dar uma direção à mente. É o *seu* trabalho procurar o que é certo, o que é belo, o que é afetuoso, o que é engraçado e o que é significativo na sua vida. A cada minuto de cada dia. E, assim como qualquer músculo, isso requer treinamento.

Depois de admitir que estava vivendo em um estado de sofrimento, decidi tomar a decisão mais importante da minha vida: que eu não viveria mais em nenhum estado de sofrimento e que não me privaria mais do que eu realmente quisesse sentir. Que, pelo resto da minha vida, eu faria tudo o que estivesse ao meu alcance para viver sempre em estados de beleza. Estados de amor, alegria, criatividade, paixão, divertimento, humor, carinho, crescimento, generosidade e curiosidade. É uma decisão que deve ser tomada com convicção derradeira, porque se você realmente quer viver, se realmente quer viver uma vida magnífica de satisfação interna, DEVE decidir que a vida é curta demais para sofrer!

PERDA, MENOS, NUNCA

Se você der uma maçã a um macaco, ele ficará incrivelmente animado. Mas se lhe der duas maçãs e, em seguida, retirar uma, ele ficará furioso! Os seres humanos não são muito diferentes. A nossa mente está empenhada em procurar problemas — em procurar o que não temos ou o que podemos perder. **O meu mantra é o seguinte: o errado sempre estará disponível, mas é preciso uma mente orientada para procurar o que é certo a qualquer momento.** Então, vamos explorar os desencadeadores

O CAMINHO

do sofrimento, para que possamos entender melhor como esse software funciona, aprender a desativar esse sistema operacional e recuperar o controle.

> Desencadeador nº 1 — Perda. Se você acreditar que perdeu algo de valor, sofrerá. Até mesmo a ameaça da perda acionará os alarmes do seu cérebro. Normalmente, não se trata de uma perda de algo físico (embora o dinheiro seja a mais comum). Pode ser a perda de tempo, amor, respeito, amizade ou de uma oportunidade.
>
> Desencadeador nº 2 — Menos. Menos não é um sentimento tão intenso quanto uma perda completa. Assim como o macaco que agora tem menos maçãs, se você acreditar que terá menos de alguma coisa, também sofrerá. Isso poderia ser fruto de algo que fez ou de algo que os outros fizeram, mas se você sentir que terá menos de alguma coisa que valoriza, poderá sofrer mental e emocionalmente.
>
> Desencadeador nº 3 — Nunca. Esta é a genuína "condição de defesa nº 1" do cérebro. O sentimento de desesperança do cérebro diz que você NUNCA terá algo que valoriza. O seu cérebro diz que, se x não acontecer ou se y acontecer, você nunca será feliz, amado, magro, rico, atraente ou importante. Essa modalidade de desespero dá lugar a comportamentos destrutivos que causam danos a nós mesmos e aos nossos relacionamentos. Tomado pela miopia, o cérebro fica focado apenas em si mesmo.

Muitas vezes, as nossas mentes ficam obcecadas e sofrem com um problema que *nem é real*. Quando focamos em algo, seja no que for, nós sentimos — independentemente do que *realmente* tiver acontecido. Alguma vez já pensou que uma amiga fez algo para magoá-lo intencionalmente? Ficou com muita raiva e alimentou várias discussões imaginárias (que, logicamente, você venceu!): *"Ela nunca entenderá o quanto foi ofensiva! Ela não me respeita. Não sei se conseguiremos salvar essa relação!"* Mas, depois, você descobriu que estava enganado. Você tinha confundido o que de fato aconteceu e ninguém era culpado de nada. E, ainda assim, você sofreu. Todas aquelas emoções negativas assumiram o protagonismo e arruinaram o seu dia ou talvez até a sua semana. Os seus sentimentos se tornaram a sua experiência. E a sua experiência foi uma mistura de perda, menos ou nunca.

31 SABORES

Então, aqui está a minha pergunta: qual é o seu sabor favorito de sofrimento? Você costuma ficar com raiva? Arrependido? Desiludido? Temeroso? Frustrado? Que sofrimento você leva para casa e compartilha com o seu cônjuge ou filhos? Que sofrimento arrasta como se fosse um saco de tijolos? Que sofrimento permite comandar o seu cérebro?

Todos vivenciamos uma ampla gama de emoções, mas acredito que a maioria das pessoas tem um padrão emocional — o lugar em que a mente sofre com mais frequência e fica aprisionada. Mas como é possível recuperarmos o controle? Tudo começa com a constatação de que isso envolve uma escolha consciente. **Ou você domina a sua mente, ou ela o domina.** Se deseja ter uma qualidade de vida extraordinária, deve decidir retomar o controle da sua mente. Deve se comprometer a apreciar a vida quando as coisas derem certo E quando não derem. Quando alguém o magoa, quando você perde dinheiro nos seus investimentos, quando o seu cônjuge o aborrece, quando o seu chefe ou funcionários não o valorizam: esses são os momentos em que você precisa interromper o padrão e se concentrar no seu objetivo de viver em um estado de beleza. A vida é muito curta para sofrer.

Isso não é nenhuma tolice inspirada no pensamento positivo. Quando alguém escolhe não sofrer apesar de suas circunstâncias, nos sentimos inspirados! Escrevemos livros sobre essas pessoas, fazemos filmes sobre suas vidas e lhes concedemos prêmios vitalícios. Admiramos imensamente alguém que tenha dominado sua mente e superado as expectativas, apesar de uma tragédia ou injustiça inimagináveis. Quando alguém enfrenta desafios muito maiores do que o nosso e mantém um estado mental excepcional, sentimos que estamos sendo convocados a adotar um padrão mais elevado. Somos encorajados a fazer um balanço, mu-

O CAMINHO

dar a nossa perspectiva e manifestar profunda gratidão pela beleza nas nossas próprias vidas. O que é certo sempre estará lá, se você estiver disposto a vê-lo.

A REGRA DOS 90 SEGUNDOS

Ninguém está imune aos desafios da vida e a sentir as emoções do sofrimento. Não estou sugerindo que você passe pela vida alegremente alheio a tudo. Isso é evitar, não viver. O que estou sugerindo é que tome a decisão de não permitir que essas emoções assumam o leme do navio. Eis aqui uma estratégia que funciona para mim. Decidi que, quando a minha mente resvalar para uma emoção de sofrimento, seja raiva, medo ou frustração, eu me darei 90 segundos para fazer uma mudança e voltar a viver em um estado de beleza. Mas como?

Digamos que estou tendo uma discussão acalorada com um membro da equipe e descubra que houve um grave erro de avaliação que ocasionou uma série de problemas. O meu cérebro sem comando entra em ação e foca em tudo que está errado. As luzes estão piscando e as sirenes estão tocando. O meu cérebro está quase me implorando para ficar irritado, frustrado e deixar o sofrimento tomar conta. Essa é a minha pista para agir. Primeiro, respiro suavemente e piso no freio. Mudar a sua fisiologia é o segredo para quebrar padrões. Respire, ande, faça polichinelos. Faça o que for preciso para se distrair da sua angústia emocional.

Depois, administro o antídoto: a apreciação. Aprendi que é impossível sentir medo e gratidão simultaneamente. Não preciso apreciar a situação — isso seria negar a realidade. Eu, simplesmente, escolho me concentrar em algo que possa apreciar naquele momento. Posso apreciar a minha esposa que está sentada do outro lado da sala, os meus filhos a quem vejo em uma foto com o canto dos olhos ou a vista do oceano a partir do meu escritório. Tudo o que puder apreciar naquele momento, eu vou apreciar. Nesse caso, escolho apreciar o fato de ter uma empresa que amo e que melhora a vida dos outros. Aprecio o fato de que aquele funcionário é, habitualmente, um colaborador acima da média.

Quando escolho parar de sofrer e começar a apreciar, na verdade estou reprogramando o meu sistema nervoso e retomando o controle da minha mente. Com efeito, hoje em dia podemos entender os benefícios científicos e médicos da gratidão e da apreciação. Quando digo que podemos reprogramar o cérebro, não estou exagerando. Neurônios que disparam juntos se interconectam juntos. As redes neurais começam como um pequeno fio, mas, com o exercício da repetição, se transformam em uma corda. A sua capacidade de sentir gratidão depende inteiramente da frequência com que você sente gratidão.

Quando sinto que a gratidão assumiu novamente o comando, volto ao problema. Então, encontro outro estado de beleza, como a criatividade. A criatividade pode me ajudar a resolver o problema que está diante de mim com muito mais rapidez. E, uma vez nesse estado de calmaria, posso assegurar que o meu funcionário se sinta apreciado e amado, o que gera um ambiente de compreensão e confiança.

A questão é que existe algo de bom em todas as situações, se você se permitir enxergá-lo. O errado sempre estará disponível, mas o que é certo, o que é belo e o que é importante *também* estarão disponíveis para você. Quem sabe isso não seja tão evidente no aqui e agora, mas talvez você precise confiar que a vida está acontecendo *para* nós, não *contra* nós. Eu fui criado em um lar com uma mãe que oscilava entre o amor e o abuso. Fui forçado a criar o meu irmão e a minha irmã enquanto ela se escondia em seu quarto para tomar remédios e ingerir álcool. Eu amo muito a minha mãe, mas eis aqui o que eu sei: se ela fosse a mãe que eu queria, eu não seria o homem que sou hoje. A vida aconteceu para mim, não contra mim. Esse é o propósito que devo escolher se eu quiser a liberdade.

Sim, este livro é sobre liberdade financeira e trata-se de um objetivo digno. Mas a minha esperança é a de que você não apenas obtenha a liberdade financeira, seja lá o que isso for para você, mas também opte por criar uma extraordinária qualidade de vida. Não algum dia, mas *agora*. Você não precisa esperar até alcançar uma linha de chegada imaginária em que possa "finalmente" sentir que chegou lá. Você merece isso. Os seus entes queridos merecem isso. A vida é muito curta para sofrer!

O CAMINHO

GRATIDÃO: O MELHOR MEDICAMENTO PARA O CÉREBRO

Os maiores mestres espirituais da história sabem, há milhares de anos, que a gratidão é o maior antídoto para o sofrimento, mas estudos científicos mais recentes mostram seu surpreendente impacto, tanto sobre a mente quanto sobre o corpo. Confira essas descobertas incríveis!

- Uma pesquisa do Hospital Geral de Massachusetts, realizada pelo Dr. Jeffery Huffman, sugere que estados psicológicos positivos, como o otimismo e a gratidão, podem prenunciar, de forma independente, uma saúde cardiovascular superior.
- Um estudo de 2015, da American Psychological Association, descobriu que pacientes que mantiveram diários de gratidão por oito semanas mostraram reduções nos níveis de vários biomarcadores inflamatórios.
- Os resultados de um estudo sobre o cultivo da apreciação e outras emoções positivas mostraram níveis mais baixos de hormônios do estresse. Naqueles indivíduos que cultivaram a gratidão, o estudo descobriu uma redução de 23% no cortisol e um aumento de 100% nos níveis de DHEA/SDHEA, o hormônio antienvelhecimento que auxilia a produção de outros hormônios importantes, como a testosterona e o estrogênio.
- Um estudo de 2006, publicado na *Behavior Research and Therapy*, descobriu que os veteranos da Guerra do Vietnã com altos níveis de gratidão apresentavam taxas mais baixas de transtorno de estresse pós-traumático.
- Um estudo relatado pela Harvard Medical School e realizado por pesquisadores da Wharton School, da Universidade da Pensilvânia, descobriu que líderes gratos motivavam os funcionários a se tornarem mais produtivos.

CAPÍTULO TREZE
CORRENDO ATRÁS DA FELICIDADE

por Jonathan Clements

Nota de Peter — Como Tony acabou de discutir, o dinheiro pode comprar muitas coisas, mas, por si só, não pode comprar a felicidade. Ao contrário, precisamos usar o nosso dinheiro com cuidado e, se assim o fizermos, ele deveria nos permitir perseguir aquilo que nos faz felizes e aproveitar a vida de acordo com os nossos próprios termos. Pedi a Jonathan Clements, ex-colunista do *Wall Street Journal* e diretor de Educação Financeira da Creative Planning, que se pronunciasse sobre o tema da felicidade — e sobre qual o papel que o dinheiro pode desempenhar nessa busca.

Pergunte aos seus amigos se eles ficariam mais felizes se tivessem mais dinheiro e a maioria, provavelmente, responderia com um estrondoso "Sim!". E, no entanto, há muitas evidências de que não é isso o que acontece.

Considere a Pesquisa Social Geral, realizada regularmente há quase cinco décadas. Na primeira pesquisa, em 1972, 30% dos norte-americanos se descreveram como "muito felizes". Desde então, a renda *per capita* disponível, após ajuste pela inflação dos Estados Unidos, subiu 131%, o que significa que agora estamos vivendo com mais do que o dobro da renda disponível que tínhamos em 1972. Mas todo esse dinheiro, aparentemente, não contribuiu muito para aprimorar a felicidade: em 2018, 31% dos norte-americanos se descreveram como "muito felizes", apenas 1% a mais do que 46 anos antes.

Ainda assim, acredito que o dinheiro pode comprar a felicidade — desde que sejamos prudentes na maneira como usamos o nosso dinheiro. Se tivermos sabedoria e disciplina para seguir os conselhos dos capítulos anteriores, deveríamos nos colocar rapidamente no rumo certo para um futuro financeiro mais próspero. Mas o que esse dinheiro pode nos comprar? Eu argumentaria que existem três benefícios potenciais — e todos eles podem transformar as nossas vidas para melhor.

MENOS PREOCUPAÇÕES

O primeiro grande benefício do dinheiro: ele pode aliviar as nossas preocupações financeiras e nos ajudar a obter um maior senso de controle sobre as nossas vidas. A meu ver, o dinheiro é um pouco como a saúde. Somente quando estamos doentes é que percebemos o quanto é maravilhoso nos sentirmos saudáveis. Da mesma forma, é somente quando não temos dinheiro suficiente que percebemos o quanto é bom estar em boa forma financeira. Montes de dinheiro talvez não nos deixem mais felizes — mas não ter dinheiro pode nos tornar infelizes. Podemos nos sentir limitados pelas nossas obrigações financeiras mensais, aprisionados ao nosso trabalho atual e a apenas uma despesa médica da falência.

Infelizmente, isso descreve a vida de muitos norte-americanos. Segundo o Banco Central dos Estados Unidos, quatro em cada dez norte-americanos não conseguiriam cobrir uma emergência financeira de US\$ 400 ou, para fazê-lo, precisariam pegar dinheiro emprestado ou vender alguma coisa. Outra estatística espantosa: 78% dos trabalhadores norte-americanos afirmam que vivem de salário em salário, de acordo com uma pesquisa do CareerBuilder. Pense nisso: vivemos na economia desenvolvida mais dinâmica e mais próspera do mundo — e, no entanto, a maioria dos norte-americanos vive no limite financeiro. Talvez não seja de surpreender que a elevação do nosso padrão de vida não tenha impulsionado a felicidade.

O CAMINHO

Sim, devemos economizar para a aposentadoria, para fazer o adiantamento de uma casa própria e para a formação universitária das crianças. Mas essas metas específicas estão incluídas no âmbito de um objetivo financeiro mais amplo e imperioso: queremos chegar ao ponto em que o dinheiro não seja algo com que nos preocupemos regularmente ou que restrinja a maneira como levamos as nossas vidas. E aqui está a questão: talvez não seja tão difícil assim eliminar várias das nossas preocupações financeiras. Simplesmente nos livrar da dívida do cartão de crédito, pagar as nossas contas em dia e separar um pouco de dinheiro todos os meses em uma conta poupança pode dar um impulso significativo à nossa sensação de bem-estar. Um estudo do Consumer Financial Protection Bureau constatou que os norte-americanos com menos de US$ 250 no banco marcaram apenas 41 pontos de 100 na escala do bem-estar financeiro. Para aqueles com reservas entre US$ 5.000 e US$ 19.999, esse número saltou para 59, acima da pontuação média dos Estados Unidos, que é de 54.

Ao assumir o controle das nossas finanças, seremos mais capazes não apenas de lidar com as contas mensais e as despesas inesperadas. Também teremos um maior senso de controle sobre as nossas vidas. É uma enorme recompensa — e chegar lá exige sacrifícios relativamente modestos: um pacote mais básico de televisão por cabo. Um pouco menos de dinheiro gasto em roupas. Um automóvel usado em vez de um novo. Ao abrir mão de apenas algumas coisas materiais, podemos adquirir a paz de espírito financeira. Parece-me um dos maiores negócios da vida. Vivendo com o estritamente necessário, teremos o dinheiro extra para quitar dívidas e constituir uma poupança, e lenta, mas seguramente, escaparemos da preocupação financeira que é uma realidade diária e perturbadora para muitos norte-americanos.

TRABALHO APAIXONANTE

Qual é o segundo grande benefício do dinheiro? Ele pode nos permitir passar os nossos dias envolvidos em atividades que adoramos e nas quais sentimos que somos bons.

O dinheiro pode parecer o nosso recurso mais precioso, especialmente quando somos mais jovens. Mas, na verdade, o nosso recurso mais finito é o tempo — algo que se torna patente à medida que envelhecemos. Para ter uma vida mais gratificante, devemos usar os nossos dólares para aproveitar ao máximo o nosso tempo. No dia a dia, isso pode significar gastar o nosso dinheiro em passatempos pelos quais somos apaixonados, enquanto liberamos mais tempo para tais atividades, pagando outras pessoas para cortar a grama ou limpar a casa, por exemplo. Mas há também um objetivo a longo prazo: queremos chegar ao ponto em que possamos escolher o que fazemos o dia todo, todos os dias. Esse objetivo não deveria ser uma fantasia distante, reservada para quando tivermos o suficiente para nos aposentar, mas algo em nome do que devemos nos esforçar ao longo de toda a nossa vida produtiva.

Isso me leva a alguns conselhos pouco convencionais. Quando converso com estudantes do ensino médio e universitários, não recomendo que sigam suas paixões. Ao contrário, sugiro-lhes que usem suas primeiras décadas no mundo do trabalho para acumular dinheiro, de modo que adquiram para si mesmos alguma liberdade financeira — e, com isso, um controle muito maior sobre como aproveitam suas vidas.

Eu sei, eu sei: os que estão na casa dos 20 anos deveriam, supostamente, perseguir suas paixões antes de ficarem sobrecarregados de obrigações familiares e de pagamentos mensais das hipotecas. Essa é a sabedoria convencional que nós, como sociedade, adotamos e transmitimos aos jovens. Mas ela se apoia sobre uma suposição raramente questionada: a de que perseguir as nossas paixões é, de alguma forma, mais importante aos 20 e poucos anos de idade do que aos cinquenta e poucos.

Eu diria que o oposto é verdadeiro. Quando entramos no mundo do trabalho, tudo pode parecer inovador e empolgante. Ficamos ansiosos para entrever as regras, encontrar o nosso lugar e provar o nosso valor. Para aqueles que estão na casa dos 20 e 30 anos de idade, ter um emprego pouco inspirador talvez não pareça um fardo tão pesado assim — e até poderia ser uma jogada financeira inteligente, caso venha acompanhada de um contracheque que lhes permita economizar uma quantia razoável todos os meses.

O CAMINHO   305

Porém, depois de uma década ou duas de trabalho, a nossa orientação costuma mudar. Já conhecemos as regras do escritório. Já obtivemos algum sucesso, mesmo que não tenha sido tanto quanto esperávamos. Já descobrimos que as promoções e os aumentos salariais — e os bens materiais que eles nos permitem comprar — proporcionam apenas uma felicidade passageira. Já nos tornamos cada vez mais descrentes em relação aos ambientes de trabalho, com suas políticas de escritório e demissões frequentes. Já estamos menos encantados com as recompensas materiais do mundo e mais interessados em passar os nossos dias fazendo o que achamos recompensador. A boa notícia é que, se tivermos sido diligentes em economizar dinheiro durante as nossas primeiras décadas de trabalho, talvez tenhamos condições de começar a trabalhar a tempo parcial; mudar para uma carreira menos lucrativa, porém mais gratificante; ou, talvez até, abandonar o trabalho de tempo integral.

Isso levanta, imediatamente, uma questão crucial: se a liberdade financeira é a capacidade de passar os nossos dias fazendo o que queremos, em vez de dever obediência a outras pessoas, o que deveríamos fazer? "Relaxar" e "nos divertir" podem vir à nossa mente. Mas eu também focaria em fazer um trabalho que apreciamos de verdade.

Há uma razão pela qual os jardins do mundo inteiro estão repletos de bancos nos quais ninguém nunca se senta. Sendo parentes distantes dos nossos ancestrais caçadores-coletores, com seu incansável foco na sobrevivência, não fomos feitos para o lazer ou para o relaxamento. Pelo contrário, fomos feitos para lutar. Muitas vezes, nos sentimos mais felizes quando estamos envolvidos em atividades que consideramos importantes, pelas quais nos apaixonamos, que julgamos desafiadoras e nas quais achamos que somos bons. Isso está permeado pela noção de fluxo, um conceito desenvolvido pelo professor de psicologia da Universidade de Claremont, Mihaly Csikszentmihalyi.

Pense em um cirurgião na sala de cirurgia, em pintores ou escritores absortos em seus trabalhos, ou em um atleta focado no jogo em questão. Até mesmo as atividades cotidianas — preparar o jantar, dirigir até o trabalho, pagar os impostos — oferecem a possibilidade do fluxo, embora seja mais provável que desfrutemos desses momentos se forem tarefas em que estejamos envolvidos, em vez de atividades passivas, como assistir à televisão. Quando estamos em meio a atividades desafiadoras, nas quais empregamos um nível elevado de competências, podemos ficar absorvidos pelo que estamos fazendo e perder por completo a noção de tempo. Esses momentos de fluxo podem não ser felizes no sentido convencional — afinal, não estamos rindo alto com os nossos amigos —, mas, mesmo assim, podem estar entre os nossos momentos mais satisfatórios.

CONSTRUINDO MEMÓRIAS

O dinheiro pode nos permitir passar os nossos dias fazendo o que amamos. Mas também pode nos permitir ter momentos especiais com aqueles que amamos. Essa é a terceira maneira fundamental de o dinheiro comprar a felicidade. Pesquisas sugerem que uma robusta rede de amigos e familiares é uma enorme fonte de felicidade. O simples fato de lidar com pessoas com quem cruzamos nas ruas — o caixa do supermercado, o atendente do estacionamento, o barista da Starbucks — pode aumentar o nosso senso de pertencimento a uma comunidade.

Podemos incorporar o ideal norte-americano de individualismo extremo, nos percebendo como responsáveis pelo nosso próprio sucesso e sendo impermeáveis às opiniões dos outros. Mas muitos de nós também somos criaturas sociais, que desejam se conectar a outras pessoas e que se preocupam com a própria reputação. Pense nisso: por que somos bem-educados com estranhos que nunca mais voltaremos a ver? Por que deixamos uma gorjeta em restaurantes nos quais talvez nunca retornemos?

Um estudo acadêmico realizado no Texas analisou o cotidiano de 909 mulheres que trabalhavam fora de casa. Elas foram convidadas a listar e a avaliar suas atividades diárias. Translado entre casa e trabalho obteve uma classificação ruim em termos de felicidade diária. O trabalho também não obteve uma boa classificação. E quais eram as atividades que traziam felicidade? Apenas 11% das mulheres mencionaram o envolvimento naquilo que os pesquisadores chamaram, delicadamente, de "relações íntimas". Em média, tais relações íntimas duravam apenas 13 minutos. Mas lideravam as listas em termos de felicidade.

O item que ocupou a segunda posição na classificação foi mais significativo — pelo menos, em termos de seu amplo impacto sobre a felicidade.

O CAMINHO

As mulheres atribuíram notas altas para "socialização após o trabalho" e isso consumia, em média, 69 minutos do dia. Não se engane: passar tempo com amigos e familiares é um dos principais fatores que contribuem para a felicidade. Mas não precisamos de um estudo acadêmico para nos dizer isso. Muitos de nós não escolheríamos comer sozinhos em um restaurante se pudéssemos estar acompanhados de outras pessoas. O mesmo para assistir a um filme, fazer compras, limpar o quintal e uma série de outras atividades.

Os amigos e a família não são bons apenas para a felicidade. Eles também fazem bem para a nossa saúde. Um estudo de 2010 reuniu dados de 148 estudos anteriores que continham informações sobre a conexão entre a taxa de mortalidade e a frequência de interação com outras pessoas. Os autores descobriram que o estímulo à longevidade oriundo de uma forte rede de amigos e familiares era aproximadamente igual ao estímulo que recebemos ao parar de fumar. (Mas e se você insistir em fumar? Com base nos estudos, parece que você nunca deveria fumar sozinho!)

Existem amplas pesquisas comprovando que obtemos maior felicidade com as experiências do que com os bens. Para extrair felicidade adicional dessas experiências, não deixe de incluir amigos e familiares. Quando você for dar uma caminhada, vá com outra pessoa. Compre ingressos de um concerto para você e um colega. Leve as crianças para fazer um cruzeiro. Organize uma reunião de família. Saia para jantar com os amigos. Sobrevoe o país para ver os netos.

Uma refeição em família ou a ida a um concerto podem durar apenas algumas horas, ainda que, provavelmente, custem mais do que, digamos, um tablet que permita responder e-mails, ler e-books, assistir a filmes, ouvir música e navegar na rede. Os bens materiais, muitas vezes, são uma pechincha, enquanto as experiências tendem a ser caras. Além do mais, bancar todas aquelas refeições em restaurantes e as férias em família pode reduzir a riqueza a ser deixada para os nossos filhos.

Ainda assim, criar ótimas memórias familiares me parece uma das melhores maneiras de gastar dinheiro. Existiram 44 ex-presidentes norte--americanos. (Nota para os atentos: estamos contando Grover Cleveland apenas uma vez, embora ele tenha cumprido dois mandatos não consecutivos. Em 2019, houve 45 mandatos presidenciais nos EUA, mas apenas 44 presidentes.) Sem dúvida, todos eles pensaram ter alcançado algum grau de imortalidade. No entanto, dificilmente encontraríamos alguém que conseguisse nomear todos os 44 presidentes e muito menos que pudesse discorrer um pouco sobre cada um deles. Se a imortalidade se mostra ilusória para os presidentes dos Estados Unidos, não há muita esperança para o resto de nós. Cinco ou dez anos depois de partirmos, a maioria de nós será esquecida, exceto pela família e pelos amigos íntimos. Vamos ficar vivos em suas memórias. Isso é o mais perto que qualquer um de nós chegará da imortalidade, pelo menos nesta terra. Meu conselho: use o seu dinheiro para garantir que essas memórias sejam boas.

CAPÍTULO QUATORZE
APROVEITE A JORNADA E SABOREIE SEU TEMPO NO TOPO

Descobri que muitos dos meus clientes passam os primeiros meses de aposentadoria sofrendo de muita ansiedade por causa de seu patrimônio. A Blackrock realizou um estudo perguntando o que causava mais estresse em suas vidas: 56% das pessoas responderam que o dinheiro causava mais estresse! O dinheiro terminou 38% acima da saúde, 37% acima da família e 34% acima do trabalho (eu suspeito que isso dependa muito de quem faz parte da sua família) (Figura 14.1). Esse resultado ocorre, principalmente, porque as pessoas que não têm dinheiro suficiente ficam estressadas com a possibilidade de não conseguir sobreviver nem se aposentar, e as que têm dinheiro suficiente se estressam por não quererem perdê-lo ou por vê-lo se acabar!

Figura 14.1

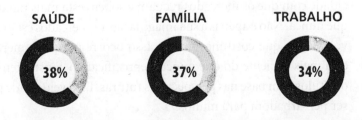

"A COMPARAÇÃO É A LADRA DA ALEGRIA"

Sempre sentimos que não temos o suficiente. Isso acontece porque estamos constantemente fazendo o que todos os seres humanos fazem: comparando-nos aos outros. Às vezes, é fácil nos enganarmos, dizendo a nós mesmos que somos mais inteligentes ou mais engraçados do que aqueles que estão à nossa volta, mas o dinheiro é uma questão emocional de grande envergadura para muitos, porque é uma comparação que, em geral, nos diz a verdade com muita rapidez. Embora possamos nos deixar iludir, acreditando que nos destacamos em nossas redes sociais de várias maneiras, o dinheiro é algo que não conseguimos dissimular. Essa é uma das razões pelas quais muitos de nós o usamos como parâmetro. Chegamos até a nos referir à nossa folha de balanço como o nosso patrimônio líquido, para fazer parecer que estamos tratando do nosso "patrimônio líquido pessoal", quando, na verdade, o dinheiro tem muito pouco a ver com o que de fato somos. Mas essa constante ênfase no dinheiro e em sua natureza comparativa dificulta a fuga dessa dinâmica, sempre que precisamos realizar algum saque. E qual seria a resposta aqui? Defina as suas prioridades e supere isso. Ninguém será premiado por ser a pessoa mais rica do cemitério.

Os primeiros meses de aposentadoria podem ser estressantes, até mesmo para um indivíduo que tenha sido bem-sucedido em suas economias, por cinco razões principais:

1. *Você passou toda a sua vida adulta trabalhando.* Isso quer dizer que, se algo porventura desse errado, você poderia continuar trabalhando e superar quaisquer contratempos. A ideia de que "não pode tentar de novo" faz com que todo e qualquer recuo do mercado pareça mais estressante do que nunca.

2. *Os mercados estão se movendo mais rápido do que nunca.* A velocidade com que os mercados recuam e sobem está mais rápida do que nunca. Não é apenas a sua imaginação: os mercados estão mais voláteis do que costumavam ser. Isso ocorre porque o mercado está mais eficiente do que nunca, reprecificando constantemente os títulos com base nas perspectivas futuras. Essa velocidade pode ser perturbadora para muitos.

O CAMINHO

3. *Agora você tem tempo para perceber tudo isso!* Enquanto você estava trabalhando, não acompanhava o mercado semana a semana, dia a dia, ou hora a hora. Estava muito ocupado. Agora que dispõe de tempo livre, você se vê verificando os mercados várias vezes e está mais suscetível a ser fisgado pelas narrativas do mercado de curto prazo que podem induzi-lo a cometer um erro (e, às vezes, me pergunto quanto dinheiro as pessoas perderam ao negociar suas contas durante a pandemia do coronavírus, com todo mundo sentado em casa por semanas, sem nada na TV, a não ser a cobertura da pandemia e a mídia financeira).

4. *As pessoas tendem a ficar menos otimistas à medida que envelhecem.* Estudos mostraram que, à medida que envelhecem, as pessoas acreditam, de modo geral, que suas vidas estão em declínio gradual e elas se tornam menos otimistas quanto a seu futuro. (Espero que este capítulo e o Capítulo 1 tenham lhe permitido vislumbrar, ao contrário, um futuro repleto de possibilidades!)

5. Finalmente, e o mais importante de tudo, pela primeira vez na sua vida você está sacando dinheiro! A pergunta que eu mais recebo de clientes que chegaram à idade das distribuições obrigatórias, e que legalmente devem começar a fazer saques de suas contas de aposentadoria, está relacionada a como evitar as distribuições compulsórias. Eles estão tão acostumados a guardar dinheiro que não conseguem se ver sacando dinheiro!

Todas essas coisas conspiram até mesmo contra os investidores mais disciplinados, fazendo com que eles se sintam incomodados quando se supõe que devam relaxar e fazer tudo o que bem entenderem. Eles se esforçaram tanto para ter uma aposentadoria tranquila!

Bem, mas não precisa ser assim. Lembre-se, você tem um plano financeiro. E esse plano não é apenas para fazê-lo chegar à aposentadoria; é para mantê-lo lá. Se planejou corretamente, a sua carteira de investimentos deveria estar montada de maneira a ser duradoura: para que você nunca fique à mercê do mercado e todas as suas necessidades de renda possam ser atendidas desde o primeiro dia de aposentadoria até o momento em que partir para o Grande Além. Então, deixando-o com a paz de espírito de ter um plano em ordem, vou reforçar aquilo em que eu gostaria que você se concentrasse: VOCÊ MESMO!

DESCOMPLIQUE A SUA VIDA FINANCEIRA

Vi muitos clientes investindo em todos os tipos de "negócios", amealhando pequenos interesses em vários bens, empresas e residências. Muitos passam a primeira metade de sua vida adulta acumulando coisas diferentes e a última metade tentando se desfazer delas. Para muitos, o evento desencadeador é a morte de um amigo ou parente e a subsequente constatação de que toda aquela complexidade criou um enorme estresse para o cônjuge sobrevivente, os filhos ou outros herdeiros. O dinheiro está aqui para nos servir, e não o contrário.

VOCÊ É ÚNICO

> A vida é aquilo que acontece enquanto você
> está ocupado fazendo outros planos.
>
> JOHN LENNON

Em 1970, meu pai, que é médico, recebeu um conselho gratuito de um de seus pacientes, um político ilustre. "Alex", disse ele, "eu tenho todo o dinheiro do mundo, mas nunca consegui desfrutá-lo. Arranje tempo para se divertir". Meu pai levou o conselho a sério e expandiu sua programação de férias.

Sempre estive atento à sabedoria deste conselho ao longo da minha carreira. Ao mesmo tempo que lidero uma comissão de investimentos, também sou PLANEJADOR FINANCEIRO CERTIFICADO™ e advogado de planejamento de patrimônio. A Creative Planning trabalha assiduamente com os clientes ao longo de todas as suas vidas, enfrentando a eventual incapacidade e lidando com suas famílias em caso de falecimento. Consigo ter um olhar íntimo e pessoal sobre as relações funcionais e disfuncionais que se estabelecem entre o dinheiro e a mente.

Várias dessas pessoas muito bem-sucedidas fizeram um excelente trabalho ao economizar uma boa quantidade de riquezas, sem nunca se sair mal ao longo do caminho. São duas coisas muito difíceis de alcançar. Constatei que tais pessoas não se privam de nada, mas elas não estão, de

O CAMINHO 313

fato, desfrutando ao máximo de suas posições. Muitos desses indivíduos chegaram aonde chegaram sendo frugais e diligentes, e não conseguem mudar a chave e parar de se preocupar com cada centavo.

Gostaria de lhe contar uma coisa sobre o seu dinheiro.

Saiba que não fará nenhuma diferença se os seus herdeiros receberem US$ 250.000 em vez de US$ 300.000, US$ 600.000 em vez de US$ 800.000, US$ 1,2 milhão em vez de US$ 1,4 milhão, ou US$ 10 milhões em vez de US$ 11 milhões. Portanto, divirta-se e aproveite a riqueza que você levou toda a sua vida construindo e preservando.

Certa vez, após preparar uma declaração de patrimônio líquido, um cliente me disse: "Gostaria de morrer e voltar como meus filhos." Na morte, o seu patrimônio não é apenas a sua conta de investimentos. É, também, o valor da sua casa, do seu seguro, dos seus automóveis e assim por diante. Provavelmente, tudo será liquidado, jogado em um pote e dividido entre todos. Isso é um fato duro e difícil. Já vi isso acontecer centenas de vezes.

E gostaria de lhe contar um segredo: nenhum de nós sairá daqui vivo!

Se você for financeiramente independente, preciso contradizer quase tudo o que costuma ouvir dos consultores financeiros, quando eu lhe recomendar que beba aquela xícara extragrande de café especial, que pare de dirigir aquele automóvel de dez anos de idade, e que planeje melhor as suas próximas férias. (É sério, compre um automóvel novo! Um com tecnologia moderna e dispositivos de segurança! Se ele tiver dez anos de idade, você nem sequer estará se protegendo. Estamos falando da sua vida aqui! Você não usa um computador de dez anos de idade, não é mesmo? Deus do céu! Se a resposta for positiva, compre um novo computador também! Nossa!) Acredite em mim quando digo que os seus filhos farão exatamente isso! Já vi filhos comprando automóveis e casas novas alguns dias depois de receberem uma herança de seus parcimoniosos pais.

Se você for uma pessoa com tendência à beneficência e for financeiramente independente, vá em frente e experimente o prazer de doar agora. *Aproveite!* Por que esperar até morrer? É muito mais divertido doar ainda com as mãos quentes do que com as frias. Se pretende que as suas riquezas sejam destinadas aos seus filhos e netos, comece a transferi-las agora. Aprecie o impacto benéfico para a sua família hoje, em vez de fazê-los receber cheques mais vultosos quando você não estiver mais por perto.

A conclusão é esta: *é o seu dinheiro*. Você se esforçou arduamente por ele, poupou e o preservou. Desde que não esteja comprometendo a sua segurança financeira, **divirta-se**. Distribua o que deseja, relaxe um pouco e colha os frutos do seu trabalho.

Na Creative Planning, treino a minha equipe para garantir que os nossos clientes saibam que o dinheiro existe para servi-los e para atender às suas prioridades, e não o contrário. Você também deveria adotar essa mesma postura. Ao estabelecer um plano antes de subir a montanha, ao traçar o seu caminho, ao escolher seguir sozinho ou com um guia confiável, e ao manter as suas emoções sob controle, você pode dedicar algum tempo para apreciar o seu progresso até o topo. A alegria faz parte da jornada. Se conseguir se libertar e se divertir, a satisfação estará lá no auge.

REFERÊNCIAS

CAPÍTULO DOIS: O MUNDO É MELHOR DO QUE VOCÊ PENSA

"todo grupo de pessoas pensa": Hans Rosling. *Factfulness: O hábito libertador de só ter opiniões baseadas em fatos*. Rio de Janeiro: Record, 2019.

Em 2005, comparado a 1955: Matt Ridley. *O otimista racional: Por que o mundo melhora*. Rio de Janeiro: Record, 2014.

O Dr. John Grable, da Universidade da Geórgia: John E. Grable e Sonya L. Britt. "Financial News and Client Stress: Understanding the Association from a Financial Planning Perspective", *Financial Planning Review*, 2012.

"Eles estavam convencidos de que ninguém": James Estrin. "Kodak's First Digital Moment", *New York Times*, 12 ago. 2015. Disponível em: <https://lens.blogs.nytimes.com/2015/08/12/kodaks-first-digitalmoment/>. Acesso em: 28 abr. 2019.

"As empresas já estão desenvolvendo 'carne cultivada em laboratório'": Matt Simon. "Lab-Grown Meat Is Coming, Whether You Like It or Not", *Wired*, 16 fev. 2018. Disponível em: <https://www.wired.com/story/labgrown-meat/>. Acesso em: 16 abr. 2019.

"A IA é uma das coisas mais importantes": Catherine Clifford, "Google CEO: A.I. is more important than fire or electricity", *CNBC*, 1º fev. 2018. Disponível em: <https://www.cnbc.com/2018/02/01/googleceo-sundar-pichai-ai-is--more-important-than-fire-electricity.html>. Acesso em: 16 de abr. 2019.

CAPÍTULO QUATRO: ESCOLHENDO
UM GUIA PARA A SUA JORNADA

Praticamente a metade dos norte-americanos usa os serviços de um consultor financeiro: Sherman D. Hanna. "The Demand for Financial Planning Services", *Journal of Personal Finance*, 10 (1), 2011, pp. 36-62.

"Apesar do que muitos clientes foram levados a acreditar": The National Association of Financial Planners. "Key Policy Issues and Positions", *NAPFA.org.* Disponível em: <https://www.napfa.org/keypolicy-issues>. Acesso em: 2 maio 2020.

Nove em cada dez norte-americanos concordam: CFP Board, "Survey: Americans' Use of Financial Advisors, CFP® Professionals Rises; Agree Advice Should Be in Their Best Interest", *CFP.net*, 24 set. 2015. Disponível em: <https://www.cfp.net/news-events/latest-news/2015/09/24/survey-americans-useof-financial-advisors-cfp-professionals-rises--agree-advice-should-be-in-their-best-interest>. Acesso em: 16 abr. 2019.

Em uma recente pesquisa sobre a percepção dos consultores financeiros pelos norte-americanos: Ibid.

"[O dever fiduciário] é uma combinação de cuidado e lealdade": Berkeley Lovelace Jr., entrevista com Jay Clayton, "SEC chairman: New regulations will force brokers to be 'very candid' with investors", *CNBC.com.* Disponível em: <https://www.cnbc.com/2019/06/06/sec-chairman--clayton-newrules-will-force-brokers-to-be-very-candid.html>. Acesso em: 2 maio 2020.

O regulamento permite, expressamente, que as empresas: Securities and Exchange Commission, 17 CFR Part 240, Release No. 34-86031; File No. S7-07-18, RIN 3235-AM35, "Regulation Best Interest: The Broker-Dealer Standard of Conduct", 5 jun. 2019.

De acordo com o Wall Street Journal: Jason Zweig e Mary Pilon. "Is Your Advisor Pumping Up His Credentials?", *Wall Street Journal*, 16 out. 2010. Disponível em: <http://online.wsj.com/article/SB10001424052748703927504575540582361440848.html>. Acesso em: 17 abr. 2019.

O CAMINHO   317

Existem mais de 650.000 "consultores financeiros": Financial Industry Regulatory Authority. "2018 FINRA Industry Snapshot", *FINRA.org*, out. 2018. Disponível em: <https://www.fi.org/sites/default/files/2018_finra_industry_snapshot.pdf>. Acesso em: 17 abr. 2019.

Corretores e consultores deveriam ter: Sital S. Patel. "Madoff: Don't Let Wall Street Scam You, Like I Did", *MarketWatch*, 5 jun. 2013. Disponível em: <https://www.marketwatch.com/story/madoff-dont-letwall-street-scam-you-like-i-did-2013-06-05>. Acesso em: 17 abr. 2019.

A Autoridade Reguladora da Indústria Financeira, o órgão administrativo dos corretores: Financial Industry Regulatory Authority. Disponível em: <http://www.finra.org/investors/professional-designations>. Acesso em: 17 abr. 2019.

Pesquisadores descobriram que alguns anos agregaram: Francis M. Kinniry Jr., Colleen M. Jaconetti, Michael A. DiJoseph e Yan Zilbering. "Putting a Value on Your Value: Quantifying Vanguard Advisor's Alpha", *Vanguard*, set. 2016. Disponível em: <https://www.vanguard.com/pdf/ISGQVAA.pdf>. Acesso em: 28 abr. 2019.

CAPÍTULO SEIS: GERENCIANDO O RISCO

Quarenta por cento das pessoas que chegam aos 65 anos: Christine Benz. "40 Must-Know Statistics About LongTerm Care", *Morningstar*, 9 ago. 2012. Disponível em: <https://www.morningstar.com/articles/564139/40mustknow-statistics-about-longterm-care.html>. Acesso em: 18 abr. 2019.

O custo de uma casa de repouso: Genworth. "Cost of Care Survey 2018", *Genworth*, 16 out. 2018. Disponível em: <https://www.genworth.com/aging-and-you/finances/cost-of-care.html>. Acesso em: 18 abr. 2019.

Considerando-se que apenas 44% da população: Benz, Ibid.

No entanto, se olharmos mais detidamente: Ibid.

CAPÍTULO OITO: COMO OS MERCADOS FUNCIONAM

Ao longo de um período de 20 anos: DALBAR. "2018 Quantitative Analysis of Investor Behavior Report", *DALBAR*, 2018.

Os economistas Jerker Denrell e Christina Fang: Jerker Denrell e Christina Fang. "Predicting the Next Big Thing: Success as a Signal of Poor Judgment", *Management Science* 56 (10), out. 2010, pp. 1.653-1.667.

"cerca de 3 ou 4 vezes em 10": Tim Weber. "Davos 2011: Why Do Economists Get It So Wrong?", *BBC.co.uk*, 17 jan. 2011. Disponível em: <https://www.bbc.com/news/business-12294332>. Acesso em: 19 abr. 2019.

"Não consigo apontar nenhum fundo mútuo": Diana Britton. "Is Tactical Investing Wall Street's Next Clown Act?", *Wealthmanagement.com*, 1º dez. 2011. Disponível em: <https://www.wealthmanagement.com/investment/tactical-investing-wall-streets-next-clown-act>. Acesso em: 19 abr. 2019.

Em 1994, John Graham e Campbell Harvey: John R. Graham e Campbell R. Harvey. "Market Timing Ability and Volatility Implied in Investment Newsletters' Asset Allocation Recommendations", fev. 1995. Disponível em: <https://ssrn.com/abstract=6006>. Acesso em: 19 abr. 2019.

A pesquisa de Mark Hulbert mostra: Kim Snider. "The Great Market Timing Lie", *Snider Advisors*, 22 jul. 2009. Disponível em: <http://ezinearticles.com/?The-Great-Market-Timing-Lie&id=2648301>. Acesso em: 19 abr. 2019.

"George Soros: é a crise de 2008": Matt Clinch. "George Soros: It's the 2008 Crisis All Over Again", *CNBC*, 7 jan. 2016. Disponível em: <https://www.cnbc.com/2016/01/07/soros-its-the-2008crisis-all-over-again.html>. Acesso em: 19 abr. 2019.

"O mundo entrará novamente em uma crise econômica em 2016?": Larry Elliott. "Is 2016 the Year When the World Tumbles Back into Economic Crisis?", *Guardian*, 9 jan. 2016. Disponível em: <https://www.theguardian.com/business/2016/jan/09/2016-world-tumbles-back-economic-crisis>. Acesso em: 19 abr. 2019.

O CAMINHO

"*Venda tudo antes do colapso do mercado de ações*": Nick Fletcher. "Sell Everything Ahead of Stock Market Crash, say RBS Economists", *Guardian*, 12 jan. 2016. Disponível em: <https:// www.theguardian.com/ business/2016/jan/12/sell-everything-ahead-of-stock-market-crashsay--rbs-economists>. Acesso em: 19 abr. 2019.

"*Vem aí a maior crise*": Chris Matthews. "Here Comes the Biggest Stock Market Crash in a Generation", *Fortune*, 13 jan. 2016. Disponível em: <http://fortune.com/2016/01/13/analyst-herecomes-the-biggest-stock--market-crash-in-a-generation/>. Acesso em: 19 abr. 2019.

"*Eis os sinais clássicos*": Amanda Diaz. "These Are Classic Signs of a Bear Market", *CNBC*, 20 jan. 2016. Disponível em: <https://www.cnbc.com/2016/01/20/these-are-classic-signs-of-a-bearmarket.html>. Acesso em: 19 abr. 2019.

"*A primeira grande crise*": Harry Dent. "This Chart Shows the First Big Crash Is Likely Just Ahead", *Economy & Markets*, 14 mar. 2016. Disponível em: <https://economyandmarkets.com/markets/stocks/this--chart-shows-the-first-big-crash-is-likely-just-ahead/>. Acesso em: 19 abr. 2019.

"*Evidências claras de que uma nova crise*": Michael T. Snyder. "The Stock Market Crash of 2016: Stocks Have Already Crashed in 6 of The World's Largest 8 Economies", *Seeking Alpha*, 17 jun. 2016. Disponível em: <https://seekingalpha.com/article/3982609-stock-market-crash-2016stocks--already-crashed-6-worlds-8-largest-economies>. Acesso em: 19 abr. 2019.

"*Citigroup: uma vitória de Trump em novembro*": Luke Kawa. "Citigroup: A Trump Victory in November Could Cause a Global Recession", *Bloomberg*, 25 ago. 2016. Disponível em: <https://www.bloomberg.com/news/articles/2016-08-25/citigroup-a-trump-victory-in-novembercould--cause-a-global-recession>. Acesso em: 19 abr. 2019.

"*As ações estão se aproximando*": Michael A. Gayed. "Stocks Are Inching Closer to the Second Correction of 2016", *MarketWatch*, 7 set. 2016. Disponível em: <https://www.marketwatch.com/story/stocks-inch-clo-ser-to-2016s-second-correction-2016-09-07>. Acesso em: 19 abr. 2019.

"Razões para uma queda da bolsa em 2016": Money Morning News Team. "Reasons for a 2016 Stock Market Crash", *Money Morning*, 26 set. 2016. Disponível em: <https://moneymorning.com/2016/09/26/reasons-for-a-2016-stock-market-crash/>. Acesso em: 19 abr. 2019.

"Economistas: uma vitória de Trump": Ben White. "Economists: A Trump Win Would Tank the Markets", *Politico*, 21 out. 2016. Disponível em: <https://www.politico.com/story/2016/10/donald-trump-wallstreet-effect-markets-230164>. Acesso em: 19 abr. 2019.

"Provavelmente, estamos diante": Paul Krugman. "We Are Very Probably Looking at a Global Recession with No End in Sight", *The New York Times*, 8 nov. 2016. Disponível em: <https://www.nytimes.com/interactive/projects/cp/opinion/election-night-2016/paul-krugman-theeconomic-fallout>. Acesso em: 19 abr. 2019.

"O economista Harry Dent prevê": Stephanie Landsman. "Economist Harry Dent Predicts 'Once in a Lifetime' Market Crash, Says Dow Could Plunge 17,000 Points", *CNBC*, 10 dez. 2016. Disponível em: <https://www.cnbc.com/2016/12/10/economist-harry-dent-says-dow-could-plunge17000-points.html>. Acesso em: 19 abr. 2019.

"Talvez seja este o momento": Laurence Kotlikoff. "Now Might Be the Time to Sell Your Stocks", *The Seattle Times*, 12 fev. 2017. Disponível em: <https://www.seattletimes.com/business/new-voice-onraising-living-standard/>. Acesso em: 19 de abr. 2019.

"4 passos para proteger sua carteira": John Persinos. "4 Steps to Protect Your Portfolio from the Looming Market Correction", *The Street*, 18 fev. 2017. Disponível em: <https://www.thestreet.com/story/13999295/1/4-steps-to-protect-your-portfolio-from-the-looming-marketcorrection.html>. Acesso em: 19 abr. 2019.

"Correção da bolsa de valores dos EUA": Alessandro Bruno. "The US Stock Market Correction Could Trigger Recession", *Lombardi Letter*, 1º mar. 2017. Disponível em: <https://www.lombardiletter.com/usstock-market-correction-2017/8063/>. Acesso em: 19 abr. 2019.

"Três indicadores-chave sinalizam": Michael Lombardi. "3 Economic Charts Suggest Strong Possibility of Stock Market Crash in 2017", *Lombardi*

Letter, 28 mar. 2017. Disponível em: <https://www.lombardiletter.com/3--charts-suggest-strong-possibility-stock-market-crash-2017/9365/>. Acesso em: 19 abr. 2019.

"Grave alerta do inconveniente": Laura Clinton. "Critical Warning from Rogue Economist Harry Dent: 'This is Just the Beginning of a Nightmare Scenario as Dow Crashes to 6,000'", *Economy & Markets*, 30 maio 2017. Disponível em: <https://economyandmarkets.com/exclusives/criticalwarning-from-rogue-economist-harry-dent-this-is-just--the-beginning-of-a-nightmarescenario-as-dow-crashes-to-6000-2/>. Acesso em: 19 abr. 2019.

"Por que uma crise do mercado em 2017": Money Morning News Team. "Stock Market Crash 2017: How Trump Could Cause a Collapse", *Money Morning*, 2 jun. 2017. Disponível em: <https://moneymorning.com/2017/06/02/stock-market-crash-2017-how-trump-could-cause-a--collapse/>. Acesso em: 19 abr. 2019.

"A pior queda das nossas vidas está chegando": Jim Rogers. Entrevista com Henry Blodget, *Business Insider*, 9 jun. 2017. Disponível em: <https://www.businessinsider.com/jim-rogers-worst-crash-lifetimecoming-2017-6>. Acesso em: 19 abr. 2019.

"Vai acabar 'muito mal'": Stephanie Landsman. "It's Going to End 'Extremely Badly,' with Stocks Set to Plummet 40% or More, Warns Marc 'Dr. Doom' Faber", *CNBC*, 24 jun. 2017. Disponível em: <https://www.cnbc.com/2017/06/24/stocks-to-plummet-40-percent-or-more-warnsmarc--dr-doom-faber.html>. Acesso em: 19 abr. 2019.

"Três razões pelas quais uma correção do mercado de ações": Howard Gold. "Three Reasons a Stock Market Correction Is Coming in Late Summer or Early Fall", *MarketWatch*, 4 ago. 2017. Disponível em: <https://www.marketwatch.com/story/3-reasons-a-stock-market-correction-is-coming-in-latesummer-or-early-fall-2017-08-03>. Acesso em: 19 abr. 2019.

"O mercado de ações está sujeito": Mark Zandi. "Top Economist: Get Ready for a Stock Market Drop", *Fortune*, 10 ago. 2017. Disponível em: <https://finance.yahoo.com/news/top-economist-ready-stockmarket-162310396.html>. Acesso em: 19 abr. 2019.

"Prepare-se para uma correção do mercado": Silvia Amaro. "Brace Yourself for a Market Correction in Two Months", *CNBC*, 5 set. 2017. Disponível em: <https://www.cnbc.com/2017/09/05/braceyourself-for-a-market--correction-in-two-months-investment-manager.html>. Acesso em: 19 abr. 2019.

"4 razões pelas quais poderíamos ter outra": David Yoe Williams. "4 Reasons We Could Have Another October Stock Market Crash", *The Street*, 2 out. 2017. Disponível em: <https://www.thestreet.com/story/14325547/1/4--reasons-we-could-have-another-october-crash.html>. Acesso em: 19 abr. 2019.

"Aviso de crise no mercado de ações": Lana Clements. "Stock Market Crash WARNING: Black Monday Is Coming Again", *Express*, 7 out. 2017. Disponível em: <https://www.express.co.uk/finance/city/863541/Stock--market-crash-dow-jones-2017-Black-Monday-1987-forecast>. Acesso em: 19 abr. 2019.

"Morgan Stanley: correção do mercado de ações": Joe Ciolli. "Morgan Stanley: A Stock Market Correction Is Looking 'More Likely'", *Business Insider*, 17 out. 2017. Disponível em: <https://www.businessinsider.com/stock-market-news-correction-looking-more-likely-morganstanley-2017-10>. Acesso em: 19 abr. 2019.

"Chance de correção do mercado de ações nos EUA": Eric Rosenbaum. "Chance of US Stock Market Correction Now at 70 Percent: Vanguard Group", *CNBC*, 27 nov. 2017. Disponível em: <https://www.cnbc.com/2017/11/27/chance-of-us-stock-market-correction-now-at-70--percentvanguard.html>. Acesso em: 19 abr. 2019.

"A correção do mercado de ações é iminente": Atlas Investor. "Stock Market Correction Is Imminent", *Seeking Alpha*, 19 dez. 2017. Disponível em: <https://seekingalpha.com/article/4132643-stockmarket-correction--imminent>. Acesso em: 19 abr. 2019.

"Pesquisas de confiança do consumidor são 'inúteis'": Dean Croushore. "Consumer Confidence Surveys: Can They Help Us Forecast Consumer Spending in Real Time?", *Business Review—Federal Reserve Bank of Philadelphia*, Q3 (abril de 2006), pp. 1-9.

O CAMINHO 323

A fim de testar aqueles que afirmam poder investir perfeitamente: Mark W. Riepe. "Does Market Timing Work?", *Charles Schwab*, 16 dez. 2013. Disponível em: <https://www.schwab.com/resource-center/insights/content/does-market-timing-work>. Acesso em: 22 abr. 2019.

CAPÍTULO NOVE: ESTÁ TUDO NA SUA CABEÇA

"Se você se mantiver determinado": Justin Fox. "What Alan Greenspan Has Learned Since 2008", *Harvard Business Review*, 7 jan. 2014. Disponível em: <https://hbr.org/2014/01/what-alan-greenspan-haslearned--since-2008>. Acesso em: 22 abr. 2019.

"o excesso de confiança foi considerado": Scott Plous. *The Psychology of Judgment and Decision Making*. Nova York: McGraw-Hill, 1993.

o enorme impacto do efeito de excesso de confiança: K. Patricia Cross. "Not Can, But *Will* College Teaching Be Improved?", *New Directions for College Education*, 17, 1977, pp. 1-15.

Um estudo relacionado ao caráter dos alunos: David Crary. "Students Lie, Cheat, Steal, But Say They're Good", Associated Press, 30 nov. 2008. Disponível em: <https://www.foxnews.com/printer_friendly_wires/2008Nov30/0,4675,StudentsDishonesty,00.html>. Acesso em: 23 abr. 2019.

Os professores de finanças Brad Barber e Terrance Odean: Brad M. Barber e Terrance Odean. "Boys Will Be Boys: Gender, Overconfidence, and Common Stock Investment", *The Quarterly Journal of Economics*, 116, 1º fev. 2001, pp. 261-292.

James Montier pediu a 300 profissionais gestores de fundos: James Montier. *Behaving Badly*. Londres: Dresdner Kleinwort Wasserstein Securities, 2006.

Andrew Zacharakis e Dean Shepherd descobriram: Andrew Zacharakis e Dean Shepherd. "The Nature of Information and Overconfidence on Venture Capitalists' Decision Making", *Journal of Business Venturing*, 16 (4), 2001, pp. 311-332.

Richards Heuer pesquisou os vieses comportamentais: Richard J. Heuer, Jr. *Psychology of Intelligence Analysis.* Washington, D.C.: Center for the Study of Intelligence, Central Intelligence Agency, 1999.

"A heurística da ancoragem parece": Todd McElroy e Keith Dowd. "Susceptibility to Anchoring Effects: How Openness-to-Experience Influences Responses to Anchoring Cues", *Judgment and Decision Making,* 2, 1° fev. 2007, pp. 48-53.

o efeito de "ancoragem", uma pesquisa: Daniel Kahneman e Amos Tversky. "Choices, Values, and Frames", *The American Psychologist,* 39 (4), 1984, pp. 341-350.

Em um experimento fascinante: Brian Wansink, Robert J. Kent e Stephen J. Hoch. "An Anchoring and Adjustment Model of Purchase Quantity Decisions", *Journal of Marketing Research,* 35, fev. 1998, pp. 71-81.

A psicóloga Ellen Langer, que batizou o efeito: Ellen J. Langer. "The Illusion of Control", *Journal of Personality and Social Psychology,* 32 (5), 1975, pp. 311-328.

Em um de seus estudos, eles dividiram: Daniel Kahneman, Jack L. Knetsch e Richard H. Thaler. "Anomalies: The Endowment Effect, Loss Aversion, and Status Quo Bias", *Journal of Economic Perspectives,* 5 (1), 1991, pp. 193-206.

"Considerando-se que a mente consciente só consegue lidar": Jonah Lehrer. "The Curse of Mental Accounting", *Wired,* 14 fev. 2011. Disponível em: <https://www.wired.com/2011/02/the-curse-of-mental-accounting/>. Acesso em: 22 abr. 2019.

o impacto da contabilidade mental: Kahneman e Tversky, Ibid.

a contabilidade mental é a razão pela qual os reembolsos de impostos: Hal R. Arkes, Cynthia A. Joyner, Mark V. Pezzo, Jane Gradwohl Nash, Karen Siegel-Jacobs e Eric Stone. "The Psychology of Windfall Gains", *Organizational Behavior and Human Decision Processes,* 59, 1994, pp. 331-347.

o princípio se aplica, até mesmo, à maneira como as pessoas: Viviana A. Zelizer. *The Social Meaning of Money: Pin Money, Paychecks, Poor Relief, and Other Currencies.* Nova York: Basic Books, 1994.

O CAMINHO 325

até mesmo pequenos contratempos negativos durante a jornada de trabalho: Teresa Amabile e Steven Kramer. "The Power of Small Wins", *Harvard Business Review,* 89 (5), maio 2011, pp. 70-80.

Até os bebês exibem o viés de negatividade: J. Kiley Hamlin, Karen Wynn e Paul Bloom. "Three-Month-Olds Show a Negativity Bias in Their Social Evaluations", *Developmental Science,* 13 (6), 2010, pp. 923-929.

CAPÍTULO DEZ: CLASSES DE ATIVOS

Warren Buffett fez uma aposta de um milhão de dólares com Ted Seides: Carl J. Loomis. "Buffett's big bet", *Fortune,* 9 jun. 2008. Disponível em: <http://archive.fortune.com/2008/06/04/news/newsmakers/buffett_bet.fortune/index.htm>. Acesso em: 23 abr. 2019.

o S&P 500 teve um desempenho cerca de 2,5% superior ao das principais estratégias dos fundos de cobertura: Credit Suisse. "Liquid Alternative Beta and Hedge Fund Indices: Performance", *Credit Suisse,* 2 jan. 2020. Disponível em: <https://lab.credit-suisse.com/#/en/index/HEDG/HEDG/performance>. Acesso em: 16 fev. 2020.

Um estudo recente examinou 6.169 fundos de cobertura exclusivos: Peng Chen. "Are You Getting Your Money's Worth? Sources of Hedge Fund Returns". Austin, TX: Dimensional Fund Advisors, LP, 2013.

Em 1998, o Long-Term Capital Management: Kimberly Amadeo. "Long-Term Capital Management Hedge Fund Crisis: How a 1998 Bailout Led to the 2008 Financial Crisis", *The Balance,* 25 jan. 2019. Disponível em: <https://www.thebalance.com/long-term-capital-crisis-3306240>. Acesso em: 23 abr. 2019.

Para a infelicidade de seus investidores, ele perdeu 52%: Nathan Vardi. "Billionaire John Paulson's Hedge Fund: Too Big to Manage", *Forbes,* 21 dez. 2012.

desde 2011, já perdeu mais de US$ 29 bilhões: Joshua Fineman e Saijel Kishan. "Paulson to Decide to Switching to Family Office in Two Years", *Bloomberg*, 22 jan. 2019. Disponível em: <https://www.bloomberg. com/news/articles/2019-01-22/paulson-plans-to-decide-on-switch-to- -familyoffice-in-two-years>. Acesso em: 23 abr. 2019.

desde 2015, mais fundos de cobertura vêm fechando: Nishant Kumar e Suzy Waite. "Hedge Fund Closures Hit $3 Trillion Market as Veterans Surrender", *Bloomberg*, 13 dez. 2018. Disponível em: <https://www. bloomberg.com/news/articles/2018-12-13/hedge-fund-closures-hit-3- -trillion-market-asveterans-surrender>. Acesso em: 23 abr. 2019.

A mera carteira indexada não apenas: Morgan Housel. "The World's Smartest Investors Have Failed", *The Motley Fool*, 27 jan. 2014. Disponível em: <https://www.fool.com/investing/general/2014/01/27/the-worlds-smartest- -investors-have-failed.aspx>. Acesso em: 23 abr. 2019.

Os fundos de cobertura terminaram com um ganho de 24%: Loomis, Ibid.

Em 2012, ela lançou um documento inovador: Diane Mulcahy, Bill Weeks e Harold S. Bradley. "We Have Met The Enemy... And He Is Us: Lessons from Twenty Years of the Kauffman Foundation's Investments in Venture Capital Funds and the Triumph of Hope Over Experience", *Ewing Marion Kauffman Foundation*, mai. 2012. Disponível em: <https://ssrn. com/abstract=2053258>. Acesso em: 23 abr. 2019.

o Bitcoin é um tipo de criptomoeda: Bernard Marr. "A Short History of Bitcoin and Crypto Currency Everyone Should Read", *Forbes*, 6 dez. 2017. Disponível em: <https://www.forbes.com/sites/bernardmarr/2017/12/06/a- -short-history-of-bitcoin-and-crypto-currency-everyoneshould- -read/#1b5223393f27>. Acesso em: 23 abr. 2019.

"A blockchain reúne livros-razão compartilhados": Adam Millsap. "Blockchain Technology May Drastically Change How We Invest" *The James Madison Institute*, 7 mar. 2019. Disponível em: <https://www.jamesmadison.org/ blockchain-technology-may-drastically-change-how-we-invest/>. Acesso em: 23 abr. 2019.

O Walmart declarou que os testes com a blockchain ajudaram: Michael Corkery e Nathaniel Popper. "From Farm to Blockchain: Walmart Tracks Its Lettuce", *The New York Times*, 24 set 2018. Disponível em: <https://

www.nytimes.com/2018/09/24/business/walmart-blockchain-lettuce. html>. Acesso em: 23 abr. 2019.

Mais de mil criptomoedas utilizam a tecnologia blockchain: CoinMarketCap. "All Cryptocurrencies", *CoinMarketCap*. Disponível em: <https://coinmarketcap.com/all/views/all/>. Acesso em: 23 abr. 2019.

Na verdade, a blockchain pode ser invadida: Michael Kaplan. "Hackers are stealing millions in Bitcoin — and living like big shots", *New York Post*, 13 abr. 2019. Disponível em: <https://nypost.com/2019/04/13/hackers--are-stealing-millions-in-bitcoin-and-living-like-big-shots/>. Acesso em: 23 abr. 2019.

Nos anos 1990, David Bowie e sua equipe financeira: Ed Christman. "The Whole Story Behind David Bowie's $55 million Wall Street Trailblaze", *Billboard*, 13 jan. 2016. Disponível em: <https://www.billboard.com/articles/business/6843009/david-bowies-bowie-bonds-55-million--wallstreet-prudential>. Acesso em: 23 abr. 2019.

CAPÍTULO ONZE: ELABORANDO E GERENCIANDO UM PORTFÓLIO INTELIGENTE

Os melhores gestores de fundos mútuos de 2017: Andrew Shilling e Lee Conrad. "Which Mutual Funds Are YTD Leaders?", *Financial Planning*, 29 nov. 2017. Disponível em: <https://www.financial-planning.com/slideshow/top-mutual-funds-in-2017>. Acesso em: 23 abr. 2019.

os piores gestores de dinheiro de 2018: Andrew Shilling. "Worst-Performing Funds of 2018", *Financial Planning*, 12 dez. 2018. Disponível em: <https://www.financial-planning.com/list/mutual-funds-and-etfs-with-the--worst-returns-of-2018>. Acesso em: 23 abr. 2019.

até 2030, a China e a Índia deverão se tornar: Will Martin. "The US Could Lose Its Crown as the World's Most Powerful Economy as Soon as Next Year, and It's Unlikely to Ever Get It Back", *Business Insider*, 10 jan. 2019. Disponível em: <https://www.businessinsider.com/us-economy-tofall--behind-china-within-a-year-standard-chartered-says-2019-1>. Acesso em: 23 abr. 2019.

"*Prevejo que a Amazon vai falir um dia*": Eugene Kim. "Jeff Bezos to employees: 'One day, Amazon will fail' but our job is to delay it as long as possible", *CNBC*, 15 nov. 2018. Disponível em: <https://www.cnbc.com/2018/11/15/bezos-tells-employees-one-day-amazon-will-fail-and-to-stayhungry.html>. Acesso em: 23 abr. 2019.

CAPÍTULO DOZE: A DECISÃO MAIS IMPORTANTE DA SUA VIDA

Uma pesquisa do Hospital Geral de Massachusetts: Jeff Huffman et. al. "Design and Baseline Data from the Gratitude Research in Acute Coronary Events (GRACE) study", *Contemporary Clinical Trials*, Volume 44, set. 2015, pp. 11-19.

Um estudo de 2015, da American Psychological Association: Paul J. Mills, Laura Redwine, Kathleen Wilson, Meredith A. Pung, Kelly Chinh, Barry H. Greenberg, Ottar Lunde, Alan Maisel, Ajit Raisinghani, Alex Wood e Deepak Chopra. "The Role of Gratitude in Spiritual Well-Being in Asymptomatic Heart Failure Patients", *Spirituality in Clinical Practice*, vol. 2, n°. 1, 2015, pp. 5-17.

Naqueles indivíduos que cultivaram a gratidão: Rollin McCraty, Bob Barrios-Choplin, Deborah Rozman, Mike Atkinson e Alan D. Watkins. "The Impact of a New Emotional Self Management Program on Stress, Emotions, Heart Rate Variability, DHEA and Cortisol", *Integrative Physiological and Behavioral Science*, 33 (2), 1988, abril-junho, pp. 151-170.

Os veteranos da Guerra do Vietnã com altos níveis de gratidão: Todd B. Kashdan, Gitendra Uswatte e Terri Julian. "Gratitude and Hedonic and Eudiamonic Well-Being in Vietnam War Veterans", *Behavior and Research Therapy*, 44 (2), 2006, pp. 177-199.

líderes gratos motivavam os funcionários: "In Praise of Gratitude", *Harvard Mental Health Letter*, nov. 2011. Disponível em: <https://www.health.harvard.edu/newsletter_article/in-praise-of-gratitude>. Acesso em: 23 abr. 2019.

O CAMINHO

CAPÍTULO TREZE:
CORRENDO ATRÁS DA FELICIDADE

Considere a Pesquisa Social Geral: A Pesquisa Social Geral é conduzida pelo NORC, que costumava ser conhecido como Centro Nacional de Pesquisa de Opinião, com sede no *campus* da Universidade de Chicago. Os dados originais podem ser encontrados em gssdataexplorer. norc.org.

30% dos norte-americanos se descreveram como "muito felizes": Bureau of Economic Analysis, Departamento de Comércio dos Estados Unidos.

quatro em cada dez norte-americanos não conseguiriam cobrir: Federal Reserve, *Report on the Economic Well-Being of U.S. Households in 2017* (mai. 2018).

78% dos trabalhadores norte-americanos afirmam que vivem: CareerBuilder, *Living Paycheck to Paycheck is a Way of Life for Majority of U.S. Workers* (24 ago. 2017).

norte-americanos com menos de US$ 250 no banco: Consumer Financial Protection Bureau, *Financial WellBeing in America* (set. 2017).

pagando outras pessoas para cortar a grama ou limpar a casa: Ashley V. Whillans, Elizabeth W. Dunn, Paul Smeets, Rene Bekkers e Michael I. Norton. "Buying Time Promotes Happiness", *Proceedings of the National Academy of Sciences*, vol. 114, nº. 32, 8 ago. 2017.

Isso está permeado pela noção de fluxo: Mihaly Csikszentmihalyi. *Flow: The Psychology of Optimal Experience.* Nova York: Harper & Row, 1990.

Um estudo acadêmico analisou o cotidiano: Daniel Kahneman, Alan B. Krueger, David Schkade, Norbert Schwarz e Arthur Stone. "Toward National Well-Being Accounts", *AEA Papers and Proceedings,* maio 2004.

Um estudo de 2010 reuniu dados: Julianne Holt-Lunstad, Timothy B. Smith e J. Bradley Layton. "Social Relationships and Mortality Risk: A Meta--Analytic Review", *PLOS Medicine,* 27 jul. 2010. PLOS é um acrônimo para Public Library of Science.

Existem amplas pesquisas comprovando que obtemos maior felicidade: Leaf Van Boven e Thomas Gilovich. "To Do or to Have? That Is the Question", *Journal of Personality and Social Psychology*, vol. 85, nº. 6, 2003.

CAPÍTULO QUATORZE: APROVEITE A JORNADA E SABOREIE SEU TEMPO NO TOPO

as pessoas acreditam, de modo geral, que suas vidas: Utpal Dholakia. "Do We Become Less Optimistic as We Grow Older?", *Psychology Today*, 24 jul. 2016. Disponível em: <https://www.psychologytoday.com/us/blog/the-science-behind-behavior/201607/do-we-become-less-optimistic-we--grow-older>. Acesso em: 23 abr. 2019.

CRÉDITOS

Economias anuais para se tornar um milionário aos 65 anos de idade: Christy Bieber. "The Most Important Retirement Chart You'll Ever See", *The Motley Fool*, 18 nov. 2018. Disponível em: <https://www.fool.com/retirement/2018/11/18/the-most-important-pension-chart-youll-ever--see.aspx>. Acesso em: 28 abr. 2019.

Gastos em necessidades: Human progress. Disponível em: <http://humanprogress.org/static.1937>. Adaptado de um gráfico de Mark Perry, usando dados do Bureau of Economic Analysis, disponível em: <http://www.bea.gov/iTable.cfm?ReqID=9&passo=1&isuri=1>.

Bem-estar global: Histórico do Índice de Desenvolvimento Humano: Prados de la Escosura 2015, escala 0-1, disponível em Our World in Data, Rover 2016h. Well-Being Composite: Rijpma 2014, p. 259, escala de desvio padrão ao longo de décadas-país.

Expectativa de vida: Max Roser. "Life Expectancy", *Our World in Data*. Disponível em: <https://ourworldindata.org/life-expectancy>. Acesso em: 28 abr. 2019.

Pobreza extrema: Max Roser e Esteban Ortiz-Ospina. "Global Extreme Poverty", *Our World in Data*. Disponível em: <https://ourworldindata.org/extreme-poverty>. Acesso em: 28 abr. 2019.

Anos de escolaridade: Max Roser e Esteban Ortiz-Ospina. "Global Rise of Education", *Our World in Data*. Disponível em: <https://ourworldindata.org/global-rise-of-education>. Acesso em: 28 abr. 2019.

O Índice Industrial Dow Jones: 1896-2016: Chris Kacher e Gil Morales. "Human Innovation Always Trumps Fear—120 Year Chart of the Stock Market",

Seeking Alpha, 21 mar. 2017. Disponível em: <https://seekingalpha.com/article/4056932-human-innovation-always-trumps-fear-120year-chart-stock-market>. Acesso em: 16 abr. 2019. (Figura 4.1 – O que evitar)

Nem todos os fiduciários são criados da mesma forma: Tony Robbins com Peter Mallouk. *Inabalável: Um guia prático para a liberdade financeira*. Rio de Janeiro: BestSeller, 2018.

Tipos de danos residenciais: Insurance Information Institute. "Fact + Statistics: Homeowners and renters insurance", *Insurance Information Institute*. Disponível em: <https://www.iii.org/fact-statistic/factssta-tistics-homeowners-and-renters-insurance>. Acesso em: 16 fev. 2020.

Declínios intra-anuais do S&P 500 *versus* retornos anuais: JP Morgan Chase and Co. "Volatility Is Normal; Don't Let It Derail You", *Guide to the Markets*. Disponível em: <https://am.jpmorgan.com/us/en/asset-management/gim/adv/insights/principles-for-investing>. Acesso em: 22 abr. 2019.

Fluxos de caixa do investidor/Mercados em alta e em baixa: The Vanguard Group, Inc. "Vanguard's Principles for Investing Success", *Vanguard*, 2017. Disponível em: <https://about.vanguard.com/whatsets-vanguard--apart/principles-for-investing-success/ICRP RINC_042017_Online.pdf>. Acesso em: 23 abr. 2019.

Preços médios anuais do ouro ajustados à inflação: Tim McMahon. "Gold and Inflation", *Inflationdata.com*, 25 abr. 2018. Disponível em: <https://inflationdata.com/Inflation/Infllation_Rate/Gold_Inflation.asp>. Acesso em: 28 abr. 2019.

Número de empresas listadas na bolsa dos EUA: Samantha M. Azzarello, Alexander W. Dryden, Jordan K. Jackson, David M. Lebovitz, Jennie Li, John C. Manley, Meera Pandit, Gabriela D. Santos, Tyler J. Voigt e David P. Kelly. "Private Equity", *Guide to Markets – US*, 31 dez. 2019. Disponível em: <https://am.jpmorgan.com/blobcontent/1383654213584/83456/MI-GTM_1Q20.pdf>. Acesso em: 17 mar. 2020.

Retornos dos fundos públicos *versus* fundos privados: Samantha M. Azzarello, Alexander W. Dryden, Jordan K. Jackson, David M. Lebovitz, Jennie Li, John C. Manley, Meera Pandit, Gabriela D. Santos, Tyler J. Voigt e David P. Kelly. "Private Equity", *Guide to Markets*

O CAMINHO

333

— *US*, 31 dez. 2019. Disponível em: <https://am.jpmorgan.com/blob-content/1383654213584/83456/MI-GTM_1Q20.pdf>. Acesso em: 17 mar. 2020.

Os desempenhos de várias combinações de ações e títulos dos EUA/Retornos históricos: The Vanguard Group, Inc. "Foundational Investments", *Vanguard*, 2019. Disponível em: <https://advisors.vanguard.com/iwe/pdf/FAETFCMB.pdf>. Acesso em: 16 fev. 2020.

A combinação de ativos define o espectro dos retornos: The Vanguard Group, Inc. "Vanguard's Principles for Investing Success", *Vanguard*, 2017. Disponível em: <https://about.vanguard.com/whatsets-vanguard--apart/principles-for-investing-success/ICRPRINC_042017_Online.pdf>. Acesso em: 23 abr. 2019.

Magnitude relativa do viés doméstico: Christopher B. Philips, Francis M. Kinniry Jr. e Scott J. Donaldson. "The role of Home Bias in Global Asset Allocation Decisions", *Vanguard*, jun. 2012. Disponível em: <https://personal.vanguard.com/pdf/icrrhb.pdf>. Acesso em: 23 abr. 2019.

Empresas integrantes do Índice Industrial Dow Jones: "The Changing DJIA", S&P Dow Jones Indices, LLC. Disponível em: <https://us.spindices.com/indexology/djia-and-sp-500/the-changing-djia>. Acesso em: 23 abr. 2019.

Expectativa de vida média das empresas no índice S&P: Scott D. Anthony, S. Patrick Viguerie, Evan I. Schwartz e John Van Landeghem. "2018 Corporate Longevity Forecast: Creative Destruction is Accelerating", *Innosight*, fev. 2018. Disponível em: <https://www.innosight.com/insight/creative-destruction/>. Acesso em: 23 abr. 2019.

Alocação dos investidores por região: Samantha M. Azzarello, Alexander W. Dryden, Jordan K. Jackson, David M. Lebovitz, Jennie Li, John C. Manley, Meera Pandit, Gabriela D. Santos, Tyler J. Voigt e David P. Kelly. "Local Investing and Global Opportunities", *Guide to Markets–USA*, 31 mar. 2019. Disponível em: <https://am.jpmorgan.com/us/en/asset-management/gim/adv/insights/guide-to-markets/>. Acesso em: 23 abr. 2019.

Classificação superior a: Blackrock Global Investor Pulse Survey 2019. Disponível em: <https://www.blackrock.com/corporate/insights/investor--pulse>. Acesso em: 23 abr. 2019.

AGRADECIMENTOS

Obrigado ao meu amigo e colega Tony Robbins. Conheci pouquíssimas pessoas que tiveram um impacto tão positivo sobre tantas outras. Agradeço a Jonathan Clements, cujo trabalho teve uma enorme influência sobre mim quando eu estava entrando na profissão, e continua tendo até hoje. Agradeço a Jonathan Knapp por sua incansável contribuição em me ajudar a cumprir um prazo quase impossível. Suas digitais estão espalhadas por todo este livro. Agradeço a Molly Rothove, Jay Beebe, Bing Chen, Andy Gryszowka, Brenna Saunders e Jim Williams por sua ajuda na troca de ideias, pesquisa de fontes e edição. Obrigado a Josh Robbins por seu apoio e trabalho sobre os gráficos, e todos os outros componentes importantes envolvidos no lançamento de um livro. Obrigado a todos os meus destemidos colegas da Creative Planning. Não passa um dia sem que eu aprenda algo significativo com vocês, e nem sempre isso tem a ver com o planejamento financeiro ou os investimentos. Sou abençoado por trabalhar com um grupo de pessoas tão apaixonadas, atenciosas, inteligentes e enérgicas. A minha linda esposa, Veronica, que não permitiu que eu inventasse outra tarefa para tentar evitar trabalhar neste livro, e aos meus filhos Michael, JP, e Gabby, que me deram as melhores desculpas para fazer longas pausas. Todos os erros são meus.

Este livro foi composto na tipografia minion pro,
em corpo 11/14,9, e impresso em papel off-white
no Sistema Cameron da Divisão Gráfica
da Distribuidora Record.